大学生实习与就业中的权益维护

主　编　◆　王雨静　郭　雷

副主编　◆　胡俊华　黄炎娇

撰稿人　◆　**（按姓氏笔画为序）**

王雨静　孙智慧　李迎春

周　淳　赵　江　胡俊华

郭　雷　黄炎娇

中国政法大学出版社

2018·北京

图书在版编目（ＣＩＰ）数据

大学生实习与就业中的权益维护/王雨静，郭雷主编. —北京：中国政法大学出版社，2018.8
ISBN 978-7-5620-8421-1

Ⅰ.①大… Ⅱ.①王… ②郭… Ⅲ.①大学生－实习－权益保护－研究－中国②大学生－就业－权益保护－研究－中国 Ⅳ.①D922.504

中国版本图书馆CIP数据核字(2018)第171758号

出 版 者　　中国政法大学出版社

地　　址　　北京市海淀区西土城路 25 号

邮寄地址　　北京 100088 信箱 8034 分箱　邮编 100088

网　　址　　http://www.cuplpress.com（网络实名：中国政法大学出版社）

电　　话　　010-58908524(编辑部) 58908334(邮购部)

承　　印　　固安华明印业有限公司

开　　本　　720mm×960mm　　1/16

印　　张　　16.75

字　　数　　319 千字

版　　次　　2018 年 8 月第 1 版

印　　次　　2018 年 8 月第 1 次印刷

定　　价　　49.00 元

作者简介

王雨静 女，1978 年生，2004 年毕业于中国政法大学，现任北京政法职业学院经贸法律系副主任，副教授，兼职律师，研究方向民商法、经济法。

郭 雷 男，1980 年生，2005 年毕业于中国政法大学，现任北京政法职业学院讲师，兼职律师，研究方向经济法、金融法。

胡俊华 女，1976 年生，2006 年毕业于河北大学，现任北京政法职业学院讲师，兼职律师，研究方向诉讼法、经济法。

黄炎娇 女，1984 年生，2013 年毕业于中国青年政治学院，现任北京政法职业学院讲师，研究方向经济法。

赵 江 男，1969 年生，2002 年毕业于中国政法大学，现任北京政法职业学院讲师，兼职律师，研究方向民商法。

孙智慧 女，1965 年生，1990 年毕业于中国政法大学，现任北京政法职业学院教授，研究方向经济法、国际法。

李迎春 女，1974 年生，2008 年毕业于中国政法大学，现任北京政法职业学院讲师，研究方向经济法、行政法。

周 淳 男，1964 年生，1983 年毕业于北京联合大学，现任北京政法职业学院讲师，研究方向国际法、国际金融。

前　言

　　就业是最大的民生。高校毕业生就业事关广大学生及其家庭的切身利益，事关社会和谐稳定。《国务院关于加快发展现代职业教育的决定》强调就业导向，提出要重点提高青年就业能力。为帮助大学毕业生实现更高质量的就业，特编写本教材。

　　教材紧紧围绕大学生就业过程中经常遇到的问题如就业协议、政策、法规、纠纷解决、创业等问题展开，共分为五篇，包括就业协议篇、纠纷解决篇、自主创业篇、政策问答篇、政策法规篇等。教材开篇是就业协议篇，签订就业协议是高校毕业生都要经历的环节。教材梳理了与就业相关的主要协议与合同文本，并进行了法律分析。纠纷解决篇以案例形式展开，按照签约环节、实习期、试用期、服务期、离职时等不同情境进行介绍。自主创业篇结合大学生创业政策，以实例和案例，讲解了公司、合伙企业、个人独资企业的设立登记及相关法律问题。政策问答篇结合教育部、人社部等促进高校毕业生就业的政策，以问答的形式介绍了大学生关心的就业问题。政策法规篇展示了与大学生就业最为相关的法律规定和最新政策。

　　教材具有如下特点：

　　1. 以学习者为中心，实用性很强。教材以学习者为中心，围绕就业权益保护，从学生的维度考虑问题。比如就业协议篇，精选示范文本，演示多种协议与合同文本，并讲解签订和填写注意事项。案例篇中每个案例结束后都进行风险提示。这些内容实用性很强，能够切实指导就业。

　　2. 内容丰富，体例新颖。教材内容涉及就业教育、实习教育、创新创业教育，内容与大学生的职业发展紧密相关。体例上，每篇采取不同结构，形式上既有文本，也有案例、法规和问答。比如纠纷解决篇，对就业相关案例进行分类优化，读者可以根据所处就业的不同阶段有针对性地查询自己所需案例。

　　3. 教材内容来源于实习就业指导实践。教材的编写者们参与到了学生实习就业的各个环节，教材内容是在十多年来指导各类顶岗实习、推荐就业的基础上形成的。同时，编写者们具有律师执业经历和司法经验。

　　教材以学习者为中心，适合高校学生包括高职、本科及其他学习者学习和阅读，适合作为大学生职业发展与就业指导课程的教材。

　　本部教材由王雨静、郭雷同志担任主编，胡俊华、黄炎娇同志担任副主编，赵江、李迎春、孙智慧、周淳等同志参加了编写工作。行业专家对教材体例及法律实务部分提出了中肯的建设性意见和建议。在此对所有为本教材的编写和出版给予支持和帮助的领导、同志们一并表示诚挚的谢意！

北京政法职业学院课题组
2018 年 4 月

目　录

第三篇　自主创业篇

第四篇　政策问答篇

第一篇　就业协议篇

■第一单元　高校毕业生就业协议书

■ 情境导入

　　小李即将大学毕业，参加了多次招聘和面试后，找到了一家满意的单位，与用人单位达成就业意向。学校辅导员督促他赶紧与用人单位签署三方协议。小李不清楚三方协议的样式和内容以及其属于什么样的性质。本部分主要演示和介绍高校毕业生就业协议书。

一、示范文本

北京地区普通高校本、专科（高职）毕业生就业协议书

毕业生基本情况	姓　名	李××	性　别	男	民　族	汉	出生日期	1995. 8. 8
	政治面貌	共青团员	健康状况	良好	身份证号		110108198808080000	
	毕业学校	北京××大学	院（系）		专　业		土木工程	
	学　号	10230000	培养方式	统招统分	学　历	本科	学制	×年
	生源地区	北京/省（自治区、直辖市）　海淀/市（地区）　/县（区）			毕业时间		2017 年 7 月	
	家庭地址	北京市海淀区……			家庭电话		010－00000000	
	电子邮箱	babc@ 126. com			电话/手机		18500000000	

用人单位基本情况	单位全称	深圳××公司		组织机构代码	
	单位地址	广东省深圳市××路××号		邮政编码	510066
	联系人	×××	联系电话	0755 – 60000000	单位传真	0755 – 60000000
	电子邮箱	yabc@126.com	企业规模	大型/中型/小型/微型	岗位名称	
	行业类型	农、林、牧、渔业／采矿业／制造业／电力、热力、燃气及水生产和供应业／建筑业／批发和零售业／交通运输、仓储和邮政业／住宿和餐饮业／信息传输、软件和信息技术服务业／金融业／房地产业／租赁和商务服务业／科学研究和技术服务业／水利、环境和公共设施管理业／居民服务、修理和其他服务业／教育／卫生和社会工作／文化、体育和娱乐业／公共管理、社会保障和社会组织／国际组织／部队				
	单位性质	机关／科研设计／高等教育／中初教育／医疗卫生／其他事业／国有企业／三资企业／民营企业／其他企业／部队／农村建制村／城镇社区				
	档案转寄单位名称	深圳××公司				
	档案转寄地址	广东省深圳市××路××号		邮政编码	510066
	户口迁移地址	广东/省（自治区、直辖市）/县（区）		深圳/市（地区）		
学校基本情况	学校名称	北京××大学	联系人	唐××	联系电话	010 – 60000000
	通讯地址	北京市海淀区××街×号北京××大学就业办		邮政编码	100000

经毕业生（甲方）、用人单位（乙方）、学校（丙方）协商，同意达成以下约定：

1. 甲、乙、丙三方须共同遵守本协议背面所列内容

2. 甲、乙双方如有其他约定，可本着平等协商、权利义务对等的原则另附约定，并视为本协议的一部分。

3. 其他约定（如工作地点、工作岗位等，可另附页说明）：

_____

_____

续表

毕业生意见	我愿意到深圳××公司工作 　　　　　　签名：<u>李××</u>　　　2017年×月×日	
用人单位意见	用人单位人事部门意见： 　　负责人：_____（公章） 　　　　　年　　月　　日	用人单位上级主管部门意见： 　　（有用人自主权的单位此栏可略，无人事权的单位请加盖上级主管部门人事公章或人事代理机构公章） 　　负责人：_____（公章） 　　　　　年　　月　　日
学校意见	毕业生所在院（系）意见： 　　（学院公章） 　　负责人：<u>××</u> 　　2017年　×月　×日	学校毕业生就业部门意见： 　　（学校公章） 　　负责人：<u>唐××</u> 　　2017年　×月　×日

备注：
1. 本协议书限国家统一招生录取的普通高等教育非定向本、专科（含高职）毕业生使用
2. 甲、乙双方签署意见后，应在1个月内交送丙方签署意见，逾期所产生的后果由责任方承担

第一联：学校留存（复印无效）　　　**北京市教育委员会印制 NO. BJB**　　0000000

填写说明：

《高校毕业生就业协议书》的具体填写要求：

1．本协议书由教育主管部门统一印发，每份都有对应的编号，一式三份，一人一号，遗失不补，复印无效，三份中遗失任何一份协议书都将无效。

2．填写时请用黑色钢笔或签字笔。

3．填写前请认真阅读就业协议书上的有关说明，不要涂改。

4．"毕业生情况及意见"一栏中"政治面貌"可填"中共党员"或"共青团员"，"培养方式"可填"统招"，健康状况可填"良好"，"专业"填"法学"，"学制"填"四"，"学历"填"本科"，"应聘意见"可填自己的意向或

和用人单位约定的内容,"联系电话"填最能联系到你本人的电话。

5. 就业协议书的内容必须全部填写。用人单位、地址、学校和专业名称等,都必须写全称,不得使用简写、缩写或用斜杠划去,也不能留有空格(如有相关内容的约定,应另附书面约定条款)。

6. "用人单位名称":由用人单位填写,必须与单位的有效印签上的名称一致。

7. "档案转寄详细地址":由用人单位填写,要求清楚、准确地填写用人单位的人事保管机构的全称和详细地址,便于学校在毕业生离校后转寄学生档案。

8. "备注":可填写与用人单位的其他约定,如试用期限、薪资待遇、违约金等。如准备考研、出国的同学,可写上"如考上研究生(或出国)此协议自动解约"。

9. 待毕业生与用人单位签字、盖章后,可由毕业生本人或用人单位到用人单位的上级主管部门签字和盖章,然后到学院签字、盖章,最后到学校就业处签字、盖章。注意协议书必须由用人单位、用人单位上级主管部门和学校都盖章方能生效,否则毕业生在毕业后的户口档案和人事关系仍将转回原籍。

10. 不同省市的《高校毕业生就业协议书》的样式不尽相同,请多注意所在地区的具体样式和相应要求。

二、高校毕业生就业协议书

(一)就业协议书的地位和作用

就业协议书俗称三方协议。就业协议书是普通高等学校毕业生和用人单位在正式确立劳动人事关系前,经双向选择,在规定期限内就确立就业关系、明确双方权利和义务而达成的书面协议;是用人单位确认毕业生相关信息真实可靠以及接收毕业生的重要凭据;是高校进行毕业生就业管理、编制就业方案以及毕业生办理就业落户手续等有关事项的重要依据。

目前就业协议书已被高校、学生、用人单位、有关部门及社会普遍认可,在促进毕业生就业、维护毕业生和用人单位的合法权益及高校毕业生就业工作秩序等方面发挥了重要作用。需特别注意的是,就业协议书是毕业生办理就业落户手续的最重要依据,尤其是落户北京、上海等大城市。

对于就业协议书的法律性质,目前尚无立法上的明确规定,但就业协议书具有法律约束力,具有民事法律上的合同效力,需要当事人严格遵守。

(二)就业协议书的基本内容

1. 高校毕业生基本情况,包括:姓名、性别、身份证号、专业、学制、毕业时间、学历、联系方式等。

2. 用人单位基本情况,包括:单位名称、组织机构代码、单位性质、联系人及联系方式、档案接收地等。

3.高校毕业生和用人单位约定的有关内容，可包括：工作地点及工作岗位；户口迁入地；违约责任；协议自动失效条款、协议终止条款；双方约定的其他事宜。

4.高校毕业生和用人单位签字盖章承诺履行协议，高校有关信息及意见。

5.明确协议书的使用范围：即国家计划内统招非定向毕业生［含高职（高专）毕业生、本科毕业生、毕业研究生］；定向生、委培生按定向委培协议就业，不使用就业协议书。

6.各地可根据实际需要增加有关内容。

（三）就业协议书与劳动合同的区别

就业协议书与劳动合同是用人单位录用毕业生时所签订的书面协议，但两者分处两个相互联系的不同阶段，区别表现在：

名称	就业协议书	劳动合同
主体	毕业生、用人单位、学校	毕业生、用人单位
作用和性质	明确毕业生、用人单位、学校三方在毕业生就业工作中的权利和义务的书面表现形式	毕业生从事何种岗位、享受何种待遇等权利和义务的依据
内容	主要是毕业生介绍自身情况，并表示愿意到用人单位就业，用人单位表示愿意接收毕业生，学校同意推荐毕业生，并进行派遣	内容涉及劳动报酬、劳动保护、工作内容、劳动纪律等方方面面，更为具体，劳动权利和义务更为明确
有效期	签订在前，自签订之日起至毕业生到单位报到，用人单位正式接收后自行终止	签订在后，由毕业生和用人单位协商签订期限

三、签订就业协议书的注意事项

就业协议书一旦签署，就意味着大学生第一份工作就基本确定。毕业生要慎重签署三方协议，并注意以下问题：

1.要看填写的用人单位名称是否与单位的有效印鉴名称一致，如不一致，协议无效；填写自己的专业名称时，要与学校教务处的专业名称一致，不能简写。

2.不少单位为了留住学生，以高额违约金约束学生。学生在协商中可以力争取消违约金这一条约定，或者尽量降低，通常违约金不得超过一个月工资。

3.为了防止用人单位承诺一套、做一套，毕业生可将签约前达成的休假、住房、保险等福利待遇在备注栏中说明，如发生纠纷，可以以此维护自己的合法权利。

4. 学生在签订协议时，要严格按照规定的步骤进行，等用人单位填写完毕、盖章后再到学校就业指导中心签证盖章。以防单位在填写时，工资待遇等与过去承诺的大相径庭。学生却因为自己和学校都已经签字盖章，而无法挽回。

5. 只有签署了三方协议，拿回学校，学校才会在毕业后派发派遣证。拿着派遣证到工作单位报到，才能就此开始计算工龄，同时毕业生拥有干部身份。

6. 三方协议书只是毕业生、用人单位、学校三方之间签订的就业意向，不是劳动关系的法律文件，对劳动关系没有约束力。签订了三方协议并没有进入就业的"保险箱"，还需要接受用人单位实习期、试用期的进一步考察。

7. 双方约定部分的填写。该部分所有项目，可由用人单位填写，也可为空。可注明单位、毕业生双方达成的其他约定事项，学校不参与就业协议书备注内容。一般包括如下内容：签约年限、工作地点、落户地点、违约条款等。所注明的内容应是双方事先约定好的，如果事先没有约定好可能会影响协议的达成；有些内容是属于劳动合同来约定的，许多用人单位对此有统一的规定，可能无法满足个人的特殊要求；如用人单位和个人已经有了另外较为详细的两方协议约定，可不必在三方《就业协议书》上重复注明。部分用人单位可能对某些条款（如报酬等）提出保密而要求不可在就业协议书上注明。

8. 依据《普通高等学校毕业生就业工作暂行规定》第24条，经供需见面和双向选择后，毕业生、用人单位和高等学校应当签订毕业生就业协议书，作为制定就业计划和派遣的依据。未经学校同意，毕业生擅自签订的协议无效。协议经毕业生和用人单位签字盖章后生效，此协议经学校登记后可作为签发报到证的依据。

四、就业协议的解除

（一）约定解除

在就业协议签订时签约各方以备注条款或以其他书面形式，约定在某种情形或条件发生时就业协议自动解除，任何一方均不被视为违约，也无需承担相应违约责任。例如学生未取得毕业资格、学生考取研究生等情况。

（二）用人单位违约

用人单位违约是指因用人单位方面原因造成的就业协议无法履行。违约的原因一般包括单位经营困难导致裁员、岗位撤销、破产、单位用人计划发生重大变动等。用人单位违约应承担违约责任，并为毕业生开具写明原因的正式书面退函。

（三）毕业生违约

毕业生违约是指因毕业生个人原因造成的就业协议无法履行。违约的原因一般包括：已签约毕业生又与别的单位达成就业意向、已签约毕业生准备继续读研或出国、已签约毕业生对用人单位工作条件不满意等。毕业生依据就业协议约定的条件可以解除就业协议，除此之外的单方解除行为应当视为违约行为，用人单位可以要求毕业生承担约定的违约责任。因为就用人单位而言，尽管可以要求违约的毕业生承担法律责任，但还会有其他影响。由于毕业生择业时间相对比较集中，一旦毕业生因某种原因违约，用人单位需重新制定招聘计划和再选择其他毕业生。

就业协议书一经毕业生、用人单位签署即具有法律效力，任何一方不得随意解除，否则违约方应向权利受损方支付协议条款所规定的违约金。从实际情况来看，就业违约多为毕业生违约。毕业生违约应承担协议约定的违约责任。毕业生在签订就业协议书前应慎重考虑。毕业生如遇到有关违约的问题，请务必向所在学校了解相关流程和要求。

（四）处理违反就业协议的法律依据

根据《普通高等学校毕业生就业工作暂行规定》第48条的规定，对违反就业协议的用人单位、毕业生、高等学校按协议书的有关条款办理，并依法承担赔偿责任。通常就业协议书会约定这样的条款：本协议经各方签字、盖章后生效。三方都应严格履行本协议，若有一方提出变更协议，须征得另两方同意，由违约方承担违约责任。

另外，实践中有些就业协议书会约定双方互不承担违约责任的情形。比如福建省教育厅2016年印制的《普通高等学校毕业生就业协议书》中有这样的内容："在履行协议期间，发生以下情况，双方互不承担违约责任：1. 甲方被撤销或依法宣告破产的，协议中止；2. 乙方未按期取得毕业资格，甲方不同意其入职的，协议中止；3. 乙方考入普通高校、依法服兵役，或参加国家和地方基层就业项目的；4. 经双方协商一致，书面同意解除协议的，或书面变更协议条款的；5. 由于各类不可抗力导致协议无法履行的，协议中止。"该版本的就业协议书综合考虑实际就业情形，对学生和用人单位的权益都有平衡保护。需要注意的是不同省市的就业协议书具体条款内容不尽相同。

五、拓展阅读

应届大学生毕业求职时，还需要掌握如下就业知识：

1. 生源地。指考生的来源地。本科毕业生的生源地，是指入学前户籍所在地。如学生入学后户籍所在地发生变更的，在毕业生阶段核实生源信息时，向院系和就业中心出具相关证明。本科毕业后直接攻读研究生的毕业生，其生源地为本科入学前户籍所在地；研究生入学前有工作经历并已经在工作地落户的毕业生，原则上以其工作单位户籍所在地为生源地，如毕业时能明确不回原工作所在地工作的，则生源地确认为本科入学前的户籍所在地。生源地的填写需明确至地级市一级，如重庆市渝中区，河南省焦作市等。

2. 培养方式。培养方式有统招、定向、委培、自费等。学生的培养方式是在招生时确定的，所有数据均在生源省区招办和北京市教委备案，无法更改。毕业生应根据国家政策规定，严格按照原培养方式就业。

3. 学制。学生的学制是由招生时确定的，不能根据自己的实际修业年限进行增减，如果因为学籍异动确有变动的，如博转硕或硕转博，须经教务部门批准，按照批准结果确定。

4. 专业。学生的专业是由招生时确定的，专业名称不等同于专业方向，须严格按照教务部门的要求确认填报各种表格。

5. 就业推荐表。就业推荐表是经过学校相关部门审核盖章的用于毕业生就业的正式推荐材料，包含毕业生本人的基本信息，用于京外生源统招毕业生进京落户审批和各地人事主管部门接收毕业生落户审批，具有一定的权威性。就业推荐表每人只有一份，待填写完整后可保留复印件。求职时先使用复印件，如果单位同意解决户档关系，同时本人也愿意到该单位工作，再由毕业生把推荐表原件交给单位。在进京落户审批的过程中，如果北京市人力资源和社会保障局或其他人事主管部门发现有两个单位为同一位毕业生申请进京指标，将会冻结该生的审批手续，不给予落户指标。

6. 派遣。派遣是指用人单位接收毕业生户口档案关系并签署就业协议书，学校在学生毕业时直接将毕业生的户口和档案转至用人单位的一种形式，即"一次性就业"。派遣直接与"签就业协议"的就业形式相对应，即对签署就业协议书的毕业生采用派遣方式，毕业时发放报到证和户口迁移证，将其户口和档案转至用人单位。

7. 二分。又叫"二次派遣"，是指毕业生毕业时仍未落实工作单位，或落实的工作单位不接收户口和档案，同时也无国内升学等其他去向，学校将其派遣回生源省区，由生源省区的毕业生就业主管部门负责在省内为其办理推荐、派遣等与就业相关的工作。毕业生就业主管部门为省一级教育、人事主管部门或地市级人力资源和社会保障局、教育局等相关部门。

一般来说，签劳动合同、开具用人单位证明、自主创业、自由职业等就业形式与"二分"相对应，毕业时报到证、户口迁移证中的单位名称为生源地就业主管部门。

8. 报到证。原称"派遣证"，全称是《普通高等学校毕业生就业报到证》，由教育部印制，北京市教委签发，分上下两联，上联交毕业生本人报到使用，下联由学校装入毕业生档案。报到证是毕业生转移人事档案关系和户口关系的凭证。报到证的用途主要包括：①是教育主管部门正式派遣毕业生的凭证；②是毕业生到用人单位报到的凭证；③是用人单位接收毕业生的重要证明；④是任何一个合法的人才中心、档案管理机构接收毕业生档案的证明；⑤是用人单位给毕业生落户、接管档案的重要凭证；⑥是毕业生的干部身份证明。

9. 干部身份。干部身份源于计划经济体制下人事管理的一种制度安排，在有些情况下干部身份与毕业生的切身利益密切相关。比如报考公务员，以及国有企业、事业单位等体制内单位的招聘、录取，以及职称的认定、评定，工龄的审核及提干等均与此有关。大学生是国家培养的专业人才，属于国家干部身份。报到证就是大学生干部身份的证明。

10. 灵活就业。若用人单位不能为毕业生解决户口和档案问题，则无需签订三方协议，但毕业生可以以灵活就业的形式到用人单位就业。灵活就业包括签订劳动合同、单位用人证明、自主创业等形式。

11. 毕业生学籍材料。本科生的学籍材料主要是本科学习期间的成绩单以及双学位或辅修成绩单，研究生的学籍材料主要是学生学位审批材料。毕业生的学籍材料都由教务部门提供，由各院系负责毕业生档案工作的老师统一将上述材料在学生离校前期归档。

■第二单元　实习协议

■ 情境导入

　　小李是大三学生，根据学校教学计划，即将被安排到学校的校企合作单位实习，并且要签署实习协议。小李不清楚实习协议的形式和内容，并担心实习权益得不到保护。本部分主要演示学生实习协议书和介绍职业院校学生实习管理的相关内容。

一、示范文本

×××× 学院

学生实习协议书

甲方（实习单位）名称：

联系人：＿＿＿＿＿＿＿＿＿＿＿联系电话：＿＿＿＿＿＿＿＿＿＿＿

乙方（学校）名称：×××× 职业学院

联系人：＿＿＿＿＿＿＿＿＿＿＿联系电话：＿＿＿＿＿＿＿＿＿＿＿

丙方（实习学生）姓名：

联系电话：＿＿＿＿＿＿＿＿＿＿＿　身份证号：＿＿＿＿＿＿＿＿＿＿＿

　　根据国家法律法规和教育管理部门的有关规定，甲、乙、丙三方在平等自愿的基础上经协商签订本实习协议：

　　一、基本条款

　　（一）实习地点、内容和期限

　　甲方按乙方实习大纲及教学内容，安排丙方到甲方＿＿＿＿＿＿＿＿实习，实习工作地点＿＿＿＿＿＿＿＿＿＿，实习工作岗位＿＿＿＿＿＿＿＿＿，丙方应按乙方的教学内容及实习要求，努力完成实习任务。

实习时间：自_____年____月____日起至_____年____月____日止。

（二）保险

甲方或乙方必须为丙方购买意外伤害保险和实习责任险等相关保险，具体事宜由甲乙双方协商处理。具体约定如下：_____

（三）工作时间及休息、休假

1. 甲方实行每日工作不超过八小时，平均每周不超过四十小时的工作时间。特殊情况，确需加班的，需经丙方同意，并由甲方按照下列标准支付高于实习生正常实习时间报酬的实习补助：

（1）安排实习生延长工作时间的，支付不低于实习报酬的百分之一百五十的实习补助；

（2）休息日安排实习生工作又不能安排补休的，支付不低于实习报酬的百分之二百的实习补助；

（3）法定休假日安排实习生工作的，支付不低于百分之三百的实习补助。

2. 甲方保证丙方按国家和本市有关规定享受各种休息、休假。

3. 甲、乙、丙三方的相关约定：_____

（四）实习报酬

甲方应与乙方协商确定丙方实习期间的报酬，且不得低于当地政府规定的职工最低工资标准，并以货币形式与甲方员工工资同日直接发放给丙方本人，不得扣留或延期发放。具体约定如下：_____

二、甲方的权利、义务

（一）制定实习管理规则，由专人负责实习管理工作，并对实习生进行本单位规章制度及劳动安全等方面的教育，并制定安全预案。

（二）根据国家及本市有关规定，为丙方实习提供安全卫生条件，配备必需的劳动防护用品。

（三）选派足够数量的、具有良好职业道德和较高专业理论水平，且在本岗位工龄不得低于_____年的工作人员对实习学生进行教育、指导和管理，并组织带领实习学生完成实习任务。

（四）不得安排丙方从事高空、井下、放射性、有毒有害、易燃易爆、国家规定的第四级体力劳动强度场所以及其他具有安全隐患的劳动。

（五）不得安排丙方到酒吧（烹饪类专业学生除外）、洗浴中心和夜总会、歌厅等娱乐场所实习。

（六）对丙方的出勤、工作表现做出记录；实习期满，做出书面实习鉴定。

（七）丙方实习期间，乙方确需丙方回校参加各类考试或办理毕业派遣手续等其他事情的，乙方应提前告知甲方，甲方应予以准假。

（八）未经乙方同意，甲方不得单方面与丙方解除协议，但出现下列情况之一的，甲方可将丙方退回乙方，并终止本实习协议：

1. 丙方不能胜任实习工作；

2. 丙方严重违反或拒不遵守甲方的规章制度；

3. 出现不可抗拒的因素等。

（九）丙方实习工作期间发生人身伤害事故，甲方有责任及时救治，并及时通报乙方，对伤害事故进行妥善处理。

丙方实习工作期间，因甲方、乙方、丙方或者其他相关当事人的过错造成的人身伤害事故，相关当事人应当根据其行为过错程度的比例及其与损害后果之间的因果关系承担相应的责任。当事人的行为是损害后果发生的主要原因，应当承担主要责任；当事人的行为是损害后果发生的非主要原因，承担相应的责任。其中，自杀、自残、自伤事故应由丙方承担全部责任。

当事人对丙方人身伤害事故承担的责任比例可由甲、乙、丙三方协商确定。协商不成可向有管辖权的人民法院提起诉讼。

三、乙方的权利、义务

（一）遵循专业对口或相近的原则安排丙方实习。

（二）按照学校规章制度对实习指导老师和丙方加强管理，严格考核，确保实习计划的落实。

（三）安排实习指导老师跟班、巡回指导或其他方式进行检查，及时掌握丙方实习动态，做好丙方的思想教育工作。

（四）加强对丙方合法权益的保护，对实习期间甲方与丙方之间发生的问题，进行协调和处理。

（五）丙方在实习期间，乙方不得安排丙方到其他企业或单位实习。

（六）不得通过中介机构代理组织、安排和管理实习工作。

四、丙方的权利、义务

（一）按照乙方实习教学计划的规定和要求，全面完成实习任务，达到甲方岗位规范要求。

（二）严格遵守甲方的各项规章制度和安全操作规程，提高安全防范意识和处置能力，防范触电、摔伤、碰伤、轧伤、烫伤、车祸、中毒、火灾、溺水等安全事故的发生。

（三）故意损坏实习单位各种设备的，按市场价格赔偿甲方的经济损失。

（四）在实习工作过程中应严格遵守劳动安全卫生规程和操作规程，有权拒绝违章指挥，对甲方及其管理人员漠视人身安全和健康的行为有权拒绝执行。

（五）遵守甲方和乙方依法制定的各项规章制度和劳动纪律，并保守甲方的商业秘密。

（六）如需提前终止实习，须提前一周向甲、乙双方提出书面申请，经甲、乙双方同意后，方可终止本协议。

（七）实习期间，应认真填写实习报告，按乙方要求完成实习工作总结。

（八）因擅自脱离岗位、不服从管理、实习表现不能达到标准而导致实习成绩不及格的，应接受不能获得实习学分而影响正常毕业的后果。

五、甲、乙、丙三方约定的其他事项

_____

_____

六、本协议的解除、变更、终止

（一）经甲、乙、丙三方协商同意，本协议可以变更或解除。三方就本协议的解除条件约定如下：

_____

（二）本协议到期即终止。

七、协议生效及争议解决

（一）本协议经甲、乙、丙三方签字或盖章之日起生效。

（二）甲、乙、丙三方如发生争议，应友好协商解决。如经协商未达成一致的，任何一方有权向乙方所在地有管辖权的人民法院提起诉讼。

（三）本协议一式三份，甲、乙、丙三方各持一份，具有同等法律效力。

（以下无正文）

甲方（实习单位）：
（签字、盖章）　　　　　　　　　年　　月　　日

乙方（学校）：
（签字、盖章）　　　　　　　　　年　　月　　日

丙方（实习学生）：
（签字）　　　　　　　　　　　　年　　月　　日

二、实习与实习协议

（一）实习的界定

实习是职业教育的基本环节，加强实习管理，是保证实习教学效果，提高人才培养质量的重要保障。实习具有教育教学属性。2016 年 4 月 11 日，教育部与财政部、人力资源社会保障部、安全监管总局、中国保监会联合印发了《教育部等五部门关于印发〈职业学校学生实习管理规定〉的通知》（教职成〔2016〕3 号），该规定所称实习，是指实施全日制学历教育的中等职业学校和高等职业学校学生按照专业培养目标要求和人才培养方案安排，由职业学校安排或者经职业学校批准自行到企（事）业等单位进行专业技能培养的实践性教育教学活动，包括认识实习、跟岗实习和顶岗实习等形式。此处的实习与大学生兼职、打工等含义不同。

（二）实习协议的基本内容

"无协议不实习"，学生实习必须签订三方协议。职业学校、实习单位和学生应在完全知晓协议所规定的权利、义务和责任的情况下，于实习正式开始前签订三方协议，协议文本一式三份，当事方各执一份。不得以任何两方协议或其他形式的协议替代三方协议。学生自行选择顶岗实习单位的，也须签订三方协议。协议文本由当事方各执一份。未按规定签订实习协议的，不得安排学生实习。

实习协议应明确各方的责任、权利和义务，协议约定的内容不得违反相关法律法规。实习协议应包括但不限于以下内容：①各方基本信息；②实习的时间、地点、内容、要求与条件保障；③实习期间的食宿和休假安排；④实习期间劳动保护和劳动安全、卫生、职业病危害防护条件；⑤责任保险与伤亡事故处理办法，对不属于保险赔付范围或者超出保险赔付额度部分的约定责任；⑥实习考核方式；⑦违约责任；⑧其他事项。顶岗实习的实习协议内容还应当包括实习报酬及支付方式。

（三）实习协议的专业特色

学生实习过程要符合专业顶岗实习标准，实习协议要与专业顶岗实习标准相衔接。比如，旅游英语专业顶岗实习标准对企业和学校管理责任均做了详细的要求。酒店管理专业顶岗实习标准对实习前、顶岗实习、实习结束等阶段都提出了明确的管理规范。比如，数控专业顶岗实习标准规定：实习企业拥有与数控技术专业顶岗实习岗位数量对应规模的专业设施设备及软件，如机床、通用及专用工艺装备、CAD/CAM 软件等，还应提供学生集中教学所需的场地及设施以及顶岗实习工作岗位所涉及的生产工艺与流程、作业指导书、设备操作手册等学习资料以及企业管理规章制度等。比如，化工技术（类）专业顶岗实习标准规定，要面向化工生产一线的现场操作、总控操作、生产工艺控制与技术管理岗位（群）或技术领域，实习企业原则上是化工生产型企业，从事一般化学品生产、经营，能提供化工生产操作、工艺技术管理岗位等实习岗位。比如，数控专业顶岗实习标准对实习企业的资质做了详细界定，并对设施条件中的专业设施、信息资料、安全保障做了详细说明，要求实习企业能提供学生顶岗实习期间所需的基本生活保障，以及安全生产保障，如安全教育、劳动防护用品、保险等。比如，机电一体化专业顶岗实习标准规定为每名实习学生指定学校指导教师和企业指导教师各 1 名。企业指导教师由实习岗位对应的企业技术、技能和管理人员担任，负责实习学生在企业期间的岗位技术、技能指导和管理工作，并考核其工作情况。

顶岗实习协议可参考教育部提供的《职业学校学生顶岗实习协议（范本）》或教育部印发的各专业顶岗实习标准中实习协议模板，各学校和实习单位也可根据实际情况具体拟定。

三、学校和实习单位的职责

（一）实习期间学校的职责

职业学校学生实习是实现职业教育培养目标、增强学生综合能力的基本环节，是教育教学的核心部分。政府要求职业院校应根据专业人才培养方案，与实习单位共同制订实习计划，且实习岗位应符合专业培养目标要求，与学生所学专业对口或相近。

通常学校在学生实习工作中应当履行以下职责：①建立健全实习管理制度；②按照专业培养目标和教学大纲，制定实习计划；③联系并合理安排实习单位；④安排责任心强，有一定经验的实习指导教师；⑤对学生进行安全、纪律教育；⑥检查学生实习情况，及时协调处理有关问题；⑦建立学生实习管理档案；⑧法律法规规定或者实习协议约定的其他事项。

（二）实习单位的职责

实习单位是学生实习工作中的一个重要主体，是做好实习工作的一个重要保障。《职业学校学生实习管理规定》中有诸多涉及实习单位的条款，其中部分是从管理的角度进行约束和规范。

实习单位应当履行以下职责：①做好实习学生在单位内的管理工作；②提供合适的实习岗位、必要的实习条件和安全健康的实习环境；③根据实习要求，选派有经验的实习指导人员；④对学生进行安全培训和技能培训；⑤向学校反馈学生的实习情况；⑥法律法规规定或者实习协议约定的其他事项。

四、政府对实习中的学生权益的保护措施

《职业学校学生实习管理规定》对实习中的学生权益保护提出了明确要求：

1."无协议不实习"。学生参加跟岗实习、顶岗实习前，职业学校、实习单位、学生三方应签订实习协议，明确各方的责任、权利和义务。未按规定签订实习协议的，不得安排学生实习。

2.提出顶岗实习学生报酬底线，避免"廉价劳动力"现象发生。要求实习单位参考本单位相同岗位的报酬标准和顶岗实习学生的工作量、工作强度、工作时间等因素，合理确定顶岗实习报酬，原则上不低于本单位相同岗位试用期工资标准的80%，并按照实习协议约定，以货币形式及时、足额支付给学生。

3.明令禁止事项。对不适宜学生实习的情况，如安排一年级学生顶岗实习，安排学生到酒吧、夜总会、歌厅、洗浴中心等营业性娱乐场所实习等，《规定》均予以了明确禁止。

4.职业院校和实习单位不得向学生收取实习押金、顶岗实习报酬提成、管理费或者其他形式的实习费用。

5.对顶岗实习学生占实习单位在岗人数比例作出约定。《规定》明确顶岗实习学生的人数不得超过实习单位在岗职工总数的10%，在具体岗位顶岗实习的学生人数不得高于同类岗位在岗职工总人数的20%。

五、实习注意事项

实习过程中，学生可以观察和注意职业院校和实习单位是否存在以下情形：

1.是否存在违反"六不得"的情形，特别是违规使用劳务中介组织实习活动；是否存在安排学生从事有较高安全风险的实习内容；是否安排学生节假日实习或加班和夜班。

2.学生参加跟岗实习、顶岗实习前，职业学校、实习单位、学生是否签订了符合规定、切实维护各方权益的实习协议，是否存在违规签署合同、签署虚假合同等情况。

3.是否合理确定了实习报酬，并按实习协议约定，以货币形式及时、足额支付给学生。

4.是否按规定制定学生实习工作具体管理办法和安全管理规定、实习学生安全及突发事件应急预案等制度性文件。

5.是否根据国家有关规定，为实习学生投保实习责任保险；是否严格履行《规定》中的安全职责。

六、拓展阅读

大学生在校学习期间，如果有兼职、打工等勤工助学行为，为保护自身权益，可参照和了解非全日制用工简易劳动合同。

非全日制用工简易劳动合同

（参考文本）

甲方（用人单位）名称：＿＿＿＿＿＿＿＿＿＿＿＿＿＿＿

法定代表人（主要负责人）或者委托代理人：＿＿＿＿＿＿＿＿＿＿

注册地址：＿＿＿＿＿＿＿＿＿＿＿＿＿＿＿＿＿＿

联系电话：＿＿＿＿＿＿＿＿＿＿＿＿＿＿＿＿＿

乙方（劳动者）姓名：＿＿＿＿＿＿＿＿＿＿＿＿＿＿＿

居民身份证号：＿＿＿＿＿＿＿＿＿＿＿＿＿＿＿＿＿

户口所在地：＿＿＿＿省（市）＿＿＿区（县）＿＿＿＿＿＿＿乡镇
＿＿＿＿＿＿村

邮政编码：＿＿＿＿＿＿＿

现住址：＿＿＿＿＿＿＿＿＿＿＿＿　联系电话：＿＿＿＿＿＿＿＿

根据《劳动法》及有关规定，甲乙双方遵循平等自愿、协商一致的原则签订本合同。

一、合同期限

第一条 甲乙双方可以随时终止本合同。

二、工作内容

第二条 乙方同意根据甲方工作需要，担任＿＿＿＿＿＿＿＿工作。

甲方根据工作要求对乙方进行必要的职业技能培训。

乙方应当努力提高职业技能，按岗位要求完成工作任务。

三、工作时间

第三条 乙方每周工作＿＿＿＿日，分别为周＿＿＿＿；每日工作＿＿＿＿小时。

四、劳动报酬：

第四条 甲方按小时计酬方式支付乙方工资，标准为每小时＿＿＿＿元。

甲方向乙方支付工资形式为＿＿＿＿＿＿＿＿＿＿（直接发放/委托银行代发）。支付周期不得超过15日。

五、社会保险

第五条 甲方应当依法为乙方缴纳工伤保险费。

六、劳动保护和劳动条件

第六条 甲方根据生产岗位需要，按照国家有关劳动安全卫生规定对乙方进行安全卫生培训和职业培训，为乙方提供如下劳动保护条件和劳动防护用品：

＿＿＿＿＿＿＿＿＿＿＿＿＿＿＿＿＿＿＿＿＿＿＿＿＿＿＿＿＿

＿＿＿＿＿＿＿＿＿＿＿＿＿＿＿＿＿＿＿＿＿＿＿＿＿＿＿＿。

七、劳动争议处理

第七条 甲乙双方发生劳动争议，可以协商解决，也可以依照《劳动争议调解仲裁法》的规定通过申请调解、仲裁和提起诉讼解决。

八、其他

第八条 甲乙双方约定的其他事项

_____。

第九条 本劳动合同一式二份，甲乙双方各执一份。

本劳动合同自甲乙双方签字、盖章之日起生效。

甲方（公章）   乙方（签字）

法定代表人或委托代理人

（签字或盖章）

签订日期：   年   月   日

■第三单元　劳动合同

■ 情境导入

　　经过三年的大学学习和生活，小李顺利取得了大学毕业证。用人单位通知他持报到证报到并准备签署劳动合同。小李不清楚劳动合同的内容和形式。本部分主要演示和介绍劳动合同。

一、示范文本——劳动合同样式
劳动合同

甲方（用人单位）名称：＿＿＿＿＿＿＿＿＿＿＿＿＿＿＿＿＿＿＿＿

住所：＿＿＿＿＿＿＿＿＿＿＿＿＿＿＿＿＿＿＿＿＿＿＿＿＿＿＿＿＿

法定代表人（或主要负责人）：＿＿＿＿＿＿＿＿＿＿＿＿＿＿＿＿＿＿

联系人：＿＿＿＿＿＿＿＿＿＿＿＿

联系电话：＿＿＿＿＿＿＿＿＿＿＿

乙方（劳动者）姓名：＿＿＿＿＿＿性别：＿＿＿＿＿

居民身份证号码：＿＿＿＿＿＿＿＿＿＿＿＿＿＿＿＿＿＿

文化程度：＿＿＿＿＿＿＿＿＿住址：＿＿＿＿＿＿＿＿＿＿＿＿

联系电话：＿＿＿＿＿＿＿＿＿＿＿

　　根据《中华人民共和国劳动法》（以下简称《劳动法》）、《中华人民共和国劳动合同法》（以下简称《劳动合同法》）等有关法律法规的规定，甲乙双方在平等自愿、协商一致的基础上，同意签订本合同，共同遵守本合同所列条款。

第一条　劳动合同类型及期限

一、劳动合同类型及期限按以下第_____种方式确定。

1. 固定期限：自_____年_____月_____日起至_____年_____月_____日止。试用期自_____年_____月_____日起至_____年_____月_____日止，共_____个月。

2. 无固定期限：从_____年_____月_____日起至法定的解除或终止合同的条件出现时止。

3. 以完成一定工作任务为期限：从_____年_____月_____日起至_____工作任务完成时止。完成工作任务的标志是_____。

第二条　工作内容和工作地点及要求

一、乙方同意根据甲方的工作需要，安排乙方_____岗位工作。乙方工作内容详见甲方工作岗位说明书或岗位责任书的约定。

二、乙方的工作地点或工作区域为：_____。根据甲方工作需要，经甲乙双方协商同意，可以变更工作岗位，工作地点。但乙方因公外出（含长期、短期本地区公出及异地出差）不视为工作地点的变更。

三、乙方应按照甲方的合法要求，按时完成规定的工作数量，达到规定的质量标准。遵守甲方的劳动纪律和规章制度。

第三条　工作时间和休息休假

一、工作时间按甲方公司相关规章制度及文件规定进行，但不得违反法律法规的强制性规定。

二、乙方在此同意并确认，甲方可以根据生产经营需要适当延长乙方工作时间，但是甲方应当依法保证乙方的休假权利。

三、乙方依法享有法定节假日、婚假、产假、丧假等假期。

四、乙方的其他休息休假安排：在1年中工作满12个月依法享有年休假。

第四条　劳动报酬及支付方式与时间

一、甲方的工资结构为＿＿基本工资＋奖金＋补贴（或其他形式，根据公司具体情况设定）＿＿。乙方的月工资为_____元，试用期的月工资为_____元（试用期工资不得低于甲方相同岗位最低档工资或者本合同约定工资的百分之八十，并不得低于甲方所在地的最低工资标准），奖金和补贴根据甲方效益和乙方工作绩效而定。

二、乙方的工作业绩达不到公司要求时，甲乙双方可重新确定劳动报酬和劳动报酬的构成等内容。

三、甲方每月_____日发放上月工资。甲方至少每月以货币形式向乙支付一次工资，不得拖欠。

四、乙方加班工资、假期工资及特殊情况下的工资支付按有关法律、法规的规定执行。

五、工资实行保密制度，乙方不得以任何理由探听他人的工资或透露任何自己的工资信息。乙方应当依法缴纳个人所得税，由甲方代扣代缴。

第五条　社会保险和福利待遇

一、甲乙双方按照国家和省、市有关规定，参加社会保险，按月缴纳社会保险费。乙方缴纳部分，由甲方在乙方工资中代为扣缴。乙方须在入职时向甲方交齐相关办理社会保险的资料。

二、乙方患病或非因工负伤，甲方应按国家和省、市的有关规定给予乙方享受医疗期和医疗期待遇。

三、乙方的福利待遇按国家及甲方的规定执行。

第六条　劳动保护、劳动条件和职业危害防护

一、甲方按国家有关劳动保护规定，提供符合国家安全卫生标准的劳动作业场所、必要的劳动防护用品和其他劳动保护条件，切实保护乙方在生产工作中的安全和健康。

二、甲方按国家有关规定，做好女职工和未成年职工的特殊劳动保护工作。

三、乙方应严格遵守各项安全操作规程。乙方有权拒绝甲方的违章指挥，对甲方危害生命安全和身体健康的行为，乙方有权要求改正或向有关部门举报。

四、甲方应根据需要对乙方进行必要的职业培训或为乙方接受职业培训提供必要的条件。

五、甲方应当依法制定和健全内部规章制度和劳动纪律，依法对乙方进行规范和管理。

第七条　劳动合同变更、解除、终止

一、经甲乙双方协商一致，可以变更劳动合同相关内容。变更合同应采用书面形式。变更后的合同文本双方各执一份。

二、经甲乙双方协商一致，可以解除合同。

三、乙方提前三十日以书面形式通知甲方，可以解除劳动合同；乙方试用期内提前三日通知甲方，可以解除劳动合同。

四、甲方有下列情形之一的，乙方可以通知甲方解除劳动合同：

1. 未按照劳动合同约定提供劳动保护或者劳动条件的；

2. 未及时足额支付劳动报酬的；

3. 未依法为乙方缴纳社会保险费的；

4. 甲方的规章制度违反法律、法规的规定，损害乙方权益的；

5. 甲方以欺诈、胁迫的手段或者乘人之危，使乙方在违背真实意思的情况下订立或者变更本合同，致使劳动合同无效的；

6. 法律、行政法规规定乙方可以解除劳动合同的其他情形。

五、乙方有下列情形之一的，甲方可以解除劳动合同，且无需支付任何经济补偿：

1. 在试用期间被证明不符合录用条件的；

2. 严重违反甲方的规章制度的；

3. 严重失职，营私舞弊，给甲方造成重大损害的；或存在导致甲方对第三方承担赔偿责任等法律风险的行为；

4. 乙方同时与其他用人单位建立劳动关系，对完成本单位的工作任务造成严重影响，或者经甲方提出，拒不改正的；

5. 乙方以欺诈、胁迫的手段或者乘人之危，使甲方在违背真实意思的情况下订立或者变更本合同，致使劳动合同无效的；

6. 寻衅滋事，打人、打架斗殴，以及发生其他危及或可能危及公司和员工人身安全的行为；

7. 以权牟利，未经批准擅自截流、坐支或挪用公司的奖金或货款的；

8. 乙方向甲方提供的全部身份资料、学历证明、原单位《离职证明》、资格证书及其他资料不真实，有隐瞒、编造等情形的，以及基本社会保险关系未按规定时间转至甲方或指定机构的；

9. 因履行本合同发生的任何争议，乙方采取罢工、借故闹事的方式解决问题，严重破坏甲方及甲方其他工作人员工作秩序的，经甲方制止，拒不纠正的；

10. 被依法追究刑事责任的。

第八条　双方需要约定的其他事项

外派培训按照培训协议执行（可附培训协议），附件与本附件及本合同具有同等效力。但如果本合同的条款与附件内容有任何冲突或不一致之处，则以附件中的内容为准。

第九条　劳动争议

因履行本合同发生争议，甲乙双方均有权要求有关部门依法处理，或依法申请仲裁、提起诉讼。

第十条　其他事项

（一）本合同未尽事宜，按现行劳动法律、法规和有关规定执行。

（二）本合同一式两份，甲乙双方各持一份。

甲方（盖章）：　　　　　　　　　　乙方（签字）：

法定代表人签字：

签约日期：　　　　　　　　　　　　签约日期：

二、劳动合同

（一）劳动合同的概念和种类

劳动合同是劳动者与用人单位之间确立劳动关系，明确双方权利和义务的书面协议。建立劳动关系应当订立劳动合同，劳动合同是确立劳动关系的普遍性法律形式，是用人单位与劳动者履行劳动权利义务的重要依据，劳动合同区别于民商事合同，具有以国家意志为主导，以当事人意志为主体的特征。

根据《劳动合同法》第 12 条的规定，劳动合同的类型分为固定期限、无固定期限和以完成一定工作任务为期限三种。用人单位与劳动者协商一致，可以订立固定期限劳动合同、无固定期限劳动合同、以完成一定工作任务为期限的劳动合同，但要遵守法律强制性规定，在具备签订无固定期限劳动合同的法定情形时，劳动者提出签订无固定期限劳动合同的，用人单位应当与之签订无固定期限劳动合同。

（二）劳动合同的条款

劳动合同的条款，一般分为必备条款和可备条款。劳动合同的必备条款是法律规定劳动合同必须具备的条款，它是生效劳动合同所必须具备的条款。必备条款的不完善，会导致合同的不能成立。《劳动合同法》第 81 条规定："用人单位提供的劳动合同文本未载明本法规定的劳动合同必备条款或者用人单位未将劳动合同文本交付劳动者的，由劳动行政部门责令改正；给劳动者造成损害的，应当承担赔偿责任。"

1. 必备条款。根据《劳动合同法》第 17 条的规定，劳动合同应当具备以下条款：①用人单位的名称、住所和法定代表人或者主要负责人；②劳动者的姓名、住址和居民身份证或者其他有效身份证件号码；③劳动合同期限；④工作内容和工作地点；⑤工作时间和休息休假；⑥劳动报酬；⑦社会保险；⑧劳动保护、劳动条件和职业危害防护；⑨法律、法规规定应当纳入劳动合同的其他事项。

2. 可备条款。即劳动合同的约定条款，是指除法定必备条款外劳动合同当事人可以协商约定、也可以不约定的条款。劳动合同除前款规定的必备条款外，用人单位与劳动者可以约定试用期、培训、保守秘密、补充保险和福利待遇等其他事项。至于是否约定，由当事人确定。且约定条款的缺少，并不影响劳动合同的成立。

劳动合同的约定条款一般包括：①试用期条款。劳动合同法对试用期的长短作出限制性规定。根据劳动合同的期限规定了不同时间长短的试用期。劳动合同期限 3 个月以上不满 1 年的，试用期不得超过 1 个月；劳动合同期限 1 年以上 3 年以下的，试用期不得超过 2 个月；3 年以上固定期限和无固定期限的劳动合同，试用期不得超过 6 个月。②服务期限协议。服务期是指法律规定的因用人单位为劳动者提供专业技术培训，双方约定的劳动者为用人单位必须服务的期限。③违约金条款。违约金是用人单位与劳动者在劳动合同中约定的不履行或不完全履行劳动合同约定义务时，由违约方支付给对方的一定金额的货币。④竞业限制条款。我国法律规定竞业限制的期限最长不得超过 2 年，且在竞业限制期限内，用人单位应按月给予劳动者一定的经济补偿。⑤保守商业秘密和与知识产权相关的保密事项条款。

（三）常见的无效劳动合同

根据《劳动合同法》第 26 条的规定，下列劳动合同无效或者部分无效：①以欺诈、胁迫的手段或者乘人之危，使对方在违背真实意思的情况下订立或者变更劳动合同的；②用人单位免除自己的法定责任、排除劳动者权利的；③违反法律、行政法规强制性规定的。对劳动合同的无效或者部分无效有争议的，由劳动争议仲裁机构或者人民法院确认。

常见的无效合同的类型有很多。根据全国各地劳动执法部门的专项调查，发现常见的违法无效劳动合同主要有以下类型：

1. 口头约定性合同：在一些私营企业中，存在不以书面形式订立劳动合同的现象，只是简单地口头约定报酬多少、工种工时和责权义务。

2. 一边倒性合同：一些用人单位与劳动者签订劳动合同，不与劳动者协商合同有关条款，而是片面地从单位利益出发，订立一边倒合同。

3. 违法型合同：许多效益好的单位在招工时，强迫劳动者缴纳集资金、风险金并签订所谓自愿缴纳协议书，企图以书面协议来掩盖行为的违法性。

4. 生死型合同：合同条款中不具备有关病、伤、残、死亡补助和抚恤等内容，有的虽有此条款，但大都不符合国家的法律规定。

5. 保证型合同：不少用人单位为督促劳动者履行自己的义务，在与劳动者签订劳动合同时，让每个劳动者出具一份保证书，将一些不合理规则和条件附入合同中，以此来约束劳动者。

6. 假冒型合同：许多企业为对付劳动部门的监督管理，与劳动者签订真假两份合同。假合同是按劳动管理部门要求，用规范的文件签订的，用来应付检查监督；而真合同则是按自己的意愿同劳动者签订不规范或违法劳动合同，以获取最大利润。

7. 抵押型合同：为防止劳动者跳槽，一些用人单位在招用外来劳动人员、签订劳动合同时，将身份证、现金等充作抵押物，甚至扣留其平时应得的福利待遇或工资等，将劳动合同订成抵押合同，劳动者如有违约，即将抵押物强行扣留，严重侵害了劳动者的合法权益。

三、订立劳动合同的注意事项

由于用人单位和求职者双方当事人在劳动相关法规知识和法律知识上掌握程度的不平等，大学生求职者明显处于劣势，因此大学生求职者在签订合同时应注意以下事项：

1. 如果求职者进入到单位是通过熟人牵线的，碍于情面关系，求职者或者用人单位只是简单地达成了口头用工协议合同，但这种口头合同对求职者是相当不利的，因为一旦日后求职者与用人单位发生利益纠纷时，用人单位可以随意对待求职者，而求职者本人因无字据为证，只能承受可能发生的一切损失。为了保障个人的利益，求职者在正式进入到用人单位工作时，一定要与用人单位签订正式的用工合同，以便明确双方的权利和义务关系。

2. 在求职者要和用人单位签订劳动合同时，许多个人单位常常事先起草了一份劳动合同文本，在文本中约定的责、权、利明显对单位有利，正式签订合同时用人单位只需要求职者简单地签个字或者盖个章就可以了。但求职者仔细推敲合同后发现，条款表述不清、概念模糊，而且合同内容只约定求职者有哪些义务、要如何遵守单位的各项制度，若有违反要承担怎样的责任等，而关于求职者的权利，除了报酬外几乎一无所有。为稳妥起见，建议大学生在正式签订劳动合同时，最好要求用人单位到劳动行政部门所属的劳动事务咨询事务所进行劳动合同文本鉴定为好。

3. 求职者签订劳动合同的本意就是想通过法律来保护自己的利益，但是如果签订的合同本身就是违法的，那么求职者的权益照样得不到法律保护。为此，求职者一定要先确认自己签订的劳动合同是否具有法律约束力，包括：用人单位必须具有法人资格，私营企业必须符合法定条件；双方签订的劳动合同内容（权利与义务）必须符合法律、法规和劳动政策，不得从事非法工作；此外签订劳动合同的程序、形式必须合法。

4. 为了更好地用法律武器来保障和维护自己的个人利益，求职者在签订合同之前，最好认真学习和了解一些劳动法律和法规方面的知识，例如合同双方当事人的权利义务，劳动合同的订立、履行、变更、终止和解除，劳动保护和保险，法律责任等，这样求职者在与用人单位起草劳动合同文本时，就能争取一些对自己有利的权利和义务，或者一旦日后用人单位违反合同规定，求职者就可以利用法律武器来捍卫自己的权益。

5. 一份正式的合同应该条款齐全，日后双方一旦发生利益冲突，可以便于查证核实。为此，求职者在签订前一定要让单位负责人拿出合同原文，仔细审看合同条款是否齐全，如名称、地点、时间、劳动规则、具体工作内容和标准、劳动报酬、合同期限、违约责任、解决争议方式、签名盖章等。如无异议，再当面同单位负责人签字盖章，以防某些单位负责人利用签字时间不同而在合同上动手脚。

6. 如果求职者所进的单位主要从事一些对人身安全有较大威胁的工作时，求职者一定要向用人单位确认，遇到工伤应该按照法律的规定来处理。现在不少单位只知道要求职者为他们卖命，一旦求职者伤残或者丧失劳动能力后，他们就毫不留情地一脚把求职者踢开，因此用人单位在起草合同时，为逃避承担的责任，要求职工工伤自理，或只是约定一些无关痛痒的条款，与国家法定的偿付标准相差很远。

7. 许多私营单位为了达到要挟、控制求职者的目的，常常在签订合同之前要求求职者先交纳一定的上岗抵押金，这样求职者一旦违反约定，其上岗抵押金就会被没收，而用人单位因此有恃无恐，求职者只好唯命是从。为此，求职者应该首先弄清单位收取抵押金的用意，另外可以私下向内部员工打听一下该单位的声誉，以权衡一下到底是否应该交纳抵押金。

8. 最后，求职者还应该了解一下其他的细节问题，例如当合同涉及数字时，一定要用大写汉字，以使单位无隙可乘；另外，要注意合同生效的必要条件和附加条件；合同至少一式两份，双方各执一份，妥善保管；双方在签订时如有纠纷，应通过合法方式解决。

四、劳动合同的解除

劳动合同的解除是指劳动合同当事人在劳动合同期限届满之前依法提前终止劳动合同关系的法律行为。劳动合同的解除可分为协商解除、用人单位单方解除、劳动者单方解除等。

（一）大学生可以解除劳动合同的情形

依据《中华人民共和国劳动合同法实施条例》第 18 条规定，有下列情形之一的，大学生可以依照劳动合同法规定的条件、程序与用人单位解除劳动合同：①劳动者与用人单位协商一致的；②劳动者提前 30 日以书面形式通知用人单位的；③劳动者在试用期内提前 3 日通知用人单位的；④用人单位未按照劳动合同约定提供劳动保护或者劳动条件的；⑤用人单位未及时足额支付劳动报酬的；⑥用人单位未依法为劳动者缴纳社会保险费的；⑦用人单位的规章制度违反法律、法规的规定，损害劳动者权益的；⑧用人单位以欺诈、胁迫的手段或者乘人之危，使劳动者在违背真实意思的情况下订立或者变更劳动合同的；⑨用人单位在劳动合同中免除自己的法定责任、排除劳动者权利的；⑩用人单位违反法律、行政法规强制性规定的；⑪用人单位以暴力、威胁或者非法限制人身自由的手段强迫劳动者劳动的；⑫用人单位违章指挥、强令冒险作业危及劳动者人身安全的；⑬法律、行政法规规定劳动者可以解除劳动合同的其他情形。

（二）用人单位可以解除劳动合同的情形

依据《中华人民共和国劳动合同法实施条例》第19条规定，有下列情形之一的，依照劳动合同法规定的条件、程序，用人单位可以与劳动者解除固定期限劳动合同、无固定期限劳动合同或者以完成一定工作任务为期限的劳动合同：①用人单位与劳动者协商一致的；②劳动者在试用期间被证明不符合录用条件的；③劳动者严重违反用人单位的规章制度的；④劳动者严重失职，营私舞弊，给用人单位造成重大损害的；⑤劳动者同时与其他用人单位建立劳动关系，对完成本单位的工作任务造成严重影响，或者经用人单位提出，拒不改正的；⑥劳动者以欺诈、胁迫的手段或者乘人之危，使用人单位在违背真实意思的情况下订立或者变更劳动合同的；⑦劳动者被依法追究刑事责任的；⑧劳动者患病或者非因工负伤，在规定的医疗期满后不能从事原工作，也不能从事由用人单位另行安排的工作的；⑨劳动者不能胜任工作，经过培训或者调整工作岗位，仍不能胜任工作的；⑩劳动合同订立时所依据的客观情况发生重大变化，致使劳动合同无法履行，经用人单位与劳动者协商，未能就变更劳动合同内容达成协议的；⑪用人单位依照企业破产法规定进行重整的；⑫用人单位生产经营发生严重困难的；⑬企业转产、重大技术革新或者经营方式调整，经变更劳动合同后，仍需裁减人员的；⑭其他因劳动合同订立时所依据的客观经济情况发生重大变化，致使劳动合同无法履行的。

（三）无固定期限劳动合同不是"铁饭碗""终身制"

无固定期限劳动合同不是"铁饭碗""终身制"。劳动合同法公布施行后，一些毕业的大学生认为无固定期限劳动合同是"铁饭碗""终身制"。为了消除误解，《劳动合同法实施条例》将分散在《劳动合同法》第36、37、38条中劳动者可以依法解除包括无固定期限劳动合同在内的各种劳动合同的13种情形作了归纳，规定劳动者在用人单位未按照劳动合同约定提供劳动保护或者劳动条件、未及时足额支付劳动报酬、未依法为劳动者缴纳社会保险费、以欺诈胁迫等手段违背劳动者真实意思订立或者变更劳动合同、以暴力威胁或者非法限制人身自由的手段强迫劳动以及违章指挥强令冒险作业危及劳动者人身安全等情形下可以依法解除劳动合同。同样，《实施条例》将分散在《劳动合同法》第

36、39、40、41 条中用人单位可以依法解除包括无固定期限劳动合同在内的各种劳动合同的 14 种情形作了归纳，规定用人单位在劳动者试用期间被证明不符合录用条件、严重违反用人单位规章制度、严重失职营私舞弊给用人单位造成重大损害、经过培训或者调整工作岗位后仍不能胜任工作以及企业转产等情形下可以依法与劳动者解除劳动合同。这些规定有利于澄清无固定期限劳动合同是"铁饭碗""终身制"的误解。

（四）经济补偿与赔偿金的关系

《劳动合同法》规定，用人单位依法解除、终止劳动合同应当向劳动者支付经济补偿，同时规定用人单位违法解除或者终止劳动合同，应当向劳动者支付赔偿金。对经济补偿与赔偿金是否同时适用，社会上有不同的理解：一种意见认为，为了有效惩罚用人单位的违法用工行为，用人单位违法解除或者终止劳动合同在支付了相当于经济补偿两倍的赔偿金后，还应当再向员工支付经济补偿。另一种意见认为，已经支付赔偿金的，不应当再支付经济补偿。按照经济补偿与赔偿金的不同性质，《劳动合同法实施条例》明确规定：用人单位违反劳动合同法的规定解除或者终止劳动合同，依照劳动合同法的规定支付了赔偿金的，不再支付经济补偿。

五、劳动合同争议及处理

根据《劳动争议调解仲裁法》的规定，劳动合同争议是指在中华人民共和国境内的用人单位与劳动者因订立、履行、变更、解除和终止劳动合同以及因未签订劳动合同引发的二倍工资争议，解除或终止劳动合同引起的支付经济补偿、赔偿金或违约金等发生的争议。

根据当前劳动合同争议较常发生的情形，劳动合同争议可以细化为以下具体争议：

1. 订立劳动合同争议：是指劳动者和用人单位就彼此之间建立劳动关系进行自愿、平等协商过程中引发的争议，如用人单位在用工之日起超过一个月不满一年未与劳动者订立书面劳动合同、应订立无固定期限劳动合同而未签订无固定期限劳动合同引发的是否应当支付二倍工资发生的争议、续签劳动合同过程中因工作岗位等原因无法达成一致意见时发生的争议等。

2. 履行劳动合同争议：是指劳动者和用人单位按照劳动合同约定，履行各自义务，实现各自权利的过程中引发的争议，主要是劳动报酬、社会保险待遇及福利、经济补偿金、违约金、赔偿金以及变更、解除、终止劳动合同以外条款发生的争议。

3. 变更劳动合同争议：是指在劳动合同尚未履行或者尚未履行完毕之前，因劳动者、用人单位一方或双方需要对合同条款进行变更但无法达成协议而引发的争议。

4. 解除劳动合同争议：是指在劳动合同尚未履行完毕或者未全部履行以前，由于合同一方或双方提前消灭劳动合同关系而引发的争议。

5. 终止劳动合同争议：是指劳动合同由于一定的法律事实的出现而终止，劳动关系随之消灭过程中引发的争议。

6. 经济补偿金、赔偿金争议：是指解除劳动合同后因给付经济补偿金、赔偿金引发的争议。

7. 违约金争议：是指当事人因违反劳动合同约定提前解除劳动合同而引发的是否应当支付违约金的争议、因履行服务期协议或竞业限制协议而引发的违约金争议。

8. 职业培训争议：是指劳动者与用人单位因职业培训及培训费而引发的争议。

我国《劳动法》规定：用人单位与劳动者发生劳动争议，当事人可以依法申请调解、仲裁、提起诉讼，也可以协商解决。仲裁是劳动争议案件处理必经的法律程序。劳动争议发生后，当事人任何一方都可直接向劳动争议仲裁委员会申请仲裁。

六、拓展阅读

鉴于劳动合同的重要性和实践中劳动合同文本的内容繁简不一，在此为大家展示不同行业、不同风格的两类劳动合同。

（一）银行业从业人员劳动合同示范文本

中国银行业从业人员劳动合同示范文本
中国银行业协会编制

目　　录

本劳动合同（下称"本合同"）由以下双方签订：

甲方：[银行名称]

法定代表人或主要负责人：

住所：

乙方：[姓名]

证件类型：

证件号码：

性别：

户籍所在地及邮编：

经常居住地及邮编：

联系电话：

根据《中华人民共和国劳动法》、《中华人民共和国劳动合同法》及相关法律法规的规定，双方在平等自愿、协商一致及诚实信用的基础上订立本合同。

第一章　合同期限

第一条　本合同的合同期限按照以下第_____项执行：

1. 固定期限。本合同的期限自[日期]起至[日期]止。

2. 无固定期限。本合同的期限自[日期]起直至本合同依法解除或终止。

3. 以完成一定工作任务为期限。本合同的期限自[日期]起至工作任务完成之日止。为本合同之目的，工作任务是指[]。工作任务完成之日以甲方向乙方发出的书面通知为准。

第二章　试用期

第二条　试用期为[]个月，自[日期]起至[日期]止。[或本合同不设试用期。]

第三条　在试用期内，甲方将对乙方的工作能力、工作表现及其他方面进行评估，以决定乙方是否符合录用条件。乙方不符合录用条件的，甲方有权依法解除本合同。

第四条　上述第三条所规定的不符合录用条件包括但不限于以下情形：

1. 乙方不符合其工作岗位的任职要求；

2. 乙方的身体健康情况不符合其工作岗位的要求；

3. 乙方在甲方规定的期限内不提供或者提供虚假的用于办理用工手续的相关材料的。

第三章 工作内容和工作地点

第五条 乙方的工作内容及工作地点应按照附件一工作岗位描述中的规定执行。

第六条 除本合同约定的工作内容外，乙方还应当听从甲方不时提出的合理工作指令，完成其他工作。

第七条 甲方可以根据经营需要、乙方的工作表现或身体状况等因素，依法调整乙方的工作内容；也可以依据甲方的规章制度，调整乙方的工作内容（包括调整工作岗位或调整工作职责）。乙方应服从甲方的调整决定。

第八条 甲方可以根据经营需要不时地安排乙方至工作地点以外的地区出差。乙方应当服从甲方的前述安排。

第四章 劳动报酬

第九条 乙方的工资构成及工资标准应按照附件二工资中的规定执行。

第十条 在乙方提供正常劳动的前提下，甲方应在每月［ ］日前以人民币的形式支付乙方上［或当］月的工资，并通过转账方式付至乙方的工资账户。如发薪日恰逢法定节假日或休息日，甲方可提前至相近的工作日支付。甲方的薪酬制度中对特定类型的工资组成部分的支付时间有其他规定的，则应按照该规定执行。

第十一条 甲方有权根据甲方的经营情况、薪酬制度、乙方的工作表现或者乙方的工作内容的变化（包括工作岗位变化或工作职责变化）等因素相应地依法调整乙方的工资构成、工资标准、支付方式或支付时间。

第十二条 乙方应依法缴纳个人所得税。甲方将依法按月从乙方的工资里代扣个人所得税，并以乙方的名义向税务机关缴纳。

第五章 工作时间和休息休假

第十三条 甲方实行以下三种工时制度。乙方应执行其工作岗位所适用的工时制度。

1. 标准工时工作制，即乙方的工作时间每日不超过八小时，每周不超过四十小时。具体的上下班时间应按照甲方的相关规章制度执行。如果劳动行政主管部门批准甲方对乙方的工作岗位执行综合计算工时工作制或不定时工作制，乙方的工作岗位应适用相应的特殊工时制度。

2. 综合计算工时工作制，即以周、月、季、年等为周期综合计算工作时间，但其平均日工作时间和平均周工作时间不超过法定标准工作时间。甲方将根据劳动行政主管部门的有关批复，制定具体的计算周期及上下班时间，并另行告知乙方。

3．不定时工作制，即因经营特点、工作特殊需要或职责范围的关系，无法按标准工作时间衡量或需要机动作业而所采用的一种工时制度。除相关法律法规另有规定外，甲方不会向适用不定时工作制的乙方支付加班工资或安排调休。

第十四条　如果乙方的工作岗位发生变更，则乙方应执行变更后的工作岗位所适用的工时制度。

第十五条　由于工作需要，甲方可以依法安排乙方加班。乙方应按照甲方的相关规章制度的规定办理相应的加班审批和确认手续。对于已办理前述手续的加班乙方，甲方将根据其适用的工时制度支付加班工资或安排调休。

第十六条　乙方有权依据法律法规的相关规定和甲方的规章制度，享受法定节假日、带薪年休假和其他休假。

第六章　社会保险与其他福利

第十七条　甲方应根据国家及参保地的法律法规的相关规定，为乙方缴纳社会保险和住房公积金。乙方应根据相关法律法规的规定缴纳有关社会保险和住房公积金中的个人缴费部分。甲方将按月从乙方的工资里做出相应的扣除，并以乙方的名义向有关主管机构缴纳。

第十八条　甲方还将向乙方提供以下福利：

1．［福利名称］；

2．［福利名称］。

第七章　劳动保护、劳动条件和职业危害防护

第十九条　甲方应当向乙方提供符合国家规定的劳动安全卫生条件和必要的劳动保护用品，以保证乙方在安全健康的环境下工作。

第二十条　甲方应依据乙方的工作内容向乙方提供必要的劳动条件。

第二十一条　如果乙方的工作内容涉及职业危害，则甲方应向乙方如实告知该等职业危害及可能发生的后果，并且应当依法采取相应的防护措施。

第八章　合同的解除与终止

第二十二条　双方协商一致，可以解除本合同。

第二十三条　当出现下述任一情形时，甲方可以解除本合同，但应提前三十日书面通知乙方或者额外支付乙方一个月工资：

1．乙方因病或非因工负伤，在法律法规规定的医疗期满后，不能从事原工作也不能从事由甲方另行安排的工作的；

2．乙方不能胜任工作，经过培训或者调整工作岗位后，仍不能胜任工作的；

3．本合同订立时所依据的客观情形发生重大变化，致使本合同无法履行，经双方协商不能就变更本合同达成协议的。

第二十四条　当乙方出现下述任一情形时，甲方可在不提前通知乙方的情况下解除本合同：

1. 在试用期内被证明不符合录用条件的；

2. 被依法追究刑事责任的；

3. 严重违反甲方的规章制度的；

4. 严重失职、营私舞弊，对甲方利益造成重大损害的；

5. 同时与其他用人单位建立劳动关系，对完成甲方交办的工作任务造成严重影响，或者经甲方提出，拒不改正的；

6. 以欺诈、胁迫手段或乘人之危使甲方违背真实意思订立本合同，从而导致本合同无效的。（欺诈手段包括但不限于对甲方隐瞒或谎报学历、工作经历、资历、健康状况或者提供虚假的学历学位证书、资质等级证书以及其他不实材料等情形。）

第二十五条　乙方在试用期内解除本合同的，应当提前三日书面通知甲方。乙方在试用期结束后解除本合同的，应当提前三十日书面通知甲方，法律法规或规范性文件另有规定或者双方另有约定的情形除外。

第二十六条　当出现下述任一情形时，本合同终止：

1. 合同期限届满；

2. 乙方开始依法享受基本养老保险待遇或达到法定退休年龄的；

3. 乙方死亡，或者被人民法院宣告死亡或者宣告失踪的；

4. 甲方解散、被吊销营业执照或者责令关闭、撤销的；

5. 甲方被依法宣告破产的；

6. 有法律、行政法规规定的其他情形的。

第二十七条　当甲方出现下述任一情形时，乙方可在不提前通知甲方的情况下解除本合同：

1. 未按照本合同约定提供劳动保护或者劳动条件的；

2. 未按照本合同的约定及时足额支付劳动报酬的；

3. 未依法为乙方缴纳社会保险费的；

4. 甲方的规章制度违反法律、法规的规定，损害乙方权益的；

5. 以欺诈、胁迫手段或乘人之危使乙方违背真实意思订立本合同，从而导致本合同无效的；

6. 以暴力、威胁或者非法限制人身自由的手段强迫乙方劳动的，或者违章指挥、强令冒险作业危及乙方人身安全的；

7. 甲方在本合同中免除自己的法定责任、排除乙方权利的；

8. 甲方违反法律、行政法规强制性规定的；

9. 法律、行政法规规定劳动者可以解除劳动合同的其他情形。

第二十八条　当出现下述任一情形时，需要裁减人员二十人以上或者裁减不足二十人但占甲方职工总数百分之十以上的，甲方在依法履行法定程序后，可以实施裁员：

1. 依照企业破产法规定进行重整的；

2. 生产经营发生严重困难的；

3. 转产、重大技术革新或者经营方式调整，经变更劳动合同后，仍需裁减人员的；

4. 其他因本合同订立时所依据的客观经济情况发生重大变化，致使本合同无法履行的。

第二十九条　乙方有下列情形之一的，甲方不得依照本合同第二十三条、第二十八条的规定解除劳动合同：

1. 从事接触职业病危害作业未进行离岗前职业健康检查，或者疑似职业病病人在诊断或者医学观察期间的；

2. 在甲方患职业病或者因工负伤并被确认丧失或者部分丧失劳动能力的；

3. 患病或者非因工负伤，在规定的医疗期内的；

4. 在孕期、产期、哺乳期的；

5. 在甲方连续工作满十五年，且距法定退休年龄不足五年的；

6. 法律、行政法规规定的其他情形。

第三十条　乙方应在本合同解除或终止后［五］个工作日内按照甲方的要求及规章制度的有关规定，完成所有离职工作交接手续，包括但不限于交接工作以及交还其占有的或处于其控制之下的所有甲方财物。甲方应当在本合同解除或者终止之日向乙方出具解除或者终止劳动合同的证明，并在本合同解除或者终止之日起十五日内为乙方办理档案和社会保险关系转移手续。

第九章　经济补偿

第三十一条　当出现下述任一情形时，甲方应在乙方按照甲方的要求办理完毕离职工作交接手续后向乙方支付经济补偿：

1. 甲方依据本合同第二十三条或第二十八条解除本合同的；

2. 甲方向乙方提出解除本合同并与乙方协商一致解除本合同的；

3. 本合同依据第二十六条第1项终止的，但本合同终止前甲方维持或者提高本合同约定的条件要求与乙方续订合同，乙方不同意续订的除外；

4. 本合同依据第二十六条第4或5项终止的；

5. 乙方依据第二十七条解除本合同的；

6. 法律、行政法规规定的其他情形。

第三十二条 经济补偿按照以下方法计算：

1．甲方应按照乙方在甲方的工作年限，工作年限每满一年，支付乙方相当于其一个月工资的经济补偿。工作年限在六个月以上不满一年的应按一年的标准（即相当于一个月的工资）发给经济补偿。工作年限不满六个月的，支付半个月的经济补偿。

2．为计算经济补偿之目的，"月工资"是指乙方在本合同解除或者终止前十二个月内的月平均工资。

3．如果乙方的月工资高于乙方工作地点上年度职工月平均工资三倍（下称"封顶工资"）的，甲方应按封顶工资支付经济补偿，并且向乙方支付经济补偿的年限最高不超过十二年。

第十章 赔偿责任

第三十三条 乙方违反本合同的约定解除本合同的，应负责赔偿对甲方所造成的全部损失，包括但不限于甲方为招聘乙方所支付的费用，为乙方支付的培训费用以及乙方给甲方造成的直接经济损失。

第三十四条 在履行本合同的过程中，如果乙方因其个人原因给甲方造成任何经济损失，则乙方应承担相应的赔偿责任。

第十一章 争议解决

第三十五条 双方因履行本合同而发生的，或者与本合同有关的任何争议，应通过友好协商的方式加以解决。如果不愿协商、在争议发生之日起三十日内协商不成或者达成和解协议后不履行的，双方可以向调解组织申请调解；不愿调解、调解不成或者达成调解协议后不履行的，可以向劳动争议仲裁委员会申请仲裁。对仲裁裁决不服的，除劳动争议调解仲裁法等法律法规有特别规定以外，任何一方均可向有管辖权的人民法院提起诉讼。

第十二章 补充条款

第三十六条 双方同意执行以下条款：

1．［补充条款内容］

2．［补充条款内容］

第十三章 附则

第三十七条 本合同一式［　］份，甲方执［　］份，乙方执［　］份。

第三十八条 本合同将取代双方此前就本合同涉及内容所达成的全部书面或口头协议。除本合同另有约定外，任何对本合同的修改都必须由双方以书面方式完成。

第三十九条 本合同的任何约定被认定为无效或不可强制执行，不影响本合同任何其他约定的有效性或可强制执行性。

第四十条　任何一方对本合同约定的任何权利的放弃，均不应视为此后对相同权利或本合同约定的其他权利的放弃。

第四十一条　乙方应服从甲方在生产经营方面的指挥和管理，严格遵守甲方依法制定并不时修订的各项规章制度。如果乙方违反该等制度，则甲方有权按照规章制度的规定对乙方予以适当处理，包括立即解除本合同。

第四十二条　本合同首部所记载的乙方的经常居住地将被视为用于与本合同相关事宜的所有通知的有效通信地址。乙方在经常居住地发生变更后应立即书面通知甲方，否则乙方应承担相应的不利后果。

第四十三条　本合同之任何附件一经双方签字或盖章即成为本合同的一部分，与本合同具有同等法律效力。

第四十四条　本合同之约定如与国家或适用的地方法律法规存在冲突之处，应按照相关的法律法规执行。

（签字页）

［甲方］　　　　　　　　　　　　　　　　［乙方姓名］

盖章　　　　　　　　　　　　　　　　　　签字

日期　　　　　　　　　　　　　　　　　　日期

（二）《简易劳动合同（参考文本）》[1]

简易劳动合同（示范文本）

甲方（用人单位）：＿＿＿＿＿＿＿＿＿＿＿＿＿＿＿＿＿＿＿

地址：＿＿＿＿＿＿＿＿＿＿＿＿＿＿＿＿＿＿＿＿＿＿＿＿＿＿＿

法定代表人（主要负责人）：＿＿＿＿＿＿＿＿＿＿＿

联系电话：＿＿＿＿＿＿＿＿＿

乙方（劳动者）：＿＿＿＿＿＿＿＿＿＿＿

性别：＿＿＿＿＿＿

身份证号码：＿＿＿＿＿＿＿＿＿＿

户口所在地：＿＿＿＿＿＿＿省（市）＿＿＿＿＿＿＿区（县）＿＿＿＿＿
＿＿＿镇＿＿＿＿＿＿村

---

〔1〕　更多劳动合同文本，可阅读国家协调劳动关系三方会议办公室、人力资源和社会保障部办公厅2009年印发的建筑业、制造业、餐饮业、采掘业、非全日制五种类型《简易劳动合同（参考文本）》，该文本供各级协调劳动关系三方向用人单位推荐使用。

现通信地址：＿＿＿＿＿＿＿＿＿＿＿＿＿＿＿＿＿＿

联系电话：＿＿＿＿＿＿＿＿

根据《劳动法》、《劳动合同法》及有关规定，甲乙双方遵循平等自愿、协商一致的原则订立本合同。

第一条　本合同为（固定期限、无固定期限、以完成一定工作任务为期限的）劳动合同。期限为：＿＿＿＿＿＿＿＿＿＿＿＿＿＿＿＿＿。试用期为＿＿＿＿年＿＿＿＿月＿＿＿＿＿＿日起至＿＿＿＿＿＿年＿＿＿＿＿＿月＿＿＿＿＿日止。

第二条　甲方根据工作需要，安排乙方在＿＿＿＿＿＿＿＿＿岗位工作，工作地点为＿＿＿＿＿＿＿＿＿＿。经双方协商同意，甲方可以调整乙方的工作岗位、任务或地点。

乙方应认真履行岗位职责，遵守各项规章制度，服从管理，按时完成工作任务。乙方违反劳动纪律，甲方可依据本单位依法制定的规章制度，给予相应处理。

第三条　乙方按甲方规定完成工作任务的，甲方于每月＿＿＿＿＿＿日前支付工资，支付的工资（税前月工资）为＿＿＿＿＿＿＿＿＿元/月，其中试用期的工资为＿＿＿＿＿＿＿元/月。（如实行计件制，计件单价为＿＿＿＿＿＿元。）

甲方依法安排乙方加班或者延长工作时间的，应当按照《劳动法》第44条的规定支付加班或者延长工作时间工资。

第四条　工作时间、休息休假、社会保险、福利待遇、劳动保护、劳动条件和职业危害防护等按照法律法规、规章等规定执行。

第五条　双方解除或终止劳动合同应按法定程序办理，甲方为乙方出具终止、解除劳动合同的通知书或相关证明。符合法律、法规规定的，支付乙方经济补偿。

第六条　甲乙双方发生劳动争议，可以协商解决，也可以依照《劳动争议调解仲裁法》的规定通过申请调解、仲裁和提起诉讼解决。

第七条　其他未尽事项按照国家及地方现行有关规定执行。

第八条　双方其他约定＿＿。

第九条　本合同双方各执一份，自双方签字、盖章之日起生效，涂改或未经授权代签无效。

甲方签字（盖章）：　　　　　　　　乙方签字：

签订时间：　年　月　日　　　签订时间：　年　月　日

■第四单元　劳务派遣协议

■ **情境导入**

　　小李大学毕业后，找到了一家满意的单位。但听说该用人单位不与他直接签劳动合同，而是与第三方一家劳务派遣公司签署劳务派遣协议。小李不清楚劳务派遣的法律性质、劳务派遣协议的内容和形式。本部分主要演示和介绍劳务派遣协议。

一、示范文本

劳务派遣协议
甲方（劳务派遣单位）

用人单位名称		
用人单位住所		
工商登记	注册类型	
	法定代表人或负责人	
单位社会保险登记证编号		
劳务派遣行政许可证编号		

乙方（被派遣劳动者）

姓　名		性　别	
文化程度		联系方式	
户籍所在地址			
现居住地址		居民身份证号	
个人社会保障卡号		就业登记证号	

依据《劳动法》、《劳动合同法》以及有关法律、法规、规章的规定，甲乙双方遵循合法、公平、平等自愿、协商一致、诚实信用的原则，签订本合同。

一、合同期限

甲乙双方约定按下列＿＿＿＿＿＿＿＿种方式确定劳动合同期限：

（一）签订二年以上的固定期限合同，从＿＿＿＿＿＿年＿＿＿＿＿＿月＿＿＿＿＿＿日起至＿＿＿＿＿＿年＿＿＿＿＿＿月＿＿＿＿＿＿日止。其中，试用期从＿＿＿＿＿＿年＿＿＿＿＿＿月＿＿＿＿＿＿日起至＿＿＿＿＿＿年＿＿＿＿＿＿月＿＿＿＿＿＿日止。

（二）签订无固定期限的劳动合同，自＿＿＿＿＿＿年＿＿＿＿＿＿月＿＿＿＿＿＿日起。其中，试用期从＿＿＿＿＿＿年＿＿＿＿＿＿月＿＿＿＿＿＿日起至＿＿＿＿＿＿年＿＿＿＿＿＿月＿＿＿＿＿＿日止。

二、工作内容和工作地点

（一）乙方同意根据甲方与用工单位签订的劳务派遣协议，在用工单位符合法律规定的"临时性、辅助性或者替代性"工作岗位（工种）工作，具体岗位（工种）在合同附件中明确。乙方应当按照用工单位安排的工作内容及要求履行劳动义务，按时完成规定的工作数量，达到规定的质量要求。

（二）乙方同意根据用工单位的工作需要在相应的工作地点工作，但仅限于＿＿＿＿＿＿＿＿范围（所在市），具体工作地点在合同附件中明确。

（三）乙方同意由甲方派遣到用工单位工作，并服从用工单位的管理，遵守用工单位依法制定并已公示的各项规章制度。

（四）乙方同意用工单位根据工作需要和对乙方业绩的考评结果，按照合理诚信原则，变动乙方的工作岗位，变动后的工作岗位也须符合"临时性、辅助性或者替代性"的要求。

三、工作时间和休息休假

（一）经甲乙双方协商，乙方同意根据用工单位工作需要执行相应的工时制度，具体工时制度在合同附件中明确。

（二）甲方应当要求用工单位严格遵守工作时间法律规定，保证乙方的休息权利与身心健康，不得强迫或变相强迫乙方加班加点，确因工作需要安排乙方加班加点的，应当经与工会和乙方协商，并依法支付加班加点工资或安排乙方补休。

（三）甲方依法为乙方安排带薪年休假，具体休假办法由甲乙双方与用工单位共同协商确定。

四、劳动报酬和福利待遇

（一）甲方应当根据劳务派遣协议约定，要求用工单位保证乙方享有与用工单位的劳动者同工同酬的权利，即对乙方与本单位同类岗位的劳动者实行相同的劳动报酬分配办法，用工单位无同类岗位劳动者的，参照用工单位所在地相同或者相近岗位劳动者的劳动报酬确定。乙方的具体工资标准在合同附件中明确。

（二）乙方在劳务派遣期间患病、休假期间的工资标准按照用工单位依法制定的有关工资分配办法执行。

（三）用工单位连续使用乙方的，甲方应当要求用工单位对乙方实行正常的工资调整机制。用工单位对乙方实行计件工资制的，甲方应当要求用工单位合理确定乙方的劳动定额，即用工单位同岗位百分之九十以上劳动者在法定工作时间内能够完成。

（四）甲方应当以货币形式于每月＿＿＿＿＿＿＿＿日之前向乙方足额支付工资，乙方在劳动合同期内的无工作期间，甲方应当按照所在地最低工资标准按月向乙方支付报酬。

（五）甲方应当督促用工单位向乙方依法支付加班费、绩效奖金和与工作岗位相关的福利待遇。用工单位未支付的，由甲方履行对乙方的义务。

（六）乙方患病或者非因工负伤的，依法享有国家规定的医疗期待遇。

五、社会保险

（一）甲乙双方依法在用工单位所在地参加社会保险，按时缴纳各项社会保险费，乙方应当缴纳的社会保险由甲方代扣代缴。甲方应当按月将缴纳社会保险费的明细情况告知乙方，并为乙方依法享受社会保险待遇提供帮助。

（二）如乙方发生工伤事故，甲方应当会同用工单位负责及时救治，提供可能的帮助，并在规定时间内，向人力资源社会保障行政部门提出工伤认定申请，为乙方依法办理劳动能力鉴定，并为其享受工伤待遇履行必要的义务。甲方未按规定提出工伤认定申请的，乙方或者其近亲属、工会组织在事故伤害发生之日或者被诊断、鉴定为职业病之日起一年内，可以直接向甲方所在地人力资源社会保障行政部门提请工伤认定申请。

六、劳动保护、劳动条件和职业培训

（一）甲方如派遣乙方到可能产生职业危害的岗位，应当事先向乙方履行如实告知的义务，并对乙方进行劳动安全卫生教育和培训，预防劳动过程中的事故，减少职业危害。具体岗位是否具有职业危害在合同附件中明确。

（二）甲方应当会同用工单位共同为乙方提供符合国家规定的劳动安全卫生条件和必要的劳动保护用品，落实国家有关女职工、未成年工的特殊保护规定。安排乙方从事有职业危害作业的，应当事先告知职业危害防护措施和待遇等，定期为乙方进行健康检查。

（三）乙方在劳动过程中必须严格遵守安全操作规程。乙方对用工单位管理人员违章指挥、强令冒险作业，有权拒绝执行。

（四）甲方应当会同用工单位共同执行国家就业准入和职业资格证书制度，为乙方提供工作岗位所必需的培训，不断提高乙方的职业技能。

七、劳动争议处理

（一）甲乙双方发生劳动争议，可以协商解决。不愿协商或者协商不成的，可以向本单位劳动人事争议调解委员会申请调解；调解不成的，可以向劳动人事争议仲裁委员会申请仲裁。甲乙双方也可以直接向劳动人事争议仲裁委员会申请仲裁。提出仲裁要求的一方应当自知道或应当知道自己的权利被侵犯之日起一年内向劳动人事争议仲裁委员会提出书面申请。对仲裁裁决不服且符合起诉条件的，可以自收到仲裁裁决书之日起十五日内向人民法院提起诉讼。

（二）甲方和用工单位违反劳动保障法律、法规和规章，损害乙方合法权益的，乙方有权向人力资源和社会保障行政部门及有关部门投诉（可拨打人力资源和社会保障行政部门统一受理举报投诉电话12333、工会统一投诉电话12351）；给乙方造成损害的，甲方和用工单位承担连带赔偿责任。

（三）乙方违法解除或者终止劳动合同时，未归还甲方或者用工单位的财物、技术资料等，或者未根据甲方规章制度、双方约定办理工作手续的，应当依法承担赔偿责任。

（四）劳动合同依法订立即具有法律约束力，双方应严格履行。

八、其他事项

（一）甲方应当如实将其与用工单位签订的劳务派遣协议内容告知乙方。乙方已知晓甲方与用工单位签订的劳务派遣协议内容，且无异议。

（二）本合同履行过程中，若甲方变更名称、法定代表人或者主要负责人、投资人等事项，不影响本合同履行；若甲方发生合并或分立等情况，本合同继续有效，由承继单位继续履行。乙方户籍所在地、现居住地址、联系方式等发生变化，应当及时告知甲方。

（三）经双方协商一致，本合同可以变更。变更本合同应当采取书面形式，注明变更日期。一方要求变更的，应当将变更要求书面送达另一方，另一方应当在收到之日起十五日内作出书面答复。逾期未作出书面答复的，视为不同意变更劳动合同。

（四）甲方应当在解除或终止乙方劳动合同时出具解除或终止劳动合同的证明，乙方应当按照甲方的要求办理工作交接。乙方工作交接完毕，甲方应当依法支付经济补偿，并在十五日内为乙方办理档案和社会保险关系转移手续。

（五）因乙方派遣期满或其他原因被用工单位退回甲方的，甲方可以对其重新派遣，乙方同意重新派遣的，双方应当协商派遣单位、派遣期限、工作地点、工作岗位、工作时间和劳动报酬等内容，并以劳动合同附件形式予以确认。

（六）本合同不得代签和涂改，经甲乙双方签字或盖章后生效。双方另有约定的，从其约定。本合同一式两份，甲乙双方各执一份。

（七）本合同附件包括：＿＿＿＿＿＿＿＿＿＿。

（八）本合同未尽事宜，按国家有关规定执行。

甲方（盖章）：　　　　　　　　　　乙方（签名）：
法定代表人或委托代理人（签名）：
　年　月　日　　　　　　　　　　　年　月　日

二、劳务派遣

（一）劳务派遣制度

劳务派遣用工是一种特殊的用工形式。目前的法律法规中还没有明确的"劳务派遣"法律定义，只是对劳务派遣所牵涉到的各方的权利和义务进行了规范。《劳动合同法》和人社部《劳务派遣行政许可实施办法》对劳务派遣用工作出了具体规定，如设立经营劳务派遣业务行政许可制度，界定"三性"工作岗位范围，严格控制劳务派遣用工数量，落实被派遣劳动者同工同酬权利和加重违法行为的法律责任等。

劳务派遣是劳动合同法规范的一项重要内容，也是劳动合同法实施中遇到的一个重大问题。劳动合同法颁布实施后，出现了劳务派遣单位数量大幅增加、劳务派遣用工规模迅速扩大的情况。针对一些用人单位滥用劳务派遣用工形式，侵害劳动者合法权益的问题，《劳动合同法实施条例》对劳务派遣作了三个方面的具体规定：第一，为了避免用工单位规避劳动合同法律义务，侵害劳动者的合法权益，实施条例规定，用工单位应当履行《劳动合同法》第62条规定的义务。这些义务包括支付加班费、绩效奖金，提供与工作岗位相关的福利待遇，连续用工的要实行正常的工资调整机制等。如果用工单位不履行这些义务，依照实施条例的规定，用工单位就必须承担相应的法律责任。第二，为了避免劳务派遣单位以非全日制用工形式招用劳动者，侵害劳动者的合法权益，实施条例规定：劳务派遣单位不得以非全日制用工形式招用被派遣劳动者。第三，为了维护劳务派遣工的合法权益，避免用人单位滥用劳务派遣用工形式，依照《劳动合同法》第46条第7项"法律、行政法规规定的其他情形"的规定，实施条例规定：劳务派遣单位或者被派遣劳动者依法解除或者终止劳动合同的，劳务派遣单位也应当向该劳动者支付经济补偿。

（二）劳务派遣协议的内容

劳务派遣协议是被派遣劳动者与劳务派遣单位明确双方权利和义务的协议，也称劳务派遣劳动合同。劳务派遣协议应当载明下列内容：①派遣的工作岗位名称和岗位性质；②工作地点；③派遣人员数量和派遣期限；④按照同工同酬原则确定的劳动报酬数额和支付方式；⑤社会保险费的数额和支付方式；⑥工作时间和休息休假事项；⑦被派遣劳动者工伤、生育或者患病期间的相关待遇；⑧劳动安全卫生以及培训事项；⑨经济补偿等费用；⑩劳务派遣协议期限；⑪劳务派遣服务费的支付方式和标准；⑫违反劳务派遣协议的责任；⑬法律、法规、规章规定应当纳入劳务派遣协议的其他事项。

三、用工单位和劳务派遣单位的义务和责任

（一）用工单位的义务

根据《劳动合同法》第62条，用工单位应当履行下列义务：①执行国家劳动标准，提供相应的劳动条件和劳动保护；②告知被派遣劳动者的工作要求和劳动报酬；③支付加班费、绩效奖金，提供与工作岗位相关的福利待遇；④对在岗被派遣劳动者进行工作岗位所必需的培训；⑤连续用工的，实行正常的工资调整机制。用工单位不得将被派遣劳动者再派遣到其他用人单位。

（二）劳务派遣单位的义务

根据《劳务派遣暂行规定》第8条，劳务派遣单位应当对被派遣劳动者履行下列义务：①如实告知被派遣劳动者《劳动合同法》第8条规定的事项、应遵守的规章制度以及劳务派遣协议的内容；②建立培训制度，对被派遣劳动者进行上岗知识、安全教育培训；③按照国家规定和劳务派遣协议约定，依法支付被派遣劳动者的劳动报酬和相关待遇；④按照国家规定和劳务派遣协议约定，依法为被派遣劳动者缴纳社会保险费，并办理社会保险相关手续；⑤督促用工单位依法为被派遣劳动者提供劳动保护和劳动安全卫生条件；⑥依法出具解除或者终止劳动合同的证明；⑦协助处理被派遣劳动者与用工单位的纠纷；⑧法律、法规和规章规定的其他事项。

（三）用工单位和劳务派遣单位的法律责任

1. 劳务派遣单位、用工单位违反劳动合同法和劳动合同法实施条例有关劳务派遣规定的，按照《劳动合同法》第92条规定执行。劳务派遣单位违反《劳务派遣暂行规定》解除或者终止被派遣劳动者劳动合同的，按照《劳动合同法》第48条、第87条规定执行。

2. 劳务派遣单位违反《劳务派遣暂行规定》第6条规定的，按照《劳动合同法》第83条规定执行。

3. 用工单位违反《劳务派遣暂行规定》第3条第3款规定的，由人力资源和社会保障行政部门责令改正，给予警告；给被派遣劳动者造成损害的，依法承担赔偿责任。

4. 用工单位违反本规定退回被派遣劳动者的，按照《劳动合同法》第92条第2款规定执行。

四、签订劳务派遣协议的注意事项

大学生初次就业，签订劳务派遣协议时需要注意以下事项：

1. 签订劳动合同的劳务派遣单位应当符合《劳动合同法》《劳务派遣行政许可实施办法》等规定的条件，依法取得劳动行政部门颁发的《劳务派遣经营许可证》，或者在劳动行政部门履行备案手续。

2. 劳务派遣单位不得以非全日制用工形式招用被派遣劳动者。

3. 劳务派遣单位不得派遣在校学生实习。

4. 如有必要，可以要求以附件的形式，针对相应的用工单位，在派遣期限、工作岗位、工作地点、工作时间、休息休假、劳动报酬等方面进行更具个性化的约定。

5. 跨地区劳务派遣的社会保险问题。为防止劳务派遣单位侵害被派遣劳动者的合法权益，实现跨地区被派遣劳动者与用工单位职工的"同工同保"，应明确跨地区派遣劳动者的参保地区、缴费标准和缴费主体。

五、劳务派遣协议争议处理

1. 被派遣劳动者发生工伤、职业病后的处理。劳务派遣是一种特殊的用工方式，它将传统的"用人"与"用工"一体的两方法律关系转化为劳务派遣单位、用工单位和劳动者之间的三方法律关系。在劳务派遣实践中被派遣劳动者发生工伤或职业病后，劳务派遣单位与用工单位之间责任主体不清，经常相互推诿，导致被派遣劳动者的工伤保险权益得不到有效保障。鉴于此，《劳务派遣暂行规定》明确，被派遣劳动者在用工单位因工作遭受事故伤害的，劳务派遣单位应当依法申请工伤认定，用工单位应当协助工伤认定的调查核实工作。劳务派遣单位承担工伤保险责任，但可以与用工单位约定补偿办法。

同时，《暂行规定》明确，被派遣劳动者在申请进行职业病诊断、鉴定时，用工单位应当负责处理职业病诊断、鉴定事宜，并如实提供职业病诊断、鉴定所需的劳动者职业史和职业危害接触史、工作场所职业病危害因素检测结果等资料，劳务派遣单位应当提供被派遣劳动者职业病诊断、鉴定所需的其他材料。

2. 退回劳务派遣单位的情形。用工单位在哪些情形下可以将被派遣劳动者退回劳务派遣单位？哪些被派遣劳动者不得退回？为保障被派遣劳动者的就业稳定性，防止用工单位无正当理由随意退回被派遣劳动者，《劳务派遣暂行规定》在《劳动合同法》第65条第2款的基础上进一步明确了用工单位可以退回劳动者的情形。即，用工单位出现以下三种情形，方可将被派遣劳动者退回劳务派遣单位：一是用工单位有《劳动合同法》第40条第3项、第41条规定的情形的；二是用工单位被依法宣告破产、吊销营业执照、责令关闭、撤销、决定提前解散或者经营期限届满不再继续经营的；三是劳务派遣协议期满终止的。但是，如果被派遣劳动者有《劳动合同法》第42条规定的患病或者非因公负伤在规定的医疗期内以及女职工在孕期、产期、哺乳期等情形的，在派遣期限届满前，用工单位不得依据《暂行规定》第12条第1款第1项规定将被派遣劳动者退回劳务派遣单位。派遣期限届满的，应当延续至相应情形消失时方可退回。

3. 被派遣劳动者被用工单位退回后的处理。被派遣劳动者被用工单位退回后，劳务派遣单位应区分情形依法妥善处理与被派遣劳动者的劳动关系。一类是，被派遣劳动者有《劳动合同法》第39条和第40条第1项、第2项规定情形的，劳务派遣单位依照《劳动合同法》第65条第2款的规定可以与被派遣劳动者解除劳动合同。另一类是，用工单位以《暂行规定》第12条规定的情形将被派遣劳动者退回劳务派遣单位，如劳务派遣单位重新派遣时维持或者提高劳动合同约定条件，劳动者不同意的，劳务派遣单位可以解除劳动合同；如劳务派遣单位重新派遣时降低劳动合同约定条件，劳动者不同意的，劳务派遣单位不得解除劳动合同。此外，在被派遣劳动者退回后无工作期间，劳务派遣单位应按照不低于所在地人民政府规定的最低工资标准，向其按月支付报酬。

4. 劳务派遣协议改为业务外包协议。实践中，已经有部分用工单位将原劳务派遣协议改为业务外包协议或承揽合同，以规避法律责任。劳动合同法修改决定公布后，有的劳务派遣单位和用工单位采取劳务承揽、业务外包的方式应对法律对劳务派遣的规制。为防止这种规避法律责任的行为，切实维护被派遣劳动者的合法权益，《劳务派遣暂行规定》第27条明确规定，用人单位以承揽、外包等名义，按劳务派遣用工形式使用劳动者的，按照本规定处理。这一规定将有效遏制用人单位"假外包，真派遣"的现象。

六、拓展阅读

劳务派遣纠纷存在的问题[1]

劳务派遣作为一种新型用工方式，在2008年施行的劳动合同法中首次予以规定，自此以后得到广泛应用。但由于制度运行中存在诸多不规范之处，劳务派遣成为众多公司规避法律责任的途径，这与劳动合同法的本意相违。劳务派遣用工制度的滥用不仅损害了劳动者的合法权益，也对常规的用工方式和劳动合同制度造成较大冲击。劳务派遣纠纷存在的主要问题：

1. 同工同酬难。派遣工呈现出用工短期化的现象，派遣工中的大量农民工以自行辞职的方式放弃了领取经济补偿金以及签订无固定期限合同的利益，这暴露了用工单位实行的"体制内外有别"对劳务派遣市场造成的冲击。被派遣劳动者难以同用工单位劳动者一样享受包括各种保险、绩效奖金以及正常的工资调整等在内的同等待遇，且差距巨大。司法实践中，劳动者举证不足往往成为被法院驳回其同工同酬诉求的主要理由。

2. 工伤保险赔付难。劳务派遣单位与用工单位签订劳务派遣协议既无被派遣劳动者参与，又无相关部门监督，易发生以损害被派遣劳动者合法权益换取

---

[1]　参见王惠玲：《劳务派遣纠纷存在的问题与解决思路》，载《人民法院报》2015年5月20日，第7版。

劳务派遣公司利益的行为。一旦涉及劳动报酬支付、工伤认定、社会保险缴纳等纠纷，用工单位与劳务派遣单位相互推脱，甚至撇开被派遣劳动者进行协商，导致被派遣劳动者维护权益比较困难。

3. 对于名为劳务外包、承揽，实为劳务派遣的用工形式判断困难。实务中，不当派遣现象大量存在。一方面，用工单位进行逆向派遣，将本应由自己承担的用人责任转嫁到派遣单位头上；另一方面，大量并不具有劳务派遣经营资格的机构以非派遣形式从事派遣业务，如以人力咨询、人事外包、人才市场服务等名称注册的公司，与用工单位形成事实上派遣，规避劳务派遣法律法规。这给法院审查劳务派遣的性质带来了困难。

4. 当事人诉讼资格有争议。根据《劳动争议调解仲裁法》第 22 条的规定，劳务派遣单位和用工单位在劳动仲裁程序中可以作为共同当事人，但在诉讼程序中用工单位是否有当事人诉讼资格，法律没有明确规定。

5. 劳务派遣关系的解除方面法律适用有分歧。用工单位退回劳务派遣工的条件、劳务派遣单位与劳务派遣工解除劳动合同关系的条件以及派遣工解除劳动合同的情形，劳动合同法规定得并不明确，导致审判实践的认定标准不一。

■第五单元　聘用合同

■ 情境导入

　　小张大学毕业后通过公开招聘进入了宁夏一家事业单位。用人单位要与他签署聘用合同。小李听说其他同学毕业后到公司上班的同学签的是劳动合同，他不清楚聘用合同的内容和形式。本部分主要演示和介绍事业单位的聘用合同。

一、示范文本

××省事业单位聘用合同书

甲方（聘用单位）　　　　　乙方（受聘人）

名称：　　　　　　　　　　姓名：

　　　　　　　　　　　　　性别：

法定代表人　　　　　　　　出生年月：

（委托代理人）：　　　　　文化程度：

　　　　　　　　　　　　　身份证号码：

地址：　　　　　　　　　　家庭住址：

邮政编码：　　　　　　　　邮政编码：

　　根据《事业单位人事管理条例》和国家、省的其他有关规定，甲乙双方经平等协商，自愿签订本聘用合同并共同遵照执行。

一、聘用合同期限

第一条 本合同期限自＿＿＿年＿＿＿月＿＿＿日起，至＿＿＿年＿＿＿月＿＿＿日止，其中试用期自＿＿年＿＿月＿＿日起，至＿＿年＿＿月＿＿日止。

二、工作内容、条件和纪律

第二条　甲方聘用乙方在＿＿＿＿＿＿＿＿＿＿部门从事（管理、专业技术、工勤技能）岗位的工作，乙方应履行甲方规定的岗位职责。

第三条　甲方应为乙方提供符合国家规定的安全卫生的工作环境、必要的工作条件和劳动保护，保障乙方的安全与健康。

第四条　甲方根据工作需要，依法制定规章制度和工作纪律，负责对乙方进行遵纪守法、职业道德、岗位技能、必备知识的教育与培训。

第五条　乙方遵守甲方依法制定的规章制度和工作纪律；遵纪守法，遵守职业道德；积极参加甲方组织的培训，不断提高知识水平和岗位技能。乙方违反甲方的规章制度和工作纪律，甲方有权根据规章制度进行处理。

三、工作报酬和保险福利待遇

第六条　甲方按国家和北京市的有关规定，根据乙方完成工作任务情况，每月以货币形式支付乙方的工作报酬。

第七条　乙方在合同期内的工作时间、公休假日、女工保护、因工（公）负伤或致残和死亡待遇，非因工（公）负伤、患病医疗等待遇，甲方均按照国家及北京市的有关规定执行。

第八条　甲乙双方按照国家及北京市的规定参加社会保险。

第九条　甲方为乙方提供以下福利待遇：

＿＿＿＿＿＿＿＿＿＿＿＿＿＿＿＿＿＿＿＿＿＿＿＿＿＿＿＿＿＿＿＿＿＿＿＿＿＿

＿＿＿＿＿＿＿＿＿＿＿＿＿＿＿＿＿＿＿＿＿＿＿＿＿＿＿＿＿＿＿＿＿＿＿＿＿＿

四、聘用合同的变更、解除

第十条　甲乙双方协商一致，可以变更本合同。

第十一条　订立本合同时所依据的法律、法规、规章、政策发生变化的，应当依法变更本合同的相关内容。甲方变更名称的，应当变更本合同的甲方名称。

第十二条　甲乙双方协商一致，可以解除本合同。

第十三条　乙方有下列情形之一的，甲方可以单方解除本合同：

（一）在试用期内被证明不符合本岗位要求的；

（二）连续旷工超过10个工作日或者1年累计旷工超过20个工作日的；

（三）未经甲方同意，擅自出国或者出国逾期不归的；

（四）违反工作规定或者操作规程，发生责任事故，或者失职、渎职，造成严重后果的；

（五）严重扰乱工作秩序，致使甲方或者其他单位工作不能正常进行的；

（六）被判处有期徒刑以上刑罚收监执行的，或者被劳动教养的；

（七）国家法律、法规规定的其他情形。

第十四条　乙方有下列情形之一的，甲方可以单方面解除本合同，但应提前30天以书面形式通知乙方：

（一）患病或者非因工（公）负伤，医疗期满后，不能从事原工作也不服从由甲方安排的其他适当工作的；

（二）年度考核或者聘期考核不合格，又不同意甲方调整其工作岗位的，或者虽然同意调整工作岗位，但到新的岗位后考核仍不合格的；

（三）本合同订立时所依据的客观情况发生重大变化，致使合同无法履行，经甲乙双方协商不能就变更合同达成协议或乙方不服从另行安排工作的。

上述情况解除本合同的，甲方要为乙方提供6个月的自行择业期，自行择业期内的待遇不得低于本市最低工资标准。乙方自行择业期满后仍未就业的，由甲方依照本市社会保险的有关规定办理社会保险关系调转手续。

第十五条　乙方考核不合格的，甲方可以调整其岗位，或者安排其离岗接受必要的培训后调整岗位。岗位变化后，甲方可以改变乙方的岗位工资待遇。乙方无正当理由不同意变更的，甲方有权单方面解除本合同。

第十六条　乙方有下列情形之一的，甲方不得依据本合同第十四条规定单方面解除合同：

（一）患病或者非因工（公）负伤，在规定的医疗期内的；

（二）女职工在孕期、产期和哺乳期内的；

（三）因工（公）负伤，治疗终结后经劳动能力鉴定机构鉴定为1至4级丧失劳动能力的；

（四）患职业病以及现有医疗条件下难以治愈的严重疾病丧失劳动能力或者精神病的；

（五）距国家规定的退休年龄10年以内的；

（六）属于国家规定的不得解除聘用合同的其他情形。

第十七条　有下列情形之一的，乙方可以随时单方面解除本合同：

（一）在试用期内的（国家规定双方约定服务期限的除外）；

（二）甲方未履行本合同的；

（三）考入普通高等院校的；

（四）被录用或者选调到国家机关工作的；

（五）依法服兵役的。

第十八条　除本合同第十七条规定的情形外，乙方提出解除本合同，应提前30天以书面形式通知甲方。乙方未能与甲方协商一致的，乙方应当坚持正常工作，继续履行本合同；6个月后乙方再次提出解除本合同仍未能与甲方协商一致的，乙方即可单方面解除本合同，并按照本合同第二十八条的约定承担违约责任。

第十九条 乙方解除本合同后，违反规定使用或者允许他人使用甲方的知识产权、技术秘密的，依法承担法律责任。乙方在涉密岗位工作，其解除本合同，应当遵守国家有关涉密人员管理的规定。

五、聘用合同的终止、续订

第二十条 符合下列条件之一的，本合同即行终止：

（一）本合同期限届满的；

（二）本合同约定的终止条件出现的；

（三）乙方达到国家规定退休年龄的；

（四）乙方死亡或者被人民法院宣告失踪、死亡的；

（五）甲方依法注销的。

第二十一条 本合同期限届满前，甲方应当提前30日将终止或者续订聘用合同意向以书面形式通知乙方，经协商办理终止或者续订聘用合同手续。

第二十二条 甲方依据本合同第二十条第（一）项、第（二）项、第（五）项规定终止本合同的，应当向乙方出具终止本合同的书面证明，并办理有关手续。

第二十三条 甲方与乙方解除、终止本合同后，应按照本市社会保险的有关规定为乙方办理社会保险关系调转手续。

第二十四条 在续订聘用合同时，乙方在甲方工作已满25年或者连续工龄已满10年且年龄距国家规定的退休年龄已不足10年的，如果乙方提出订立聘用至退休的合同的，甲方应当与其订立聘用至退休的合同。

第二十五条 乙方患职业病或者因工（公）负伤并被劳动能力鉴定机构确认达到伤残等级，要求续订聘用合同的，甲方应当续订聘用合同。

第二十六条 乙方在规定的医疗期内或者女工在孕期、产期、哺乳期内，本合同期限届满时，甲方应当将本合同的期限顺延至医疗期、孕期、产期、哺乳期期满为止。

第二十七条 本合同期限届满，因甲方未按本合同第二十一条办理终止或者续订聘用合同手续，乙方与甲方仍存在事实聘用关系的，甲方应当与乙方续订聘用合同。甲乙双方就聘用合同期限协商不一致的，其续订的聘用合同期限从签字之日起不得少于1年。

六、违反和解除本合同的经济补偿

第二十八条 属于下列情形之一的，由违约一方承担违约责任：

（一）任何一方违反聘用合同规定的；

（二）本合同未到期，又不符合解除合同条件，由单方解除合同的；

（三）由于甲方原因订立的无效或部分无效聘用合同的。

违约一方承担的违约赔偿金额为：

第二十九条 乙方经甲方出资培训后（含试用期间）提出解除本合同的，对甲方培训费的补偿金额为：_____

试用期间，甲方解除本合同，乙方不承担培训违约金。

第三十条 属下列情况之一解除本合同的，甲方应根据乙方在甲方工作的年限，发给一定的经济补偿金：

（一）甲方提出解除本合同，乙方同意解除的；

（二）符合本合同第十四条规定情形，由甲方单方面解除本合同的；

（三）因甲方未履行本合同，乙方解除本合同的。

经济补偿以乙方在甲方每工作1年，支付乙方1个月的上年月平均工资为标准，乙方工作不满1年的按1年计算；月平均工资低于本市职工最低工资标准的按本市职工最低工资标准计算；月平均工资高于全市事业单位月平均工资3倍以上的，按3倍计算。

七、甲乙双方约定的其他内容

第三十一条 甲乙双方约定本合同增加以下内容：_____

_____

_____

_____

八、人事争议处理

第三十二条 甲乙双方因履行本合同发生争议的，应协商解决；协商无效的，当事人可向上级行政主管部门申请调解和处理或者向人事争议仲裁委员会申请仲裁，仲裁结果对争议双方具有约束力。

九、其他

第三十三条 本合同未尽事宜或与国家、北京市有关规定相悖的，按有关规定执行。

第三十四条 本合同一式二份，甲乙双方各执一份。

第三十五条 本合同的附件如下：_____

_____

_____

_____

甲方（盖章）   乙方（签字或盖章）

法定代表人
或委托代理人（签字或盖章）

签订日期：   年   月   日

二、聘用合同

（一）聘用合同

本章所指聘用合同是指依据《事业单位人事管理条例》事业单位与工作人员订立的聘用合同。聘用合同一般包括聘用岗位、岗位职责、合同期限、工资福利、工作纪律、考核标准、违约责任等基本内容。

事业单位，是指国家为了公益目的，由国家机关举办或者其他组织利用国有资产举办的，从事教育、科研、文化、卫生等活动的社会服务组织。我国现有事业单位约 111 万个，事业编制约 3153 万人。2002 年国办转发原人事部《关于在事业单位试行人员聘用制度的意见》，将聘用制确定为事业单位的基本用人制度。聘用合同签订率逐步提高，目前已超过 90%。事业单位与其工勤人员、编制外人员，实行企业化管理的事业单位与其工作人员之间建立劳动关系，应当订立劳动合同，适用劳动法。

（二）聘用合同的主要法律依据

聘用合同的主要法律依据是《事业单位人事管理条例》，该条例共十章 44 条，自 2014 年 7 月 1 日起施行。这是我国第一部系统规范事业单位人事管理的行政法规。《条例》规定了聘用合同的期限、初次就业人员的试用期，明确了订立聘用至退休的合同的条件、列明了聘用合同解除的情形以及合同解除、终止后人事关系的终止。

《事业单位人事管理条例》关于聘用合同的基本规定：①事业单位与工作人员订立的聘用合同，期限一般不低于 3 年。②初次就业的工作人员与事业单位订立的聘用合同期限 3 年以上的，试用期为 12 个月。③事业单位工作人员连续旷工超过 15 个工作日，或者 1 年内累计旷工超过 30 个工作日的，事业单位可以解除聘用合同。④事业单位工作人员年度考核不合格且不同意调整工作岗位，或者连续两年年度考核不合格的，事业单位提前 30 日书面通知，可以解除聘用合同。⑤事业单位工作人员提前 30 日书面通知事业单位，可以解除聘用合同。但是，双方对解除聘用合同另有约定的除外。⑥事业单位工作人员受到开除处分的，解除聘用合同。自聘用合同依法解除、终止之日起，事业单位与被解除、终止聘用合同人员的人事关系终止。

另外,《劳动合同法》第 96 条规定：事业单位与实行聘用制的工作人员订立、履行、变更、解除或者终止劳动合同,法律、行政法规或者国务院另有规定的,依照其规定；未作规定的,依照本法有关规定执行。根据事业单位聘用合同的特点和实际情况,条例规定了聘用合同的期限、初次就业人员的试用期,明确了订立聘用至退休的合同的条件,列明了聘用合同解除的情形以及合同解除、终止后人事关系的终止。条例未作规定的,依照劳动合同法及其实施条例执行。

（三）签订聘用合同的程序

事业单位公开招聘工作人员按照下列程序进行：①制定公开招聘方案；②公布招聘岗位、资格条件等招聘信息；③审查应聘人员资格条件；④考试、考察；⑤体检；⑥公示拟聘人员名单；⑦订立聘用合同,办理聘用手续。

三、签订聘用合同的注意事项

（一）熟悉订立聘用合同的必备内容

聘用合同必须同时具备聘用合同期限、岗位及职责要求、岗位纪律、岗位工作条件、工资待遇、聘用合同变更、终止和解除的条件以及违反聘任合同的责任七项条款。在此基础上,其他双方认为应在合同中明确约定的条款,可经双方协商一致后,在合同中明确约定。比如,受聘人员试用期的长短、受聘人员受聘期间的培训及相关费用、培训后的服务期限、专业技术人员受聘期间的继续教育、专业技术人员受聘期间从事研究、发明的知识产权归属等都可经双方协商一致后,在合同中约定。

（二）不可忽视约定条款

聘用合同内容包括必备条款和约定条款两部分。约定条款通过聘用双方平等协商后共同订立,用于规定格式条款未涉及但聘用双方又必须明确的权利义务关系内容,是对聘用合同内容的重要补充。约定条款的订立对于完善聘用合同内容、预防和减少聘用合同纠纷具有重要的作用。从目前聘用合同履行的情况看,由于聘用合同中的约定条款不规范,造成约定条款无效的现象时有发生。

实践中常用的约定条款主要内容有：①签订长期合同的应约定合同解除的条件；②受聘人应遵守的单位内部规章制度或特殊规定；③学习、培训费用的处理,服务年限及违约责任等；④违约金约定；⑤岗位聘任期限内岗位变动的条件及程序；⑥聘用合同终止的特殊情形；⑦双方需要约定的其他特别事项。

（三）聘用合同的法律效力

聘用合同一经订立,即具有法律效力,双方当事人必须履行聘用合同规定的义务。需注意的是,下列聘用合同是无效合同：违反国家法律、法规的；采用欺诈、威胁告示不正当手段订立的；权利与义务显失公正，严重损害一方当事人合法权益的；未经本人书面委托，由他人代签，本人提出异议的。无效的聘用合同，自订立时起就没有法律效力。

（四）事业单位人事制度改革

近年来，事业单位人事制度改革取得较大进展，以聘用制度、岗位管理制度和公开招聘制度为主要内容的人事管理制度初步建立，但还存在一些问题：一是能进能出、能上能下的用人机制尚未真正建立；二是聘用合同的订立、履行、解除、终止，各地做法不统一；三是奖惩等激励保障机制不够健全；四是人事争议处理依据不够明确。这些问题都需要通过专门的立法加以解决。

四、人事争议的处理

聘用合同争议属于人事争议，人事争议是指事业单位与其工作人员之间因辞职、辞退及履行聘用合同所发生的争议。《事业单位人事管理条例》规定，事业单位工作人员与所在单位发生人事争议的，依照劳动争议调解仲裁法等有关规定处理。《条例》特别规定，事业单位工作人员对涉及本人的考核结果、处分决定等不服的，可以申请复核、提出申诉。

《最高人民法院关于人民法院审理事业单位人事争议案件若干问题的规定》（法释〔2003〕13号）第1条规定，"事业单位与其工作人员之间因辞职、辞退及履行聘用合同所发生的争议，适用《中华人民共和国劳动法》的规定处理。"这里"适用《中华人民共和国劳动法》的规定处理"是指人民法院审理事业单位人事争议案件的程序运用《中华人民共和国劳动法》的相关规定。人民法院对事业单位人事争议案件的实体处理应当适用人事方面的法律规定，但涉及事业单位工作人员劳动权利的内容在人事法律中没有规定的，适用《中华人民共和国劳动法》的有关规定。

五、拓展阅读

大学生应聘事业单位注意事项

根据《事业单位人事管理条例》以及《事业单位公开招聘人员暂行规定》，应聘人员违纪违规的，视情形分别给予取消其本次应聘资格、当次该科目考试成绩无效、不予聘用或者解除聘用合同等处理，并将其违纪违规行为记入事业单位公开招聘应聘人员诚信档案库。大学生应聘事业单位时，需要注意以下事项：

1. 报名环节。应聘人员有下列违纪违规行为之一的，由具体组织公开招聘的部门或者单位取消其本次应聘资格：①伪造、涂改证件、证明等报名材料，或者恶意串通报名的；②报考者提供的涉及报考资格的申请材料或者信息不实的；③有其他弄虚作假等违纪违规行为的。

2. 考试环节。应聘人员有下列严重违纪违规行为之一的，由具体组织公开招聘的部门或者单位给予其当次该科目考试成绩无效的处理，并将其违纪违规行为记入事业单位公开招聘应聘人员诚信档案库，记录期限为五年：①抄袭、协助他人抄袭的；②互相传递试卷、答题纸、答题卡、草稿纸的；③持伪造证件参加考试的；④使用禁止带入考场的通讯工具、规定以外的电子用品的；⑤本人离开考场后，在考试结束前，传播考试试题及答案的；⑥其他应当给予当次该科目考试成绩无效处理的严重违纪违规行为。

应聘人员有下列特别严重违纪违规行为之一的，由具体组织公开招聘的部门或者单位给予其当次该科目考试成绩无效的处理，并将其违纪违规行为记入事业单位公开招聘应聘人员诚信档案库，长期记录：①串通作弊或者参与有组织作弊的；②代替他人或者让他人代替自己参加考试、实际操作、体检的；③其他情节特别严重、影响恶劣的违纪违规行为。

3. 体检、考核和考察环节。应聘人员在体检、考核、考察中有下列行为之一的，由具体组织公开招聘的部门或者单位给予不予聘用的处理：①在体检过程中弄虚作假或有意隐瞒疾病（病史），影响体检结论的；②在考核、考察过程中提供虚假材料、隐瞒事实真相或有其他妨碍考核、考察工作行为，干扰、影响考核、考察单位客观公正做出考察结论的；③有其他违纪违规行为的。

应聘人员在聘用后（包括试用期间）被查明有本规定所列违纪违规行为的，由招聘单位予以清退并按照本规定记入事业单位公开招聘应聘人员诚信档案库。

■第六单元　保密协议与竞业限制

■ **情境导入**

　　大学信息技术专业的小李，办理公司入职手续和签署劳动合同后，公司人力资源部门还通知他，因为他的工作岗位特殊，还需要签署竞业限制与保密协议，小李不清楚竞业限制的法律含义、保密协议的内容和形式。本部分主要演示和介绍竞业限制与保密协议。

一、示范文本

（一）保密协议

保密协议

　　一、乙方承认，甲方拥有或负责保管，不为公众所知悉的，能带来经济利益并具有实用价值的，并且甲方采取了相应保密措施的以各种形式存在的信息和资料（下称"商业秘密"）。商业秘密包括但不限于以下各种信息：

　　1. 经营方针、信贷政策、改革方案、业务发展决策与竞争策略、投资决策、重大金融交易相关内容、招投标中的标底及标书内容、业务统计报表和相关统计数据资料、产品设计、产品销售信息、市场调研信息、市场营销计划、采购信息、定价政策、财务资料、人事信息、甲方员工的薪酬信息、业务分析研究成果、业务操作规程；

　　2. 安全保卫制度的操作细节及相关报告，银行业务中使用的密押、编制方法及专用暗记、代号、指令密码；

　　3. 客户名单、客户资信状况、客户交易记录等客户资料；

　　4. 分行行长会议、行长办公会、行务会等甲方的内部会议或内部事务的记录；

　　5. 技术方案、电路设计、制造方法、技术指标、计算机软件、源代码和目标码、数据库、研究开发记录、技术报告、检测报告、实验数据、试验结果、图纸、样品、样机、模型、模具、技术文档。

二、乙方对其获得或了解的商业秘密应承担保密义务。除非得到甲方的事先书面许可，乙方不得向任何个人、法人或其他组织以任何形式披露任何商业秘密，也不得因履行职务之外的其他任何原因而使用商业秘密。乙方因履行相关法规所规定的法定义务而披露商业秘密的，不受本条规定的限制。

三、无论是在乙方与甲方的劳动合同存续期间，还是在该合同解除或终止之后，乙方都应当严格履行上述保密义务，否则，均应承担相应的赔偿责任。

四、在乙方与甲方的劳动合同存续期间，如果乙方违反上述保密义务，将被视为严重违反甲方的规章制度，甲方有权立即解除与乙方的劳动合同，并且要求乙方承担相应的赔偿责任。

甲方（公章）　　　　　　　　　乙方（签字）
法定代表人或委托代理人
（签字或盖章）

签订日期：　　　年　　月　　日

（二）竞业限制协议

竞业限制协议

一、乙方承诺在其与甲方的劳动合同解除或终止之日起____月内（下称"竞业限制期限"），不会在［中华人民共和国（不包括香港、澳门特别行政区和台湾地区）境内］，接受生产、经营同类产品，或从事同类业务的其他任何自然人、法人或其他经济组织的聘用，担任任何职务，包括但不限于股东、合伙人、董事、监事、员工、代理人、顾问等；不会自己直接从事同类业务；也不会自己投资设立任何法律实体生产、经营同类产品或从事同类业务。

二、在竞业限制期限内，乙方应当按照甲方的要求，书面通知甲方与其建立劳动关系的用人单位的相关信息（包括但不限于单位名称、住所等）。在甲方认为必要的情况下，甲方有权向该等用人单位告知乙方所承担的竞业限制义务。

三、在竞业限制期限内，甲方应当每月向乙方支付相当于乙方离职前月工资____%的款项，作为乙方承担竞业限制义务的补偿。该等补偿将在乙方离职之后，按月支付给乙方。乙方应当自行负担该等补偿产生的个人所得税，甲方应当为乙方代扣代缴该等税款。

四、在乙方与甲方的劳动合同的存续期间，甲方可以随时书面通知乙方免除其竞业限制义务；在该等劳动合同解除或终止以后，甲方可以提前三十日书面通知乙方免除其竞业限制义务。在甲方免除乙方的竞业限制义务后，甲方相应地无需再向乙方支付任何竞业限制义务补偿。

五、如果乙方违反上述竞业限制义务，则乙方应当一次性向甲方支付违约金计＿＿元。此外，甲方还有权要求乙方继续履行竞业限制义务。

六、如果乙方违反竞业限制义务的行为给甲方造成的实际损失超过本附件第五条规定的违约金，则乙方还应当负责向甲方赔偿差额部分。

甲方（公章）　　　　　　　　乙方（签字）
法定代表人或委托代理人
（签字或盖章）

　　　　　　　　　　　　　　签订日期：　　　年　　　月　　　日

二、保密协议与竞业限制

（一）法律依据

《劳动合同法》第23条规定，用人单位与劳动者可以在劳动合同中约定保守用人单位的商业秘密和与知识产权相关的保密事项。对负有保密义务的劳动者，用人单位可以在劳动合同或者保密协议中与劳动者约定竞业限制条款，并约定在解除或者终止劳动合同后，在竞业限制期限内按月给予劳动者经济补偿。劳动者违反竞业限制约定的，应当按照约定向用人单位支付违约金。

（二）商业秘密保密协议

商业秘密是指不为公众所知悉，能为权利人带来经济利益，具有实用性并经权利人采取保密措施的技术信息和经营信息。用人单位与劳动者可以在劳动合同中约定保守用人单位的商业秘密和与知识产权相关的保密事项。约定保守商业秘密条款的目的在于保护用人单位的知识产权。双方当事人可以就商业秘密的范围、保密期限、保密措施、保密义务及违约责任和赔偿责任等进行约定。劳动者因违反约定保密事项给用人单位造成损失的，应承担赔偿责任。实践中，有的用人单位将保密内容写在劳动合同的条款中，有的用人单位为将保密条款内容丰富和细化，在劳动合同外，再单独签署保密协议。

（三）竞业限制

竞业限制条款是双方当事人在劳动合同中约定的劳动者在劳动关系存续期间或在解除、终止劳动合同后的一定期限内不得到与本单位生产或者经营同类产品、从事同类业务的有竞争关系的其他用人单位，或者自己开业生产或者经营同类产品、从事同类业务。约定竞业限制条款的目的主要在于防止不正当竞争。在劳动合同中，双方当事人可以约定劳动者承担竞业限制的义务、违约责任及赔偿责任。我国法律规定竞业限制的期限最长不得超过2年，且在竞业限制期限内，用人单位应按月给予劳动者一定的经济补偿。竞业限制的人员法律规定限于用人单位的高级管理人员、高级技术人员和其他负有保密义务的人员。

竞业限制的范围、地域、期限、经济补偿的标准由用人单位与劳动者约定，但不得违反法律、法规的规定。劳动者违反竞业限制约定的，应当按照约定向用人单位支付违约金。

实践中，有的用人单位将竞业限制条款写在劳动合同中，有的用人单位为将竞业限制条款内容丰富和细化，在劳动合同外，再单独签署竞业限制协议。

三、签订竞业限制协议的注意事项

大学生初次就业时，如果被要求签署竞业限制协议，应注意以下事项：

1. 确定自己是否属于竞业限制的人员范围。竞业限制的主体应当符合法律规定。法律对于竞业限制的人员范围有明确的规定，即用人单位的高级管理人员、高级技术人员和其他负有保密义务的人员。大学生初次就业时，如果被要求签署竞业限制协议，首先确定自己是否属于竞业限制的人员范围。

2. 竞业限制协议的内容宜具体明确。以列举的形式明确约定竞业限制的行业范围及地域范围；明确界定竞业内容；明确经济补偿的标准、支付周期、支付方式及收款账户；在合理范围内明确竞业限制违约金的数额，尽量避免约定以损失额为标准支付违约金。

3. 竞业限制协议的达成需劳资双方合意。竞业限制协议系基于用人单位与劳动者的约定而成立。由用人单位与劳动者进行协商，待双方对竞业限制期间、经济补偿、违约金等具体内容达成一致意见后，以《竞业限制协议》单独文本或《劳动合同书》、《保密协议》专章条款的形式予以确定。

四、竞业限制协议纠纷的处理

近年来，涉"竞业限制"劳动争议案件呈逐年上升趋势；科技信息行业、教育培训行业为"竞业限制"劳动争议的多发领域；竞业限制违约金、竞业限制经济补偿、继续履行竞业限制协议为"竞业限制"劳动争议的主要诉请项目。

竞业限制协议如何解除？劳动者只有在用人单位违约的前提下，才能单方解除竞业限制协议。比如因用人单位的原因导致三个月未支付经济补偿，劳动者有权请求解除竞业限制约定，并要求公司支付相应时间内的补偿金；在竞业限制期限内，用人单位可以单方解除竞业限制协议。但应当提前一个月告知劳动者，同时劳动者有权请求用人单位额外支付三个月的竞业限制经济补偿。

竞业限制协议中没有约定补偿金怎么办？当双方在劳动合同或者保密协议中约定了竞业限制义务，尽管未约定经济补偿，但不能据此认定竞业限制条款无效。只要劳动者履行了竞业限制义务，双方都可以协商确定经济补偿的金额。如果经协商不能达成一致的，可按照双方劳动关系终止前最后一个年度，劳动者工资的一定比例支付补偿费。如果补偿费低于最低工资标准，则按照最低工资标准发放。企业拒付补偿金的，则竞业限制条款对劳动者不再具有约束力。

五、拓展阅读

商业秘密保密和竞业限制协议

甲方：

住所：

法定代表人：

乙方：

身份证号码：

住址：

因乙方现正在为甲方提供服务和履行职务，已经（或将要）知悉甲方的商业秘密。为了明确乙方的保密义务，有效保护甲方的商业秘密，防止该商业秘密被公开披露或以任何形式泄漏，根据《中华人民共和国合同法》《中华人民共和国劳动合同法》《中华人民共和国反不正当竞争法》等规定，甲、乙双方本着平等、自愿、公平和诚实信用的原则签订本保密协议。

第一条　商业秘密

1. 甲乙双方确认，乙方承担保密义务的甲方商业秘密包括但不限于以下内容：技术信息、专有技术、经营信息和甲方公司相关文件中列为绝密、机密级的各项文件。乙方对此商业秘密承担保密义务。

本协议之签订可认为甲方已对公司的商业秘密采取了合理的保密措施，且已告知乙方违反协议的法律风险。

2. 技术信息是指包括但不限于：技术方案、工程设计、产品设计、制造方法、产品材料构成、工艺流程、技术指标、计算机软件、数据库、研究开发记录、技术报告、检测报告、实验数据、试验结果、图纸、样品、样机、模型、模具、操作手册、技术文档、相关的函电等一切有关的信息。

3. 经营信息包括但不限于商业活动的市场行销策略、货源渠道、营销计划、采购资料、定价政策、不公开的财务资料、合同、交易相对人资料、客户名单等销售和经营信息。

4. 甲方依照法律规定（如在缔约过程中知悉其他相对人的商业秘密）和在有关协议的约定（如技术合同）中对外承担保密义务的事项，也属本保密协议所称的商业秘密。

5. 乙方在从职期间因工作关系而获得、交换的保密性信息以及其他一切与甲方事务有关的保密信息。

上述保密信息可以以数据、文字、图片及记载上述内容的资料、光盘、软件、图书等有形媒介体现，也可通过口头等视听形式传递。

第二条　保密义务

1. 乙方对其因身份、职务、职业或技术关系而知悉的公司商业秘密应严格保守，保证不被披露或使用，包括意外或过失。即使这些信息甚至可能是全部地由乙方本人因工作而构思或取得的。

2. 在服务关系存续期间，乙方未经授权，不得以竞争为目的或出于私利，或为第三人谋利，或为故意加害于公司，擅自披露、使用商业秘密，制造再现商业秘密的器材，取走与商业秘密有关的物件；不得直接或间接地向公司内部、外部的无关人员泄露；不得向不承担保密义务的任何第三人披露甲方的商业秘密；不得允许或协助不承担保密义务的任何第三人使用甲方的商业秘密；不得复制或公开包含公司商业秘密的文件或文件副本；对因工作所保管、接触的有关本公司或公司客户的文件应妥善对待，未经许可不得超出工作范围使用。

3. 不得为自己利益使用或计划使用。

4. 服务关系结束后，公司乙方应将与工作有关的技术资料、试验设备、试验材料、客户名单等交还公司。

乙方因各种原因离开公司，自离开公司之日起一年内不得自营或为公司的竞争者提供服务，不得从事与其在公司生产、研究、开发、经营、销售有关的相关工作（包括受雇他人或自行从事），并对其所获取的商业秘密严加保守，不得以任何理由或借口予以泄露。

第三条　秘密信息的载体

乙方因职务上的需要所持有或保管的一切记录有甲方秘密信息的文件、资料、图表、笔记、报告、信件、传真、磁带、仪器以及其他任何形式的载体均归甲方所有，无论这些秘密信息有无商业上的价值。

乙方应当于离职时，或者于甲方提出要求时，返还属于甲方的全部财物和载有甲方秘密信息的一切载体，不得将这些载体及其复制件擅自保留或交给其他任何单位或个人。

第四条　保密期限

甲乙双方确认，乙方的保密义务自甲方盖章和乙方签字之日起开始，至上述商业秘密公开或被公众知悉时止。乙方的保密义务并不因劳动合同的解除而免除。

第五条　违约责任

1. 乙方违反协议中的保密义务，应承担违约责任，并支付至少相当于其工作报酬或一年工资的违约金（或直接约定具体数额，如壹拾万元）。

2. 乙方如将商业秘密泄露给第三人或使用商业秘密使公司遭受损失的，乙方应对公司进行赔偿，其赔偿数额不少于由于其违反义务所给甲方带来的损失。具体损失赔偿标准为：损失赔偿额为甲方因乙方的违约行为所受到的实际经济损失，包括甲方为开发、培植有关商业秘密所投入的费用，因乙方的违约行为导致甲方产品销售量减少的金额，以及依靠商业秘密取得的利润减少金额等。

3. 因乙方恶意泄露商业秘密给公司造成严重后果的，公司将通过法律手段追究其侵权责任，直至追究其刑事责任。

第六条　竞业限制

1. 乙方在合同期间，不得到同类公司兼职或指导工作，不得从事第二职业，若违反规定，乙方一次性向甲方支付违约金：人民币____万元；超过约定损失的，甲方保留另行追偿权利。

2. 乙方在离开本公司两年内不得自己经营同类产品企业或到同类企业工作；若违反规定，乙方一次性向甲方支付违约金：人民币____万元（或本人上年度年薪的____倍）。

第七条　争议解决办法

若双方发生争议，可由双方共同协商解决或共同委托双方认可的第三方调解。有一方不愿协商、调解或协商、调解不成的，任何一方都有提起诉讼的权利。提起诉讼的法院为：甲方所在地人民法院。

第八条　本协议的任何修改必须经双方的书面同意，协议的部分修改或部分无效并不影响其他部分的效力。

第九条　本协议一式二份，甲乙双方各执一份。协议自双方签订之日起生效。

第十条　本协议签订地为：_____市____区

第十一条　双方确认，在签订本协议前已经详细阅读过本保密协议，并确认对本协议中的各条款的理解无异议。

甲方（盖章）：　　　　　　　　　　乙方（签字、按印）：

法定代表人（签字）：

____年____月____日　　　　　　　____年____月____日

第二篇　纠纷解决篇

■第一单元　签约纠纷

案例一　出尔反尔的录用通知书

案例内容：

赵某从某高校毕业后，经朋友引荐，与某高科技开发公司达成协议，到该科技公司担任研发人员。该科技公司向赵某送达了录用通知书，并加盖了公司公章，通知书上注明了工作岗位、工资报酬、工作地点、报到日期等。接到录用通知书后，赵某回复对方会在规定的日期前去报到。赵某便一心一意准备入职该公司，没有再另投简历给其他单位。后来，该科技公司通知赵某，因公司决定暂缓新项目的研发，所以不能录用赵某。赵某无法接受，因为前期准备入职该科技公司，错过了就业最佳的毕业季，现在工作没有着落，赵某要求该科技公司按录用通知书的约定履行义务。那么，该科技公司能否撤销与赵某的录用通知呢？

案例评析：

对于录用通知书的法律效力问题，《劳动法》对此没有相应的规定，但是根据《合同法》的规定，录用通知书在法律上的属性应为"要约"。《合同法》第14条规定，要约是希望和他人订了合同的"意思表示"，"意思表示"应当符合下列规定：①内容具体明确，也就是当事人不需要进行协商，受要约人单纯地接受就可以成立合同；②表明经受要约人承诺，要约人即受该"意思表示"约束。亦即只要接收要约的一方发出承诺，发出要约的一方就要受到要约的约束。本案中，该高科技开发公司向赵同学发出了录取通知书，并注明了工作岗位、工资报酬、工作地点、报到日期等，显然符合要约的特征，即内容具体明确。另外，赵同学在收到录用通知书后回复对方，表示会在规定日期报到，这说明赵同学对高科技公司的要约作出了承诺，那么这份录用通知书就对双方产生了法律约束力，双方必须予以遵守。因此，该公司突然通知赵同学不被录用，所发出的录用通知书无效的行为不仅缺乏法律依据，而且违法了《合同法》的相关条款。

法律规定：

《中华人民共和国合同法》第14条规定，要约是希望和他人订立合同的意思表示，该意思表示应当符合下列规定：

（一）内容具体确定；

（二）表明经受要约人承诺，要约人即受该意思表示约束。

风险提示：

作为用人单位，在向劳动者发出录用通知书之前，一定要了解录用通知书的法律性质和法律风险，否则，一旦录用通知书送达劳动者，用人单位即受录用通知书的约束，任意撤销，就可能要承担相应的法律责任。

案例二　用人合同上消失的公章

案例内容：

小张大学毕业后应聘到某物流公司做行政秘书。过了试用期后，小张开始出现工作懒散的情绪，出了几次差错，总经理很不满意小张的工作能力。于是，公司决定解除与她的劳动合同。小张感到很委屈，于是找公司领导理论，谁知公司领导拿出双方签订的劳动合同，却发现劳动合同上只有法定代表人的签字，并没有加盖公司的公章。物流公司称合同没有公章，因此合同无效。而小张认为，虽然合同上没有公章，但有法定代表人的亲笔签名，应该是有效合同。双方争执不下，物流公司遂提请劳动争议仲裁机构，请求认定该合同无效。那么物流公司的请求是否合理呢？

案例评析：

完整的劳动合同应该是在签订合同的具体内容条款后，双方要盖章签字。用人单位一方要在合同上加盖公章、公司行政章、合同章、人力资源章等，如果在法定代表人不直接签字的情况下，要有负责签订劳动合同的具体承办人签字。劳动者作为劳动合同的另一方，自己对合同的期限、约定的岗位以及薪金等内容没有异议后，要亲自签署自己的姓名，以示承诺。公司签订劳动合同后，合同文本至少要一式两份，公司与劳动者各执一份。该物流公司在与张同学协商一致的前提下签订劳动合同，虽然合同文本上未加盖公章，但毕竟有法人代表的签字，法定代表人有权代表公司订立合同，即证明用人单位对此份劳动合同的认可与同意。即使没有盖章，该劳动合同也是生效的，不能仅凭没有盖章就认定是无效合同。所以本案中物流公司的请求不能得到支持。

法律规定：

《中华人民共和国劳动法》第18条规定，下列劳动合同无效：

（一）违反法律、行政法规的劳动合同；

（二）采取欺诈、威胁等手段订立的劳动合同。

无效的劳动合同，从订立的时候起，就没有法律约束力。确认劳动合同部分无效的，如果不影响其余部分的效力，其余部分仍然有效。

劳动合同的无效，由劳动争议仲裁委员会或者人民法院确认。

第19条规定，劳动合同应当以书面形式订立，并具备以下条款：

（一）劳动合同期限；

（二）工作内容；

（三）劳动保护和劳动条件；

（四）劳动报酬；

（五）劳动纪律；

（六）劳动合同终止的条件；

（七）违反劳动合同的责任。

劳动合同除前款规定的必备条款外，当事人可以协商约定其他内容。

风险提示：

1. 与用人单位建立劳动关系，必须签订符合法律要求的规范的劳动合同。本案中的张同学比较侥幸的是，劳动合同虽然没有盖公章，但是还有法人代表的签字。如果说劳动合同上没有规范的文书内容，甚至没有公司的任何签章，那这份合同可能要面临无效的法律后果。大家不要认为荒唐，这样的情况在现实中也不是不存在的。

2. 关于劳动合同的鉴证，目前我国规定是"鼓励鉴证"而不是"强制鉴证"。鉴证只是劳动合同管理部门对合同进行审查认定的一种形式，并不是劳动合同成立的必备条件，更不能用它来作为劳动合同是否有效的标志。毕竟，劳动合同的成立与否，要看双方是否按约定履行了相应的义务和是否享受了各自的权利。

案例三　签约纠纷——就业歧视

案例内容：

某国际超五星级宾馆处于国家级旅游胜地，经济效益不错。后宾馆开发了高山滑雪项目，需要招聘工作人员。于是决定到某高校招聘女大学生。经过层层面试选拔，有 10 名女大学生通过面试。宾馆考虑到都是刚毕业的女大学生，未来几年面临结婚生子的问题，会给工作带来麻烦。于是在与其签订劳动合同时就和她们明说，如果想在宾馆长期工作下去，就要保证在合同期限内不结婚。有的女大学生求职心切，不敢拒绝，有的女孩子拒绝签订这种霸王条款的合同，并将宾馆告上法院。

案例评析：

不管是公开的还是隐形的针对女大学生的就业歧视，都常使得女大学生求职积极性受挫，职业生涯受到深刻影响。本案的焦点问题在于，宾馆作为用人单位，可以在合同中要求女员工在工作期间不结婚吗？答案显然是不可以。那么女大学生在求职就业中遭遇性别歧视的问题，究竟该如何解决？我国《劳动法》和《妇女权益保障法》都有相同规定，妇女享有与男子平等的就业权利。在录用员工时，除国家规定的不适合妇女的工种或者岗位外，不得以性别为由拒绝录用妇女或者提高对妇女的录用标准。依据我国《劳动合同法》的规定，该用人单位在劳动合同中要求女员工在工作期间不结婚就是提高对妇女的录用标准，剥夺其自由权利，是不合法的，应聘的女学生可以不与宾馆签订这样的劳动合同，此外，该宾馆应在双方平等协商的条件下签订劳动合同，以确保劳动者和宾馆双方的利益。

法律规定：

《中华人民共和国妇女权益保障法》第 22 条规定，国家保障妇女享有与男子平等的劳动权利和社会保障权利。

《中华人民共和国妇女权益保障法》第 23 条规定，各单位在录用职工时，除不适合妇女的工种或者岗位外，不得以性别为由拒绝录用妇女或者提高对妇女的录用标准。

各单位在录用女职工时，应当依法与其签订劳动（聘用）合同或者服务协议，劳动（聘用）合同或者服务协议中不得规定限制女职工结婚、生育的内容。

禁止录用未满 16 周岁的女性未成年人，国家另有规定的除外。

《中华人民共和国劳动法》第 13 条规定，妇女享有与男子平等的就业权利。在录用职工时，除国家规定的不适合妇女的工种或者岗位外，不得以性别为由拒绝录用妇女或者提高对妇女的录用标准。

风险提示：

公民在不违反法律和社会公序良俗的前提下，有权依照自己的意愿自主地决定婚姻问题，任何组织或个人都不得限制和干涉。用人单位在劳动合同中或者规章制度中规定女职工不能结婚或者生育的内容都是违法的，不受法律保护。

即使有的女学生迫于压力，在签署劳动合同时，又签署了合同期间不结婚等内容的承诺书，事实上此承诺书因违背法律条款，也属无效。任何用人单位不得以此为由解除劳动合同，否则将承担违法解除劳动合同的赔偿责任。

案例四　能否以分公司的名义与员工签订劳动合同

案例内容：

秋叶运动用品公司是秋叶集团的分公司，但分公司没有办理营业执照。2014年春，经总公司同意，秋叶公司郭经理招聘了4名大学生，郭经理打算以分公司的名义签订用工合同，但是王同学认为，发生纠纷后找分公司根本解决不了问题，要求与总公司签订劳动合同。那么，分公司招聘职员时，能否以分公司的名义与员工签订劳动合同呢？

案例评析：

根据《劳动合同法实施条例》的规定，依法取得营业执照或者登记证书的分支机构具有用工主体资格，可以作为用人单位与劳动者订立劳动合同，可以直接作为劳动合同中的用人单位一方。未依法取得营业执照或者登记证书的分支机构，只能受用人单位委托与劳动者订立劳动合同，即劳动合同中的用人单位只能是该分支机构的上级单位，不能将分支机构直接列为用人单位。本案中，秋叶公司若没有取得营业执照，也未获得总公司的任何委托，也就不能以分公司的名义与员工签订劳动合同。

法律规定：

《中华人民共和国劳动合同法实施条例》第4条规定，劳动合同法规定的用人单位设立的分支机构，依法取得营业执照或者登记证书的，可以作为用人单位与劳动者订立劳动合同；未依法取得营业执照或者登记证书的，受用人单位委托可以与劳动者订立劳动合同。

风险提示：

用人单位分支机构的法律地位比较特殊，一方面它不具有独立的法人资格，另一方面它又具有相对的独立性。因此，依法取得营业执照或者登记证书的分支机构具有一定的用工资格，此外就只有在获得用人单位授权的情况下才能够招用劳动者，这是一种委托行为，受托的结果归于委托单位，因此应有委托书。

案例五　就业协议与劳动合同傻傻分不清楚

案例内容：

某机场单位与某职业院校签订合作协议，约定向该单位输送就业毕业生50人。机场单位、职业院校与学生三方签订了就业协议。机场单位接纳了学生到岗实习。经过近3个月的实习，其中30名学生被证明符合录用标准，机场单位负责人决定录用这30名学生。当学生们提出签订劳动合同时，负责人指出，机场单位与学生有就业协议，对双方的权利义务都作了相关规定，没有必要再签订劳动合同。学生们强烈要求签订劳动合同。那么，用人单位可以用就业协议代替劳动合同吗？

案例评析

就业协议是毕业生在校时，由学校参与见证的、与用人单位协商签订的、编制毕业生就业协议方案和毕业生派遣的依据，内容主要是毕业生如实介绍自身情况，并表示愿意到用人单位就业，用人单位表示愿意接收毕业生，学校同意推荐毕业生并列入就业计划进行派遣。就业协议是毕业生和用人单位关于将来就业意向的初步约定，对于双方的基本条件以及即将签订劳动合同的部分基本内容大体认可，并经用人单位的上级主管部门和高校就业部门同意和见证，一经毕业生、用人单位、高校、用人单位主管部门签字盖章，即具有一定的法律效力，是编制毕业生就业计划和将来可能发生违约情况时的判断依据。劳动合同是毕业生与用人单位明确劳动关系中权利义务关系的协议，是毕业生在工作岗位上从事何种待遇等权利和义务的依据。

由此可见，劳动合同的内容涉及劳动报酬、劳动保护、工作内容、劳动纪律等，劳动权利义务更为明确具体。一般来说就业协议签订在前，劳动合同订立在后，如果毕业生与用人单位就工资待遇、住房等有事先约定，亦可在就业协议备注条款中予以注明，日后订立劳动合同对此内容应予以认可。

法律规定：

《中华人民共和国劳动合同法》第7条规定，用人单位自用工之日起即与劳动者建立劳动关系。用人单位应当建立职工名册备查。

《中华人民共和国劳动合同法》第8条规定，用人单位招用劳动者时，应当如实告知劳动者工作内容、工作条件、工作地点、职业危害、安全生产状况、劳动报酬，以及劳动者要求了解的其他情况；用人单位有权了解劳动者与劳动合同直接相关的基本情况，劳动者应当如实说明。

《中华人民共和国劳动合同法》第 10 条规定，建立劳动关系，应当订立书面劳动合同。

已建立劳动关系，未同时订立书面劳动合同的，应当自用工之日起一个月内订立书面劳动合同。

用人单位与劳动者在用工前订立劳动合同的，劳动关系自用工之日起建立。

风险提示：

劳动合同是劳动者与用人单位确立劳动关系，明确双方权利和义务关系的协议。《劳动法》规定，建立劳动关系应当订立劳动合同。就业协议是高校毕业生与用人单位确立劳动关系，明确双方在毕业生就业工作中权利和义务的协议。

案例六　不可忽略的试用期

案例内容：

刚从大学毕业的小王，应聘到一家食品公司做行政人员。小王与该公司签订了一份 6 个月的试用期合同，该企业为了节省成本，并未与小王签订正式的劳动合同。小王多次找到领导反映此事，公司领导说试用期不用签那么详细的劳动合同，并说试用期结束后肯定会与小王签订正式的劳动合同，并让小王不用担心。但是小王一直心存疑虑，觉得老板的话也有道理，请问该试用合同是否有效？按照我国法律规定，在试用期期间，用人单位是否应当与劳动者签订劳动合同呢？

案例评析：

我国《劳动法》《劳动合同法》是劳动者与用人单位之间的桥梁，既保护劳动者，也保护用人单位。在实践中很多用人单位认为不与劳动者签订劳动合同，就可以降低企业的用人风险，降低企业需承担的责任。其实不然，我国《劳动法》规定，用人单位故意拖延不与劳动者订立劳动合同的，由劳动行政部门责令改正；对劳动者造成损害的，应当承担赔偿责任。如果劳动者工作中出了事故，受到损害，用人单位的赔偿责任与有无签订劳动合同没有关系，只要有实际的劳动关系存在，用人单位都难辞其咎。

根据《劳动合同法》第 19 条第 4 款的规定，试用期包含在劳动合同期限内。在试用期内，劳动者享有在劳动合同期限内享有的权利。本案中公司应与小王在试用期内签订劳动合同。如果在试用期后签订，就是不合法的。小王应该依法要求与公司签订劳动合同，以维护自己的合法权益。

这里我们需要延伸并注意一个问题：没有书面的劳动合同，如何确定劳动关系的存在？其实，在现实社会中，用人单位不与受聘者签订劳动合同的现象是很普遍的，致使发生争议时，劳动者的合法权益难以维护。如果用人单位招用劳动者且未与其签订劳动合同，劳动者只要能出示工资支付凭证、缴纳社会保险费的记录、用人单位发放的工作证和服务证、劳动者填写的用人单位招聘登记表和报名表以及考勤记录等，就可以证明双方劳动关系的存在。只要劳动者能证明劳动关系的存在，即使没有书面劳动合同，一样可以向公司索要劳动报酬。

法律规定：

《中华人民共和国劳动合同法》第10条规定，建立劳动关系，应当订立书面劳动合同。

已建立劳动关系，未同时订立书面劳动合同的，应当自用工之日起一个月内订立书面劳动合同。

用人单位与劳动者在用工前订立劳动合同的，劳动关系自用工之日起建立。

《中华人民共和国劳动合同法》第19条规定，劳动合同期限三个月以上不满一年的，试用期不得超过一个月；劳动合同期限一年以上不满三年的，试用期不得超过二个月；三年以上固定期限和无固定期限的劳动合同，试用期不得超过六个月。

同一用人单位与同一劳动者只能约定一次试用期。

以完成一定工作任务为期限的劳动合同或者劳动合同期限不满三个月的，不得约定试用期。

试用期包含在劳动合同期限内。劳动合同仅约定试用期的，试用期不成立，该期限为劳动合同期限。

《中华人民共和国劳动合同法》第82条规定，用人单位自用工之日起超过一个月不满一年未与劳动者订立书面劳动合同的，应当向劳动者每月支付二倍的工资。

用人单位违反本法规定不与劳动者订立无固定期限劳动合同的，自应当订立无固定期限劳动合同之日起向劳动者每月支付二倍的工资。

风险提示：

试用期是在劳动合同中约定的，而不是一个单独的有关试用期的规定，劳动合同生效和终止的时间都应包括试用期在内，而且计算劳动合同期限也应当包括试用期。劳动关系自用工之日起确立，试用期包含在劳动合同内。并且，劳动合同的期限不能仅仅是试用期的期限，否则试用期不成立。

案例七　续签劳动合同引发的争议

案例内容：

张某系职业高中毕业生，分到某合资饭店工作，并与饭店正式签订了为期两年的劳动合同。在劳动合同终止前的一个月，张某合同到期后就不再与饭店续订一事向饭店提出了请求，饭店人事部表示同意并答复张某过一个月后来办手续。一个月以后，张某手持接收单位的商调函找到饭店要求办理调离手续时，人事部负责人却突然提出："要调走可以，但必须交齐后三年的培养费1万元，然后才给办理调动手续。"张某认为，与饭店签订的是为期两年的劳动合同，自己既没有经过饭店培训，又没有提前解除合同，饭店收取培训费是非法的。饭店根据其制定的《饭店员工须知》第18条"凡到饭店工作的人员至少应服务五年……"的规定则认为：张某与饭店签订的两年劳动合同虽然已经到期，但至少还应与饭店续签三年的劳动合同，如果张某不再为饭店服务，则应赔偿饭店培训费1万元。在此之后，张某又多次与饭店交涉，得到的答复仍然是"要调离，必须交齐1万元培训费，否则，不能办理调离手续"。在这种情况下，张某向父母求助，凑齐了1万元，办理了离店手续。对于饭店这种违背职工意愿，合同到期后职工不再续签劳动合同，饭店强行收取培训费的做法，张某无法接受，遂向劳动争议仲裁委员会提出申诉，要求给予公正处理。

案例评析：

本案争议焦点有二：1.《饭店员工须知》第18条对张某是否有约束力？2.张某能否终止与饭店的劳动合同？

1.《饭店员工须知》是在该饭店与张某签订劳动合同后的一年零九个月时制定的，在制定过程中及实施之前，既没有征求过工会的意见，也没有征求职工本人的意见，纯属饭店单方面的意见，其中第18条"凡到饭店工作的人员至少应服务五年……"的规定与双方协商制定的劳动合同的期限相悖，饭店以此为由要求张某与饭店续订三年的劳动合同或赔偿培训费1万元，依据不足。

无论是何种内容的企业规章制度，其制定过程必须反映职工的意愿，吸纳职工或工会代表参与制定，这样做有利于规章制度的有效施行。规章制度还必须与劳动合同的约定和国家法律、法规的规定相符合，对劳动合同没有约定，国家法律、法规又没有规定的，才能作出补充的规定，因为前者是双方意志的体现，后者是国家意志的体现。作为单方意志体现的企业规章制度毕竟处于从属的地位，任何与劳动合同和法律、法规相抵触的规章制度条款都属无效。综上所述，《饭店员工须知》第 18 条只是饭店单方面的意思表示，不能视为劳动合同的组成部分，因与劳动合同相抵触，对张某没有约束力。

2. 劳动合同的终止是指由于法律规定或当事人约定的情况出现，劳动合同的法律效力终止。根据劳动法的规定，当劳动合同期满时，劳动合同即行终止，一方不得强迫另一方延长劳动合同期限，延续劳动合同的效力。本案中张某与某合资饭店签订的劳动合同的两年期限届满，张某有权依法终止劳动合同，饭店应为张某办理调离手续，不得为张某设定新的义务。

本案的实质是企业自行制定的内部规章制度（《饭店员工须知》）违反了劳动合同的约定和国家法律、法规的规定，对劳动争议的处理应当适用劳动合同和法律、法规。张某与某合资饭店签订两年期限的劳动合同是双方平等自愿、协商一致的结果，对双方都具有约束力，合同期满，即行终止。《饭店员工须知》规定的"至少应服务五年"因与之抵触而无效。《劳动法》第 17 条规定，订立劳动合同应当遵循平等自愿、协商一致的原则。

法律法规：

《中华人民共和国劳动合同法》第 44 条规定，有下列情形之一的，劳动合同终止：

（一）劳动合同期满的；

（二）劳动者开始依法享受基本养老保险待遇的；

（三）劳动者死亡，或者被人民法院宣告死亡或者宣告失踪的；

（四）用人单位被依法宣告破产的；

（五）用人单位被吊销营业执照、责令关闭、撤销或者用人单位决定提前解散的；

（六）法律、行政法规规定的其他情形。

风险提示：

续签劳动合同必须符合以下法律要件：

1. 当事人双方是原劳动合同的当事人。任何一方当事人发生变更的，都只能产生新的劳动合同，而不是劳动合同的续订。

2. 严格地说，合同内容（除合同起止期限）没有发生任何变化，但合同主要内容与原合同一致的，也是劳动合同的续订。

3. 当事人须经过平等自愿、协商一致，对原合同内容没有异议，就合同续订后的期限达成一致。任何一方不得强迫对方意愿，或附带不合理的条件迫使对方续签合同，以自己的意志决定另一方的意志，甚至采取非法手段。根据劳动法的规定，劳动者在同一用人单位连续工作满十年以上的，双方同意续签合同，如果劳动者提出订立无固定期限的劳动合同，用人单位应与之订立无固定期限的劳动合同。这是续签劳动合同的一项例外，以鼓励劳动者通过长期连续工作建立稳定的劳动关系的行为，并适当地保护劳动者的权益。

■第二单元　实习期纠纷

案例一　兼职实习——想要拥有不容易

案例内容：

1. 高校大学生小廖，为了减轻家庭的经济负担，决定在暑假期间，到一家外资的快餐店打工，赚取部分学习生活费用。按照约定小廖在快餐店每天工作6小时，每小时劳动报酬是4元，小廖必须遵守公司的规章制度，接受管理。但实际上他每天工作9小时，到月末，快餐店管理人员认为大学生打工不能按劳动者对待，他们的工资按照小时工资结算，不仅没有加班费还扣除了中午用餐和休息的1小时。小廖了解到，当地每小时最低工资标准为6元。但是小廖一直不清楚，大学生到底算不算劳动者，如果不是劳动者，究竟是何种形式的用工？是否受非全日制职工最低工资标准制约？（案例选用《中华人民共和国劳动合同法》，中国法制出版社）

2. 2014年4月，北京某广告公司聘请了某高校学生张某到该公司"实习"。"实习"期间张某每天工作8小时，实习补助一天50元，实习期间公司未与张某签订任何实习协议。2014年7月，实习期结束，公司认为张某表现不错，张某也取得大学毕业证书，2014年9月该公司便与其签订了为期两年的劳动合同，月工资为2500元。2015年2月，张某向公司提出辞职。张某提出公司应当按照国家规定的最低工资标准补足他"实习"期间5个月的工资差额。公司表示，不能接受这样的要求。张某即向劳动争议仲裁委员会申请仲裁，要求公司按照最低工资标准补足2014年4月至8月实习期间的工资。最终，仲裁庭裁决公司按最低工资标准补足张某2014年7月、8月的工资差额。

案例评析：

"实习"就是把在校学到的知识技能运用到实际工作中，以提前适应社会，提高工作能力。但实习并非一个严格意义上的法律术语，在现实社会中，适用比较混乱，甚至有一些用人单位错误地将实习等同于"试用期"，也有的单位将大学生的勤工助学理解为"实习"。以上案例讲述的是大学生兼职过程中发生的事件。目前在法律实务领域，普遍认为大学生兼职，不属于劳动法调节的范围，大学生即使整个假期都用来打工，时间最长也只有一两个月，用人单位无法与其确定劳动关系，无法开设社保账户。一般情况下在校大学生到用人单位去实习，是教学的一个组成部分，不能算是一种用工行为。上述案例提示我们需要注意以下三个问题：

1. 实习生是否有权获得劳动报酬？

虽然法律没有明文确认实习生与实习单位形成的是劳动关系，但是实习生毕竟为实习单位服务，提供了劳动，因此，实习单位应该给予实习生一定的劳动报酬。

2. 实习劳动报酬能低于当地最低工资标准吗？

实习生与用人单位没有形成劳动关系，用人单位无需按照最低工资标准支付劳动报酬。用人单位应当提供给实习生一定的报酬，但这不能被看作是工资，而是一种劳动报酬。而实习生一旦毕业，取得毕业证书，其身份就由学生转化为社会上的一名普通劳动者，符合建立劳动关系的主体资格。在这种情形下，该劳动者与用人单位之间就会形成法律上的劳动关系，所发放的劳动报酬就属于工资性质，最起码应当按照最低工资标准支付劳动报酬。但是我国个别地区也有政策规定实习生的工资不能低于当地最低工资标准。

3. 实习生的劳动报酬是否需要纳税？

对中等职业学校和高等院校实习生取得的符合我国个人所得税法规定的报酬，企业应代扣代缴其相应的个人所得税款。

法律规定：

《劳动合同法》第 68 条规定，非全日制用工，是指以小时报酬为主，劳动者在同一用人单位一般平均每日工作时间不超过 4 小时，每周工作时间累计不超过 24 小时的用工形式。

《劳动合同法》第 72 条规定，非全日制用工小时计酬不得低于用人单位所在地人民政府规定的最低小时工资标准。

非全日制用工劳动报酬结算支付周期最长不得超过 15 日。

《财政部、国家税务总局关于企业支付学生实习报酬有关所得税政策问题的通知》（财税〔2006〕107 号）："凡与中等职业学校和高等院校签订 3 年以上期限合作协议的企业，支付给学生实习期间的报酬，准予在计算缴纳企业所得税税前扣除。对中等职业学校和高等院校实习生取得的符合我国个人所得税法规定的报酬，企业应代扣代缴其相应的个人所得税款。"

风险提示：

1. 毕业生一定要到合法机构从事兼职工作；要求交费的用人单位，不要去应聘。

2. 在实务处理中，仲裁部门很多时候也是按照大学生兼职不属于劳动者的原则执行，争议的处理应按照双方签订的劳务协议以及公平原则处理。

3. 用人单位使用兼职大学生不属于"非全日制用工"范畴，不受非全日制最低工资标准制约。

案例二　校外兼职——你伤害了我，还想一笑而过

案例内容：

王某系河北某职业院校在校学生。2016 年 6 月王某经朋友推荐到某装修设计有限公司实习，具体从事普通住宅装修设计的辅助性工作，实习期为半年。同年 8 月，王某在装修过程中不慎受伤，双方就赔偿事宜发生争议。协商未果后，王某向当地劳动部门申请工伤认定。劳动部门作出了不予认定工伤的决定。王某认为在工作过程中发生工伤事故，应当依法享受工伤待遇，于是向劳动仲裁委员会申请劳动仲裁，要求认定工伤，并要求公司赔偿医疗费等各项损失 6 万余元。

仲裁委认为，王某系在校生，不符合就业条件，不具有建立劳动关系的主体资格，双方之间的争议不属于劳动争议范围，故驳回了王某的仲裁申请。无奈之下，王某向人民法院提起诉讼。法院认为，王某与该公司之间不存在劳动关系，也未建立实质意义上的劳动者与用人单位之间的身份隶属关系，双方的权利义务不受劳动法的调整。王某在实习单位虽然是因实习受伤，但不能享受工伤待遇，其所受损害应按一般民事侵权纠纷处理。最终，法院判决该装修公司赔偿王某人身损害赔偿金 54 000 元。

案例评析：

本案应注意以下四个问题：①在校实习生是否适用《劳动法》和《劳动合同法》？②在校实习生在工作期间发生伤亡事故，能否进行工伤认定？③用人单位需要承担工伤赔偿责任还是侵权赔偿责任？④学校是否需要承担责任？

本案关键在于在校大学生实习期间的身份界定以及在实习工作中受伤，能否要求认定工伤并依法享受工伤待遇。

首先，在校实习生不是《劳动法》意义上的劳动者，所以不受《劳动法》以及《劳动合同法》的调整。

在校实习生的身份是学生，而《劳动法》中的劳动者是指达到法定年龄，具有劳动能力、以从事某种社会劳动获取收入为主要生活来源的自然人。要适用《劳动法》及《劳动合同法》，其主体必须符合建立劳动关系的主体资格。

其次，在校实习生受伤不能认定为工伤，不能依法享受工伤保险待遇。

根据劳动关系的判断标准，在校生与实习单位之间并未建立实质意义上的劳动者与用人单位之间的身份隶属关系，双方之间不存在法律上和事实上的劳动关系，其权利义务关系不受《劳动合同法》保护。因此在校生在实习工作中受伤的，不能按照《工伤保险条例》的规定进行工伤认定，进而不能依法享受工伤保险待遇。

再次，在校实习生可以按照一般人身损害侵权向用人单位主张赔偿。

工伤待遇针对的是建立劳动关系的用人单位和劳动者。由于在校大学生是以学习为主，不是以实习获取劳动报酬为主，因而不具备《劳动法》规定的独立劳动者身份。因此，处于不视为建立劳动关系的实习期的在校大学生，工作期间发生伤亡事故，不适用有关工伤的规定。在校实习生不具备独立劳动者身份。实习单位为用工单位，而非用人单位，其与在校实习生不构成劳动关系而仅为劳务关系。实习单位安排在校实习生从事相应的工作，致使在校实习生在工作过程中遭受损害的，二者之间存在因果关系，符合一般侵权行为的构成要件。因此，在校实习生维权只能通过提起人身损害赔偿诉讼来维护自己的合法权益。

最后，学校是否需要承担赔偿责任？关键要看学校自身是否存在过错。过错责任原则作为侵权行为的规则原则，其主要考虑当事各方的过错程度来确定赔偿责任。根据这一原则，在劳务关系、雇佣关系引起的人身损害赔偿中，学生也要对自己的过错承担责任，通常只能得到部分赔偿。

综上所述，具体说来，在校实习生在实习中受伤的责任归属应当区分为三种情况认定：

1. 在校生的实习通过学校安排、推荐。在这种情况下，一方面，用人单位作为实习生进行劳动的劳动条件提供人、劳动工作的安排指挥者和某种程度劳动成果的获得者，应当为实习生提供符合国家规定的安全卫生的劳动条件，当实习生在劳动中受到伤害时承担相应的法律责任。另一方面，学校作为学生的施教者、监护人和实习活动的推荐者应当预见实习生在实习劳动中必然存在和可能出现的风险并承担相应的法律风险。因此，学校和用人单位应当对实习生承担连带赔偿责任，实习生可以选择要求其中一方或者两方承担赔偿责任。

2. 在校生的实习过程未经学校安排或者推荐。实践中，由于实习生的学习时间灵活，可以根据自己的安排进行实习；实习单位接收实习生也不需要学校的有关推荐或者证明资料，实习活动是学生自行联系的，实习过程也没有向学校老师或者有关部门报告。在这种情况下，只要学校在平时的监管活动中尽到了监管责任，对学生自行联系实习可能出现的问题进行了适当的告知或宣传活动，就应当由实习单位对实习生的受伤承担主要责任。因为，实习单位作为实习生劳动条件提供人、劳动工作的安排指挥者和某种程度劳动成果的获得者，无论何时都负有为实习生提供符合国家规定的安全卫生的劳动条件的责任。同时，学校毕竟对学生负有监管的义务，应当尽可能地保障学生的人身安全，基于此种监管责任，学校要对在校生在实习中受伤承担补充责任。即在用人单位不能支付全部赔偿费用而危害到受伤学生的治疗或康复时，由学校先行垫付相关费用。

3. 参与实习的在校生是未成年人。在这种情况下，无论该学生的实习活动是否有学校的参与，学校都应与实习单位一起对该学生在实习中的受伤负连带责任。因为学校作为其学生的监护人，对未成年的学生应当给予更多的关注和更严格的管理。未成年学生的行为能力有限，学校对其承担较之其他成年学生更重的监管责任。

法律规定：

《关于审理人身损害赔偿案件适用法律若干问题的解释》第 3 条规定："……二人以上没有共同故意或者共同过失，但其分别实施的数个行为间接结合发生同一损害后果的，应当根据过失大小或者原因力比例各自承担相应的赔偿责任。"

《学生伤害事故处理办法》第 8 条第 2 款规定："因学校、学生或者其他相关当事人的过错造成的学生伤害事故，相关当事人应当根据其行为过错程度的比例及其与损害后果之间的因果关系承担相应的责任。当事人的行为是损害后果发生的主要原因，应当承担主要责任；当事人的行为是损害后果发生的非主要原因，承担相应的责任。"

风险提示：

1. 兼职实习，需要学会保护自身安全，不要谋求新鲜刺激，挑战高风险以及超出自身能力范围的行业。

2. 大学生实习期间由于与用人单位并非雇佣关系，所以不受《劳动法》以及《工伤保险条例》的调整和保护，在处理人身损害争议时，在校实习生维权只能通过提起人身损害赔偿诉讼来维护自己的合法权益。

3. 实习期间应当与用人单位签订实习协议，实习单位或学校应当为学生购买意外伤害保险。

案例三 女大学生兼职实习安全第一

案例内容：

女大学生何某在一家兼职实习网站上发现一条"招聘年轻女性为淘宝店拍摄服装广告"的兼职信息。对方开出每小时 100 元的高薪，且保证隐私。何某通过微信与招聘人员取得联系。聘用方表示，会与何某签订合同，所拍摄使用的照片不露脸。开拍之后，摄影师廖某要求不断增多，尺度越来越大，何某拒绝，要求对方停止拍摄，并且删除照片。廖某拒绝，双方陷入争执。何某拨打 110 报警，公安机关介入后调解，廖某终于同意删除照片。根据民警介绍，廖某并非专业摄影师，照片也不是用于淘宝网店，只是为了达到其玩弄女性的目的。

案例评析：

近年来，大学生在读期间利用各种机会兼职，以赚取部分生活费，以及增加社会经验，提前适应社会，提高未来就业竞争力。但是由于劳动职介市场的混乱等诸多复杂的原因，大学生兼职过程中权益受损的情况屡有发生。更甚者被介绍进入传销组织，遭人控制，对人身安全都形成威胁。

大学生在进行兼职时往往因缺乏经验等原因，仅与雇主进行口头约定，一旦发生纠纷，因无法证据证明只能忍气吞声。女大学生在兼职时，可能遭遇的情况就更多样化。在权益保护方面，女大学生不仅要注意对财产权利的保护，更要注意对人身安全的保护。在本案中何某与廖某的纠纷已经不限于兼职工作本身，而是本来就是一个骗局，甚至涉及对人身权利的侵害。

法律规定：

《中华人民共和国劳动合同法》第 68 条规定，非全日制用工，是指以小时计酬为主，劳动者在同一用人单位一般平均每日工作时间不超过 4 小时，每周工作时间累计不超过 24 小时的用工形式。

第 69 条规定，非全日制用工双方当事人可以订立口头协议。

从事非全日制用工的劳动者可以与一个或者一个以上用人单位订立劳动合同；但是，后订立的劳动合同不得影响先订立的劳动合同的履行。

第 70 条规定，非全日制用工双方当事人不得约定试用期。

第 71 条规定，非全日制用工双方当事人任何一方都可以随时通知对方终止用工。终止用工，用人单位不向劳动者支付经济补偿。

第 72 条规定，非全日制用工小时计酬标准不得低于用人单位所在地人民政府规定的最低小时工资标准。

非全日制用工劳动报酬结算支付周期最长不得超过 15 日。

《侵权责任法》第 34 条规定，用人单位的工作人员因执行工作任务造成他人损害的，由用人单位承担侵权责任。

风险提示：

1. 大学生在寻找兼职时，必须保持清醒的头脑，不要随意被"高薪"所诱惑，要注意考查用人单位的实际情况。如果用人主体是企业，应主动认真地去详细了解企业法人的主体资格；如果是个体工商户，应了解其是否依法核准登记，是否有公开的字号、固定的住所，经营范围是否合法等。同时注意，我国劳动和社会保障部禁止任何公司以任何借口对劳动者收取押金或扣押身份证。

2. 大学生在兼职实习中要切实保护自身的合法权益，还必须尽多地了解相关的法律法规和政策制度，特别是对《劳动法》《劳动合同法》要有所熟悉。这样才能与用人单位作出合理有效的劳动提供约定，知晓用人单位哪些行为违法以及合法权益如何得到拥护。

案例四　经学校安排及推荐的实习

案例内容：

2016 年 5 月，云南某职业学院与昆明市一家大型旅游服务公司签订实习协议，双方约定：该大学为企业提供实习学生 58 名，企业对实习学生进行实习教学安排，实习期限为 2016 年 5 月 9 日至 11 月 8 日。郑某等三名同学和其他同学一起，于 5 月 9 日被学校委派到该企业实习，在相关部门从事各种辅助性工作。7 月 1 日，三位同学在学校正常领取了大学毕业证书。随后三人提出，他们已经拿到毕业证书，属于毕业生，而不再是学校委派的实习生，企业应当给予他们正常劳动者的待遇，但此要求遭到企业拒绝。学校和企业都认为只有实习期满才能获取正式员工的待遇。9 月 24 日，三位学生决定离开该企业，但该企业坚持不向三人发放 9 月份的工资，双方为工资给付等问题产生了劳动争议。该案最终由人民法院调解结案。

案例评析：

大学生的这种实习与自己寻找的校外兼职不同，其一般被认为是高校教学工作的实践环节，实习大学生的权益维护一般是通过学校与用人单位和学生三方签订具有法律效力的协议书，来明确三方的权利和义务以及发生意外事故的处理办法。

本案中，学校与用人单位签署了实习协议，该协议不同于劳动合同，其签订的双方是学校和企业，学生是该协议所涉及的第三人，该协议应当属于民法调整的范围。根据协议的约定，学生只有等实习期满后才能获得正式的员工待遇，但是同时实习期既包含了毕业前的时间，也包含了毕业后的时间。应当认为，郑某等三人在领取毕业证之后，就不再是在校大学生的身份，也就是不再是学校委派的实习生，其毕业后继续在企业工作，已经在事实上与企业建立了劳动关系，应当签订劳动合同，享受正常劳动者的待遇。

至于实习协议的约定，因实习期包括学生毕业后的时间，违反《劳动合同法》的条款应当无效。并且，由于实习协议签订双方是学校与企业，郑某等人作为协议涉及的第三人因其毕业后与学校已脱离教育管理关系，对并非由自己签订却给自己带来负担的合同，也可以主张该协议对自己不发生效力。

法律规定：

《中华人民共和国劳动合同法》第 7 条规定，用人单位自用工之日起即与劳动者建立劳动关系。用人单位应当建立职工名册备查。

《中华人民共和国合同法》第 52 条规定，有下列情形之一的，合同无效：

（一）一方以欺诈、胁迫的手段订立合同，损害国家利益；

（二）恶意串通，损害国家、集体或者第三人利益；

（三）以合法形式掩盖非法目的；

（四）损害社会公共利益；

（五）违反法律、行政法规的强制性规定。

风险提示：

在真正的实习中，涉及三方法律关系，学生与学校之间的法律关系是教育管理与被管理的关系；学校与实习单位之间是民事合同法律关系；学生与实习单位之间，可以认为是实习单位协助学校完成对学生的教育管理，双方也是教育管理与被管理的关系。因此，在实习期间，大学生的合法权益受到侵害，可以首先上报学校要求解决。

案例五　上班第一天被车撞，实习生遭遇索赔难

案例内容：

张某是云南某服务学校的在校学生，毕业前夕由学校统一派到开发区某食品公司实习。没想到作为实习生的张某，高高兴兴地坐公司班车去上班的第一天，即遭遇了车祸。肇事方为一货车司机小李，开车走神，与张某所乘的班车相撞。小李承担主要事故责任。

经医院诊断，张某左足踝骨伤、脚趾缺失，后经司法医学鉴定认定张某一处八级、两处七级伤残。

在事故发生后，公司只为他垫付了部分医疗费。公司方认为，张某是一名实习生，与公司之间不存在劳动关系，所以张某所受的人身伤害不属于工伤，公司没有义务承担相应补偿。由于家庭困难，公司又不负责，张某的第二次手术一拖再拖。第二次手术费需 8 万元，如不及时治疗，后果不堪设想。

案例评析：

道路交通事故是指车辆驾驶人员、行人、乘车人以及其他在道路上进行与交通有关活动的人员，因违反道路交通管理法规、规章的行为，造成人身伤亡或财产损失的事故。交通事故发生之后，一般而言，由公安机关交通管理部门根据交通事故现场勘验、检查、调查情况和有关的检验、鉴定结论等证据，认定交通事故的基本事实，再根据交通事故基本事实分析事故成因，根据事故成因确定当事人责任，出具交通事故责任认定书，送交当事人。

具体到本案，从受损方张某的角度，只要能够得到赔付，不耽误治疗即可。所以，一是能否认定为工伤；二是能否让肇事方承担赔偿责任；三是工伤和肇事方的责任并不冲突，能否一起得以赔付，那样的话，张某会实现"利益最大化"。

为了张某的及时后续治疗，笔者认为，可以采用以下的诉讼思路，先为张某确定主张二次手术费用的诉讼，待治疗终结评残后再主张残疾赔偿金等其他继续费用。

该案涉及合理确定诉讼主体的问题，由于是货车司机小李负主要责任的交通事故，张某既可以选择以交通肇事者为被告的交通事故人身损害赔偿，又可以选择以实习单位（即雇主）为被告的雇佣关系人身损害赔偿，为了便于索赔尽快实现经济利益，笔者认为应先选择后者。此外，本案争议的焦点和难点还在于，在校学生在实习实训单位实习工作过程中发生交通事故的损害赔偿问题。该案要确定的是在校学生与实习单位之间是劳动关系还是劳务关系，如果确定为劳动关系，那么在工作中受伤就应当认定为工伤，并以工伤的待遇标准进行赔付；如果是劳务关系就不能认定为工伤。由于在校学生与实习单位无法界定为劳动关系，故只能以劳务雇佣关系确定双方的法律关系。

最终，经过多次协商，公司方终于同意一次性给付张某 8 万元残疾赔偿金等费用了结该案。

法律法规：

《道路交通安全法》第 73 条规定："公安机关交通管理部门应当根据交通事故现场勘验、检查、调查情况和有关的检验、鉴定结论，及时制作交通事故认定书，作为处理交通事故的证据。交通事故认定书应当载明交通事故的基本事实、成因和当事人的责任，并送达当事人。"

《交通安全法实施条例》第91条进一步明确："公安机关交通管理部门应当根据交通事故当事人的行为对发生交通事故所起的作用以及过错的严重程度，确定当事人的责任。"

《工伤保险条例》第14条规定："职工有下列情形之一的，应当认定为工伤：……（六）在上下班途中，受到非本人主要责任的交通事故或者城市轨道交通、客运轮渡、火车事故伤害的。"

■第三单元 试用期纠纷

案例一   试用期内随意炒人

案例内容：

赵某入职某预算公司担任预算部经理，双方签订了三年期固定期限劳动合同，约定了三个月试用期。试用期内，预算公司以赵某表现不合格、所做《土方量审核意见稿》中预算工程量存在严重误差，不符合录用条件为由与其解除劳动合同。赵某不认可《土方量审核意见稿》系其所做，认为单位与其解除劳动合同系违法解除，要求与预算公司继续履行劳动合同。仲裁委经审理，最终裁决预算公司解除劳动合同违法，对赵某要求继续履行劳动合同的仲裁请求予以支持。[1]

案例评析：

在试用期内用工，也不能随便辞退。

预算公司虽以赵某试用期内不符合录用条件为由与其解除劳动合同，但提供的《土方量审核意见稿》无法证实系赵某所做。另外提供的《赵某转正流程追踪》中显示的人力资源总监王某在 OA 系统中签署的办理意见为"不同意转正，工作量不足，发挥作用不大，建议离职"。与预算公司在《解聘通知书》上记载的解除原因不相符。预算公司没有提供充分证据证明赵某在试用期工作能力未能达到公司的录用条件、职位要求，因此应承担举证不能的不利后果。

有的用人单位认为在试用期内，单位可以随便让劳动者走人，不需要承担什么法律责任，甚至在试用期内任意侵害劳动者的合法权益，一些单位公然规定在试用期内不为劳动者缴纳社会保险等，这些都违反了法律的规定，也严重侵害了劳动者的合法权益。其实按照《劳动合同法》等相关法律规定，用人单

---

〔1〕 摘自北京市海淀区劳动仲裁网：http：//www. hd12333. com/anlidianping/？pagecnt＝2.

位只有在证明劳动者不符合录用条件等法律规定的原因才可以在试用期内解除劳动合同，否则就可能被裁决败诉。

法律法规：

《中华人民共和国劳动合同法》第21条规定："在试用期中，除劳动者有本法第39条和第40条第1项、第2项规定的情形外，用人单位不得解除劳动合同。用人单位在试用期解除劳动合同的，应当向劳动者说明理由。"

《中华人民共和国劳动合同法》第39条规定："劳动者有下列情形之一的，用人单位可以解除劳动合同：（一）在试用期间被证明不符合录用条件的；（二）严重违反用人单位的规章制度的；（三）严重失职，营私舞弊，给用人单位造成重大损害的；（四）劳动者同时与其他用人单位建立劳动关系，对完成本单位的工作任务造成严重影响，或者经用人单位提出，拒不改正的；（五）因本法第26条第1款第1项规定的情形致使劳动合同无效的；（六）被依法追究刑事责任的。"

《中华人民共和国劳动合同法》第40条第1、第2项规定："有下列情形之一的，用人单位提前三十日以书面形式通知劳动者本人或者额外支付劳动者一个月工资后，可以解除劳动合同：（一）劳动者患病或者非因工负伤，在规定的医疗期满后不能从事原工作，也不能从事由用人单位另行安排的工作的；（二）劳动者不能胜任工作，经过培训或者调整工作岗位，仍不能胜任工作的；（三）劳动合同订立时所依据的客观情况发生重大变化，致使劳动合同无法履行，经用人单位与劳动者协商，未能就变更劳动合同内容达成协议的。"

风险提示：

在试用期内，劳动者除非出现特殊情况，用人单位不能随意解除合同。劳动者维权注意事项：

在试用期内用人单位解雇员工，只要员工不符合录用条件，用人单位一经证实后，就可以解除劳动合同，既无须提前通知，也不必给予经济补偿。如果用人单位以试用期内不符合录用条件为由解雇员工，员工应注意以下三个问题：

1. 用人单位是否已经与自己签订了书面劳动合同。如果只是口头上说有试用期，实际上没有签署劳动合同，则试用期不成立。没有劳动合同，用人单位与员工之间是事实劳动关系，因此只能按事实劳动关系的规定解除劳动关系，即用人单位需提前一个月书面通知员工。

2. 用人单位是否有证据证明员工不符合录用条件。如果没有证据或证据不充分，用人单位都不能以此为理由辞退员工。

3. 用人单位作出解除劳动合同的决定是什么时间。对试用期内不符合录用条件的劳动者，企业可以解除劳动合同；若超过试用期，则企业不能以试用期内不符合录用条件为由解除劳动合同。因此，一旦试用期结束，用人单位就不能以试用期内不符合录用条件为由解雇员工。

案例二　试用期单位不缴社会保险违法

案例内容：

小凌高职毕业后到一家高科技企业做销售工作，与企业签订了为期三年的合同，约定试用期为两个月。试用期满后，在查看她的社保记录时，小凌发现试用期内企业没有给她缴纳社会保险费。她要求企业给其缴纳试用期的社会保险，企业却称，试用期间不缴纳社会保险。请问，试用期不缴纳社会保险合法吗？

案例评析：

一些用人单位仍然存在认识上的误区，有的甚至滥用试用期。现在有很多单位在试用期内不缴纳社会保险，国内工作人员流动性较强，签订劳动合同、缴纳社会保险手续繁杂，短期内频繁地入职离职，单位的人力资源部门从简化工作的角度考虑，很多工作就做得不规范。试用期尽管是用人单位与劳动者在劳动合同中协商约定的考察期，但试用期应包括在劳动合同期中，也就是说，劳动者实际上已经与用人单位建立了劳动关系，用人单位必须依法与劳动者签订劳动合同，并为其办理社会保险。这是因为，劳动报酬、社会保险等都属劳动合同的必备条款。根据法律规定，试用期包括在劳动合同期限内，用人单位必须给予劳动者相应的劳动报酬，必须为劳动者缴纳基本养老保险、失业保险、医疗保险、工伤保险，企业不为试用期劳动者缴纳社保属"欠保"违法行为。社会保险是国家为员工的生活、医疗保障而实行的强制性保险。所谓强制性，就是由法律法规直接对双方的权利义务作出规定，双方当事人不得自由协商。因此，社会保险是否缴纳、如何缴纳都不是用人单位与员工之间可以相互商量的事宜，用人单位应该按照法律法规的规定执行。即使双方有书面约定，只要与法律法规强制性规定相违背，约定也是违法的，定约双方还是应该按照法律法规来执行。

结合本案，单位不给小凌缴纳试用期的社会保险违反了法律规定，小凌可向用人单位主张为其补缴两个月的社会保险费。因单位未给小凌缴纳试用期的社会保险费用，除要求补缴两个月的社会保险费用外，小凌可解除与单位的劳动合同，并要求按《劳动合同法》第47条的规定向其支付经济补偿。

法律法规：

《劳动合同法》第7条规定，用人单位自用工之日起即与劳动者建立劳动关系。用人单位应当建立职工名册备查。

《劳动合同法》第19条规定，劳动合同期限三个月以上不满一年的，试用期不得超过一个月；劳动合同期限一年以上不满三年的，试用期不得超过二个月；三年以上固定期限和无固定期限的劳动合同，试用期不得超过六个月。

同一用人单位与同一劳动者只能约定一次试用期。

以完成一定工作任务为期限的劳动合同或者劳动合同期限不满三个月的，不得约定试用期。

试用期包含在劳动合同期限内。劳动合同仅约定试用期的，试用期不成立，该期限为劳动合同期限。

《劳动合同法》第38条规定，用人单位未依法为劳动者缴纳社会保险费的，劳动者可以解除劳动合同。

《劳动合同法》第46条规定，用人单位未依法为劳动者缴纳社会保险费，劳动者可以解除劳动合同，用人单位应当向劳动者支付经济补偿。

《劳动合同法》第47条规定，经济补偿按劳动者在本单位工作的年限，每满一年支付一个月工资的标准向劳动者支付。六个月以上不满一年的，按一年计算；不满六个月的，向劳动者支付半个月工资的经济补偿。

劳动者月工资高于用人单位所在直辖市、设区的市级人民政府公布的本地区上年度职工月平均工资三倍的，向其支付经济补偿的标准按职工月平均工资三倍的数额支付，向其支付经济补偿的年限最高不超过十二年。

风险提示：

试用期内用工单位不为员工缴纳社会保险这是大多数企业存在的用工误区。实践中，企业不给试用期员工缴纳社会保险或者少缴纳社会保险的情况比较普遍。

但是，根据有关法律规定，用工单位不为试用期员工办理社会保险，存在着诸多法律风险。①根据《劳动合同法》第19条规定，试用期包含在劳动合同期限内。劳动关系自用工之日起建立，在试用期间，用人单位和劳动者同样存在劳动关系。依据《社会保险法》规定，及时为劳动者缴纳社会保险费是用人单位的法定义务。②员工可解约并索赔：自用工之日起，未给试用期员工缴纳社会保险，违反《劳动合同法》第38条第3款，员工可以随时提出解除劳动合同，并可以要求用人单位支付经济补偿金。③单位要补缴并罚滞纳金：劳动者可以向社保经办机构进行投诉，要求用人单位为其补缴社会保险费，社保经办机构在征缴社会保险费的同时，会加收一部分滞纳金。④员工发生法定情形，单位全赔：如果劳动者在试用期间发生重大疾病、工伤事故等意外状况，产生巨额赔偿费用，应由用人单位自行承担，单位只能自咽苦果。

因此，用人单位不能因为劳动者的试用期身份而对社会保险的缴纳加以限制，与其他已经过试用期的劳动者区别对待。既然试用期属于劳动合同期限的范围，社保法又有强制性的要求，员工就有权享受各项社会保险，即养老保险、医疗保险、工伤保险等。对于企业而言，如果不为员工缴纳社会保险只会带来巨大的法律风险，用人单位应当为试用期员工缴纳社会保险，纠正试用期满"转正"后才能享受社保的观念。而对于员工来说，如果用人单位未在试用期为其缴纳社保，应积极与用人单位协调沟通，维护自己的合法权益。

案例三　试用期——谁动了我的荷包

案例内容：

刘某于 2015 年到一家公司工作，口头约定 2015 年每月工资为 3600 元，2016 年每月工资为 3800 元。但 2015 年 12 月，该公司以刘某还处于试用期为由，仅按月工资 3000 元的标准发放了工资。2016 年 1 月，刘某试用期期满，工资调整为每月 3800 元。后刘某提出辞职，并要求该公司补齐拖欠他的 2015 年 12 月的工资差额 600 元。该公司认为，公司的人事制度第 5 条规定："初次入职员工的试用期为 3 个月，试用期期间的月工资为 3000 元"，因此不存在拖欠刘某工资的情况。

案例评析：

这起争议的焦点在于，双方是否约定了试用期？劳动报酬问题是以公司的制度规定为准？还是以双方的口头约定为准？对此存在不同意见。

首先，在双方是否存在试用期的问题上，《劳动部办公厅对〈关于劳动用工管理有关问题的请示〉的复函》（劳办发〔1996〕5 号）对试用期作了如下的定义："试用期是用人单位和劳动者建立劳动关系后为相互了解、选择而约定的不超过六个月的考察期。"《劳动法》第 21 条以及《劳动合同法》第 19 条的规定可知，试用期条款是约定条款，包含在劳动合同的期限内，必须由双方当事人依法充分协商，取得一致才能成立。任何一方都不得把自己的意志强加给另一方。本案中，双方未签订劳动合同，公司在没有明确的劳动合同期限约定的情况下，以规章制度的形式强迫刘某接受 3 个月试用期的规定，该规章制度不具有法律效力，不能作为认定双方存在试用期的依据。

其次，对于劳动报酬问题，在工资约定不明的情况下，工资数额可由用人单位与劳动者协商确定。协商不成的，适用集体合同规定。没有集体合同或者集体合同未规定劳动报酬的，应当实行同工同酬。本案不存在工资约定不明的情况，双方已口头约定月工资为3600元，故被告应按月工资3600元补足欠付工资的差额部分。

综上所述，这起争议中双方未签订劳动合同，不存在试用期的约定。该公司单方确定刘某的试用期，并以此为由扣发其工资，违反了劳动法律规定，应补发刘某工资差额600元。

法律法规：

《劳动部办公厅对〈关于劳动用工管理有关问题的请示〉的复函》（劳办发〔1996〕5号）对试用期作了如下的定义："试用期是用人单位和劳动者建立劳动关系后为相互了解、选择而约定的不超过六个月的考察期。"

《中华人民共和国劳动法》第21条规定："劳动合同可以约定试用期。试用期最长不得超过六个月。"

《中华人民共和国劳动合同法》第19条对试用期期限有了更为具体的规定："劳动合同期限三个月以上不满一年的，试用期不得超过一个月；劳动合同期限一年以上不满三年的，试用期不得超过两个月；三年以上固定期限和无固定期限的劳动合同，试用期不得超过六个月。"

风险提示：

1. 口头约定试用期是否可行？首先，要明确的是这种口头约定是无效的。根据《劳动合同法》第10条规定，建立劳动关系，应当订立书面劳动合同。

已建立劳动关系，未同时订立书面劳动合同的，应当自用工之日起一个月内订立书面劳动合同。

用人单位与劳动者在用工前订立劳动合同的，劳动关系自用工之日起建立。

所以，建立劳动关系，应当订立书面劳动合同，且应当自用工之日起一个月内订立书面劳动合同。试用期包含在劳动合同期限内。口头约定试用期是不合法的，因而是无效的。

2. 试用期只是口头约定了，没有证据怎么办？劳动者也可以通过其他证据来佐证劳动双方的事实劳动关系，举证证明劳动者与用人单位之间存在劳动合同关系，通常需要的证据材料包括如下：

（1）劳动者工作内容的证据，如电子文本、资料、与公司相关的其他资料；

（2）劳动者工作的相关标识，如工作信签、员工牌、员工服装等与公司相关的任何证明；

（3）公司给劳动者的制度依据，最好是盖章或印刷整套、册的资料，比如员工手册、财务制度、员工名册等；

（4）公司正式员工或领导与劳动者交流的资料，比如工作安排、书面通知、电子邮件的通知等；

（5）劳动者可以尝试与公司主管领导对话，然后录音，并将领导的名字在录音材料里面体现，否则，劳动争议仲裁委员会很难确认录音材料的真实性；

（6）劳动者可以通过人证，其他离开公司的员工的证言，证明劳动者在公司上班；

（7）其他能与公司有关的材料（工作署名的文件），均可作为证据使用。

关于试用期工资约定不明的情况，根据《劳动合同法》第8条规定，劳动合同对劳动报酬和劳动条件等标准约定不明确，引发争议的，用人单位与劳动者可以重新协商；协商不成的，适用集体合同规定；没有集体合同或者集体合同未规定劳动报酬的，实行同工同酬；没有集体合同或者集体合同未规定劳动条件等标准的，适用国家有关规定。

第20条规定，劳动者在试用期的工资不得低于本单位相同岗位最低档工资或者劳动合同约定工资的百分之八十，并不得低于用人单位所在地的最低工资标准。

总而言之，求职者在求职过程中要非常重视劳动合同的签订问题，不能想当然地以为口头承诺即可实现，常话说"空口无凭"，如果不及时、规范地与用人单位签订合法的劳动合同，就难免会带来许多不必要的麻烦。

■第四单元　服务期纠纷

案例一　虚开病假条不是小事一桩

案例内容：

刚从大学毕业的小张，与一家服务公司签订了劳动合同。有一次，小张得了肠炎，跟单位请假要求休息，单位要求小张提供医生开具的病假条。于是小张到医院要求医生开具病假条，但是医生开具了一周的假条之后就不再开具了。小张还想在家里多歇息一周，于是千方百计弄到了空白病假条，模仿医生的笔迹又多开了一周的病假证明，认为虚开病假条没什么大不了。请问，小张的行为是否合法？

案例评析：

根据我国的法律规定，劳动合同是用人单位与劳动者订立的载明双方权利义务的协议。协议一旦订立，双方应当本着诚实信用、互谅互让的精神履行合同。如果劳动合同的一方当事人违背诚实信用的原则，利用虚假的材料骗取利益都是与法律的基本精神相违背的，都是不可取的。

不仅如此，我国《劳动合同法》规定，劳动者应当遵守用人单位制定的规章制度，不能违反之，这也是劳动者需要履行的合同义务之一。《劳动合同法》甚至在第 39 条规定，如果严重违反用人单位的规章制度，用人单位可以解除劳动合同。

因此，小张的行为是不合法的，并且还可能导致不利后果。

法律规定：

《企业职工患病或非因工负伤医疗期规定》第 5 条规定，企业职工在医疗期内，其病假工资、疾病救济费和医疗待遇按照有关规定执行。

《劳动合同法》第 39 条规定，劳动者有下列情形之一的，用人单位可以解除劳动合同：

（一）在试用期间被证明不符合录用条件的；

（二）严重违反用人单位的规章制度的；

（三）严重失职，营私舞弊，给用人单位造成重大损害的；

（四）劳动者同时与其他用人单位建立劳动关系，对完成本单位的工作任务造成严重影响，或者经用人单位提出，拒不改正的；

（五）因本法第26条第1款第1项规定的情形致使劳动合同无效的；

（六）被依法追究刑事责任的。

风险提示：

1. 劳动者在用人单位服务过程中，一定要遵守单位有关出勤的规定，诚实无欺，特别是不要存在侥幸心理，开立虚假的假条。一经查实，将面临解除劳动合同的风险。

2. 劳动者病休期间，用人单位应当根据劳动合同法或者集体约定的标准支付病假工资，但用人单位支付病假工资不得低于国家或者地方法律规定的支付标准，否则将会面临劳动仲裁和诉讼的风险。

案例二　加班费该不该要？

案例内容：

学习酒店管理专业的董某从高校毕业之后，立志从酒店服务做起，经过网络渠道找到了一份酒店服务的工作。酒店与董某签订的劳动合同规定，董某每天工作7小时。由于酒店的工作性质，董某经常被要求加班，每天加班2小时，节假日也是轮休，轮到值班就需要上班。董某通过网上学习，了解到加班需要给付加班费，于是向单位要说法，酒店解释说，酒店旺季的时候就需要加班，这是酒店惯例，如果受不了就可以不干。那么，酒店不给付加班费的做法是否合法？董某如何维护自己的合法权益？

案例评析：

所谓加班费，是指劳动者按照用人单位生产和工作的需要在规定工作时间之外继续生产劳动所应获得的劳动报酬。劳动者加班，延长了工作时间，增加了额外的劳动量，应当得到合理的报酬。我国《劳动合同法》第31条明确规定，用人单位应当严格执行劳动定额标准，不得强迫或者变相强迫劳动者加班。用人单位安排加班的，应当按照国家有关规定向劳动者支付加班费。因此，酒店安排加班又不给付加班费的做法违反了法律的规定。

劳动者的合法权益受到侵害的，有权要求有关部门依法处理，或者依法申请仲裁、提起诉讼。董某可以向当地的劳动行政主管部门举报用人单位的违法行为，要求其进行改正，也可以直接提起劳动仲裁，不服劳动仲裁的，可以向法院提起诉讼。

法律规定：

《劳动合同法》第31条规定，用人单位安排加班的，应当按照国家有关规定向劳动者支付加班费。

《最高人民法院关于审理劳动争议案件适用法律若干问题的解释（三）》第9条规定，劳动者主张加班费的，应当就加班事实的存在承担举证责任。

《劳动法》第44条规定，有下列情形之一的，用人单位应当按照下列标准支付高于劳动者正常工作时间工资的工资报酬：

（一）安排劳动者延长工作时间的，支付不低于工资的百分之一百五十的工资报酬；

（二）休息日安排劳动者工作又不能安排补休的，支付不低于工资的百分之二百的工资报酬；

（三）法定休假日安排劳动者工作的，支付不低于工资的百分之三百的工资报酬。

风险提示：

1. 作为用人单位，应当注意按时足额支付加班费，否则可能面临行政查处和诉讼的风险。

2. 劳动者应当注意保留加班的直接证据。因为一般劳动者通常会等到与单位解除劳动合同之后才向单位索要加班费，但是如果之前没有留存相关直接证据的话，可能面临败诉的风险。

案例三　单位单方面调岗，怎么办？

情形1　调整工作岗位，变更工作地点

大学毕业生小刘与一家销售公司签订了一份三年期的书面劳动合同，合同约定，刘某的工作地点为甲公司所属的分公司，A市分公司大卖场，工作岗位是该卖场的销售人员。合同履行了一年之后，甲公司通知刘某由于内部人事变动，刘某的工作岗位进行了相应的调整，工作地点变更到了B市分公司大卖场，工作岗位还是卖场的销售人员。小刘十分苦恼，不知道是不是要前往B市上班，因为B市离他原来工作生活的A市大约有100公里的车程。问：小刘可以拒绝甲公司前往B市上班吗？甲公司的做法对吗？

情形2   调整工作岗位，降低薪金

大学毕业生小王毕业后入职某技术公司，双方签订了为期两年的劳动合同，约定小王是程序员，每个月的工资是4500元。一年过后，某技术公司向小王送达了一份调整岗位通知书，载明因公司内部人员调整，小王的工作岗位调整为程序员助理，同时，月工资调整为4000元。小王拒绝公司单方面作出的调整。那么，单位单方面调整工作岗位和调低薪金是否合适？小王是否有权拒绝单位这类行为？

情形3   调整工作岗位，变更工作内容

大学毕业生小张与某科技公司签订为期三年的劳动合同，合同约定，小张的工作岗位是技术人员，月工资收入6000元。合同履行了两年之后，某科技公司通知小张说公司由于岗位调整，小张的工作岗位将发生变化，变更为销售人员，工作内容由之前的软件设计和开发，转变为销售人员，月工资也由原来的6000元变更为3000元加销售提成奖金。那么，小张是否可以要求公司按照原来的劳动合同履行，拒绝单位单方面作出的工作岗位调整呢？小张又有什么维权手段呢？

案例评析：

工作岗位属于劳动合同中约定的必备条款要求，也是双方事实劳动合同的不可或缺的必要内容。实践中，用人单位因为经营的需要，可能会对员工的工作岗位进行一些变动和调整，对劳动者的工作岗位进行调整也是属于用人单位经营自主权的范围之内。同时，工作岗位的调整直接涉及劳动者的切身利益，也关系到劳动者的合法权益。所以，单位在进行劳动者岗位的调整不能滥用此项权利，更不能以此项权利作为逼迫员工辞职的手段。《劳动合同法》第35条第1款规定，用人单位和劳动者协商一致，可以变更劳动合同约定的内容。变更劳动合同，应当采用书面形式。如果单位单方面变更劳动合同约定的有关工作岗位和薪金的内容，不合理地损害了劳动者的合法权益，应当视为不合理变更。比如在第一种情形中，变更了工作地点，使劳动者的生活工作环境发生了难以适应的变化，这种变更属于不合理的变更；第二种情形中对工作岗位进行了调整，调低了薪金，这种情况也属于不合理的变更；第三种情形中工作岗位调整之后的情况是工作的内容与预期的不一致，同时薪金降低了，也属于不合法、不合理的变更。

因此，劳动者可以就单位单方面的调岗行为进行协商，达成双方都可以接受的条件；劳动者也可以拒绝单位不合理的调整工作岗位的单方行为，要求单位履行原合同规定的工作岗位和薪金标准；劳动者也可以以此为由要求解除劳动合同，并要求单位给予经济补偿金。

法律规定：

《劳动合同法》第 35 条规定，用人单位与劳动者协商一致，可以变更劳动合同约定的内容。变更劳动合同，应当采用书面形式。

变更后的劳动合同文本由用人单位和劳动者各执一份。

《劳动合同法》第 38 条规定，用人单位有下列情形之一的，劳动者可以解除劳动合同：

（一）未按照劳动合同约定提供劳动保护或者劳动条件的；

（二）未及时足额支付劳动报酬的；

（三）未依法为劳动者缴纳社会保险费的；

（四）用人单位的规章制度违反法律、法规的规定，损害劳动者权益的；

（五）因本法第 26 条第 1 款规定的情形致使劳动合同无效的；

（六）法律、行政法规规定劳动者可以解除劳动合同的其他情形。

用人单位以暴力、威胁或者非法限制人身自由的手段强迫劳动者劳动的，或者用人单位违章指挥、强令冒险作业危及劳动者人身安全的，劳动者可以立即解除劳动合同，不需事先告知用人单位。

风险提示：

1. 用人单位在作出不利于劳动者的调岗决定的时候，应当与劳动者进行协商，否则可能产生相应的法律风险。

2. 劳动者面临用人单位不合理的调岗调薪的决定时，应当及时主张自己的合法权益。

案例四 自愿放弃社保的声明是否有效？

案例内容：

小张大学毕业后，就职于一家科技服务公司。刚签完劳动合同之后，人事部门的负责人给他拿来了一份声明，要求小张签上自己的名字。小张一看内容，上面写着：本人自愿放弃用人单位给我缴纳社保，单位以补助的形式将社保资金以工资的形式进行发放，本人自行缴纳社保。小张心想，这不都是一样的吗？钱放在社保基金里和拿在自己手里都是自己的。于是，小张签了这份声明。几个月后，小张离职了，他问原单位社保的事情，原单位说你自己自愿放弃社保了，本单位没有义务给你补缴社保。那么，小张自愿放弃社保是否有效？小张可否主张原单位为其补缴社保？

案例评析：

社会保险费是指由用人单位及其职工和以个人身份参加社会保险并缴纳的社会保险费，包括基本养老保险费、基本医疗保险费、工伤保险费、失业保险费和生育保险费。用人单位需缴纳的社会保险费包括基本养老保险基金、基本医疗保险基金、工伤保险基金、失业保险基金和生育保险基金；职工需缴纳基本养老保险费、基本医疗保险费和失业保险费。依照我国有关法律的规定，用人单位应当为员工按时足额缴纳社会保险费。这属于法律的强制性规定。用人单位和劳动者双方约定以补助的形式免除单位缴纳社会保险的责任不符合法律的强制性规定。根据我国《合同法》的规定，这样的约定属于无效。因此，小张的声明无效。原单位需要为小张补缴社会保险，当然小张也需要退回原单位已经发放的补助款。原单位的主张法院不会支持。

实践中，如果用人单位没有按时足额缴纳社会保险费，那么将会损害劳动者的既得利益。当劳动者发现自己合法权益遭受侵害时，可以随时向用人单位主张权利，要么通过行政程序，向社保部门、劳动监察部门等单位投诉，要求敦促用人单位补交社会保险费；要么通过司法程序，在无法补办的情况下，向人民法院提起诉讼，要求用人单位承担赔偿责任。

法律规定：

《社会保险法》第 12 条规定，用人单位应当按照国家规定的本单位职工工资总额的比例缴纳基本养老保险费，记入基本养老保险统筹基金。

职工应当按照国家规定的本人工资的比例缴纳基本养老保险费，记入个人账户。

《社会保险法》第 23 条规定，职工应当参加职工基本医疗保险，由用人单位和职工按照国家规定共同缴纳基本医疗保险费。

《社会保险法》第 33 条规定，职工应当参加工伤保险，由用人单位缴纳工伤保险费，职工不缴纳工伤保险费。

《社会保险法》第 44 条规定，职工应当参加失业保险，由用人单位和职工按照国家规定共同缴纳失业保险费。

《社会保险法》第 53 条规定，职工应当参加生育保险，由用人单位按照国家规定缴纳生育保险费，职工不缴纳生育保险费。

《社会保险法》第 58 条　用人单位应当自用工之日起 30 日内为其职工向社会保险经办机构申请办理社会保险登记。未办理社会保险登记的，由社会保险经办机构核定其应当缴纳的社会保险费。

风险提示：

1. 作为用人单位，应当了解为职工缴纳社会保险是法律规定的强制性的法定义务，不能通过劳动者声明放弃而免除。否则，将会面临行政查处、诉讼的法律风险。

2. 作为劳动者，也不要轻易签订所谓的自愿放弃单位为自己缴纳社会保险的声明。这是用人单位利用劳动者不懂法的弱点或者贪小便宜的心理，以向劳动者支付"额外补助"的方式免除其应承担的缴纳社保费的法定义务而且这对于自己的伤害是长远的。虽然在法律上这种声明是无效的，但是劳动者需要付出精力、时间和财力去主张自己的合法权益。

案例五　单位未缴纳生育保险，怎么办?

案例内容：

大学生小花大学毕业之后在某建筑工程有限公司从事财务工作，上班一年之后，小花被查出怀有身孕，产假过后，小花返回公司要求报销产前检查费用和生育医疗费用。但是公司告知，因为没有为其缴纳生育保险，因此，小花的上述费用无法报销，只能由小花自己承担。小花不知道怎么办?

案例评析：

生育保险是国家通过立法对于因生育而中断劳动的职业妇女由国家或者社会给予物质帮助的法律制度。生育保险主要包括两项：一是生育津贴；二是生育医疗待遇。

根据我国法律规定，职工应当参加生育保险，由用人单位按照国家规定缴纳生育保险费，职工不缴纳生育保险费。用人单位已经缴纳生育保险费的，其职工享受生育保险待遇；职工未就业配偶按照国家规定享受生育医疗费用待遇。所需资金从生育保险基金中支付。用人单位应当依法为劳动者缴纳生育保险，未按照法律规定缴纳生育保险的，用人单位应当按照生育保险规定的项目和标准支付女职工生育保险待遇；生育保险待遇包括生育医疗费用和生育津贴。

在本案例中，小花在职期间，公司未为其依法缴纳生育保险，公司应当支付小花相应的生育保险待遇，故公司应当支付小花产前检查费用及生育医疗费用。近年来，对女性职工，特别是刚毕业的大学生权益保护日渐完善，但依然有不少企业里的女性劳动者权益受到损害，因此大学生，尤其是女大学生应当了解劳动法律法规对于自身权益保护的规定。

法律规定：

《社会保险法》第53条规定，职工应当参加生育保险，由用人单位按照国家规定缴纳生育保险费，职工不缴纳生育保险费。

《社会保险法》第54条规定，用人单位已经缴纳生育保险费的，其职工享受生育保险待遇；职工未就业配偶按照国家规定享受生育医疗费用待遇。所需资金从生育保险基金中支付。

生育保险待遇包括生育医疗费用和生育津贴。

《社会保险法》第55条规定，生育医疗费用包括下列各项：

（一）生育的医疗费用；

（二）计划生育的医疗费用；

（三）法律、法规规定的其他项目费用。

风险提示：

1. 用人单位应当按照法律规定给在职职工缴纳生育保险，否则在发生生育医疗费用时单位仍然需要支付相关费用。

2. 女职工本人由于生育享有生育津贴和生育医疗费报销待遇，这些费用都属于生育保险基金支付的。如果生育医疗费不是由医疗单位及时划扣的话，劳动者需要保留好医疗单据，及时申请生育医疗费用的报销事宜，否则存在医疗费用单据灭失和超过报销时限的风险。

案例六　超过申诉时效，工伤认定怎么办？

案例内容：

大学生小张从大学毕业之后，就到了一家塑料加工厂工作，双方签订了为期三年的劳动合同。但是，半年后，小张在工作中不幸被车床压中手部且手指受伤严重，用人单位认可小张是在工作中受伤的事实，但是也没有给小张申请工伤认定。小张也一直在家休养，没有去申请工伤鉴定。一年半后，小张向区人保局提出工伤认定申请。那么该工伤申请是否超过申请时效？如果超过申请时效，无法鉴定工伤，小张应当怎么办？单位答复小张，由于小张没有在规定的期限内提出工伤申请，因此工伤导致的一切费用将自理，与单位无关。

案例评析：

工伤是指职业伤害，所造成的直接后果是伤害到职工生命健康，并由此造成职工及家庭成员的精神痛苦和经济损失。工伤保险是社会保险制度的重要组成部分，是指国家和社会为了在生产、工作中遭受事故伤害和职业病的劳动者及亲属提供医疗救治、生活保障、经济补偿、医疗和职业康复等物质帮助的一种社会保障制度。职工工伤后不仅遭受身体损害，有时还有可能因不及时维权而丧失获得赔偿的权利。

依据《中华人民共和国工伤保险条例》的规定，用人单位未按规定提出工伤认定申请的，工伤职工或者其近亲属、工会组织在事故伤害发生之日或者被诊断、鉴定为职业病之日起1年内，可以直接向用人单位所在地统筹地区社会保险行政部门提出工伤认定申请。解决劳动争议的时间，不计算在工伤认定申请时限内。按照上述规定，从事故发生到小张提出工伤申请，大约有一年半的时间，而且期间没有提出过劳动争议的仲裁或者诉讼。那么按照上述法律的规定，小张已经超过了工伤申请的时效。对于超过申请时效的，区人社局是不会再受理该申请了。那么小张就丧失了从国家工伤保险基金当中获得相关待遇的权利。

但是我国法律同样规定，用人单位未在规定的时限内提交工伤认定申请，在此期间发生符合本条例规定的工伤待遇等有关费用由该用人单位负担。该条指明，用人单位没有在规定的期限内提出工伤申请，导致劳动者无法从社保基金获得的工伤待遇将由用人单位承担。

法律规定：

《工伤保险条例》第17条规定，职工发生事故伤害或者按照职业病防治法规定被诊断、鉴定为职业病，所在单位应当自事故伤害发生之日或者被诊断、鉴定为职业病之日起30日内，向统筹地区社会保险行政部门提出工伤认定申请。遇有特殊情况，经报社会保险行政部门同意，申请时限可以适当延长。

用人单位未按前款规定提出工伤认定申请的，工伤职工或者其近亲属、工会组织在事故伤害发生之日或者被诊断、鉴定为职业病之日起1年内，可以直接向用人单位所在地统筹地区社会保险行政部门提出工伤认定申请。

按照本条第1款规定应当由省级社会保险行政部门进行工伤认定的事项，根据属地原则由用人单位所在地的设区的市级社会保险行政部门办理。

用人单位未在本条第1款规定的时限内提交工伤认定申请，在此期间发生符合本条例规定的工伤待遇等有关费用由该用人单位负担。

风险提示：

1. 用人单位应当在职工发生工伤之后及时提出工伤认定申请，否则将自行承担职工由于工伤引起的工伤待遇等费用。

2. 劳动者在单位没有提出工伤认定申请的时候应当在事故发生之日或者被诊断、鉴定为职业病之日起1年内提出工伤认定申请，否则，如果单位拒绝支付相关费用的话，劳动者只能向法院提起诉讼要求用人单位支付。

案例七　因个人恩怨起纠纷导致受伤，是否属于工伤？

案例内容：

大学生小张毕业之后就职于一家广告公司，一次，小张的同事小王和另一同事在相邻隔间讨论新播出的电视剧，声音很大，影响了小张工作，小张于是就让小王说话小声点。小王听了小张的话之后，径直跑到小张的工位上，对准小张的脸就是几拳。经医院诊断，小张的伤势较为严重，鼻骨骨折。小张认为自己在工作单位且在工作期间遭受伤害，属于工伤，让单位提出工伤认定申请。单位认为小张这种情况不算工伤，不予提出工伤申请。两方谁说得对呢？小张的权利如何获得救济呢？

案例评析：

根据《工伤保险条例》第 14 条第 3 项规定，职工在工作时间和工作场所内，因履行工作职责受到暴力等意外伤害的，应当认定为工伤。从上述规定可以看出，不是所有的在工作时间和工作场所内遭受的暴力伤害均属于工伤，而是应当考虑该伤害是否因他人不服从其履行工作职责的管理行为而受到暴力侵害造成伤害，且该暴力伤害与履行工作职责具有因果关系。其他的伤害，比如职工因情感、恩怨等与履行工作无关原因遭受暴力侵害的，可考虑不属于因履行工作职责受到的伤害。

上述案例中，小张和小王因为说话声音大小问题发生纠纷，并且小张因此而受伤，小张所受暴力伤害与履行自身的工作职责无关，不属于因履行工作职责受到暴力等伤害的情形。那么此种情况就不应当认定为工伤。

此种情况虽然不属于工伤，小张不能主张工伤保险待遇，但是由于该伤害是小王造成的，小张可以要求小王承担相应的民事侵权责任。除此之外，小王的行为如果违反了单位的规章制度，还可能受到单位的内部惩戒。

法律规定：

《工伤保险条例》第 14 条规定，职工有下列情形之一的，应当认定为工伤：

（一）在工作时间和工作场所内，因工作原因受到事故伤害的；

（二）工作时间前后在工作场所内，从事与工作有关的预备性或者收尾性工作受到事故伤害的；

（三）在工作时间和工作场所内，因履行工作职责受到暴力等意外伤害的；

（四）患职业病的；

（五）因工外出期间，由于工作原因受到伤害或者发生事故下落不明的；

（六）在上下班途中，受到非本人主要责任的交通事故或者城市轨道交通、客运轮渡、火车事故伤害的；

（七）法律、行政法规规定应当认定为工伤的其他情形。

风险提示：

1. 劳动者应当避免在工作场所内情绪激动，导致因个人恩怨做出暴力伤害同事的行为，对于这样的行为后果社会保险基金和用人单位都不会买单，自己需要承担相应的民事责任、行政责任，甚至刑事责任。

2. 劳动者应当妥善处理工作场所内的个人恩怨，因个人恩怨导致自身受伤不算工伤，用人单位不会为伤者买单，需要自己通过法律途径解决纠纷，挽回损失。

案例八　提前下班途中受到"非市人主要责任"交通事故，是否属于工伤？

案例内容：

小夏大学毕业后就职于一家技术研发公司，一天，小夏完成工作任务后提前15分钟下班，骑车至某路段时发生交通事故导致腿部严重受伤，经某公安局交通大队认定，小夏负该事故的次要责任。小夏请求公司为其提出工伤认定申请，但是公司人力资源的负责人告诉小夏因为小夏提前下班，这种情况不算工伤，无权申请工伤鉴定。小夏认为，自己虽然提前下班，但是确实是在下班途中引起的交通事故导致受伤，应当认定为工伤。用人单位和小夏的说法，到底谁说得对呢？

案例评析：

根据我国法律规定，在上下班途中，受到非本人主要责任的交通事故或者城市轨道交通、客运轮渡、火车事故伤害的，属于工伤。本案中，小夏在事故当天完成工作任务后提前15分钟下班，在下班途中发生交通事故，而且在事故认定责任上并不承担主要责任，符合工伤的法定条件，属于工伤。用人单位认为小夏提前下班，没有遵守单位的规章制度，其发生道路交通事故的责任应由本人承担，不应属于工伤。但是，根据我国的法律规定，提前下班行为属于违反劳动纪律的行为，应当受到劳动纪律的约束、处罚，但这种行为并不影响当事人实质下班的性质，当然也不影响工伤的认定结果。

法律规定：

《工伤保险条例》第14条规定，职工有下列情形之一的，应当认定为工伤：

（一）在工作时间和工作场所内，因工作原因受到事故伤害的；

（二）工作时间前后在工作场所内，从事与工作有关的预备性或者收尾性工作受到事故伤害的；

（三）在工作时间和工作场所内，因履行工作职责受到暴力等意外伤害的；

（四）患职业病的；

（五）因工外出期间，由于工作原因受到伤害或者发生事故下落不明的；

（六）在上下班途中，受到非本人主要责任的交通事故或者城市轨道交通、客运轮渡、火车事故伤害的；

（七）法律、行政法规规定应当认定为工伤的其他情形。

风险提示：

1. 用人单位应当熟悉法律的规定，维护劳动者的合法权益，否则可能因为不懂劳动法的具体规定而耗费不必要的人力、物力和财力。

2. 劳动者应当遵守用人单位的规章制度，否则容易在申请工伤待遇的时候遭到单位拒绝，引起不必要的法律纠纷。

案例九　工伤治疗期间，用人单位是否应当按照原标准发放工资？

案例内容：

小刘是一名大学生，毕业之后就参加了工作，在一家民营企业上班，每月工资是 5600 元。后来，小刘在上班途中因公交车发生交通事故导致受伤，被医院诊断为左肘关节开放性脱位、左肱动静脉断裂。在小刘受伤治疗的半年里，所在单位每月给小刘发放了基本工资 2100 元。小刘的同学小张认为，小刘单位给小刘的工资不符合法律规定，应当按照受伤前的工资予以支付，而不是按照基本工资支付。小张的说法是否正确？小刘可以要求单位按照原标准发放工伤期间的工资吗？

案例评析：

职工工伤后，可以依照相关规定，享受工伤待遇。根据我国法律规定，职工因工作遭受事故伤害或者患职业病进行治疗，享受工伤医疗待遇。我国法律进一步规定，职工因工作遭受事故伤害或者患职业病需要暂停工作接受工伤医疗的，在停工留薪期内，原工资福利待遇不变，由所在单位按月支付。停工留薪期一般不超过 12 个月。伤情严重或者情况特殊，经设区的市级劳动能力鉴定委员会确认，可以适当延长，但延长不得超过 12 个月。

因此，本案中小刘的同学小张认为用人单位应当支付小刘原工资待遇是有法律依据的，并不是信口开河。那么在本案中，用人单位在小刘的工伤治疗期内仅仅支付基本工资是不合法的。

法律规定：

《工伤保险条例》第30条规定，职工因工作遭受事故伤害或者患职业病进行治疗，享受工伤医疗待遇。

《工伤保险条例》第33条规定，职工因工作遭受事故伤害或者患职业病需要暂停工作接受工伤医疗的，在停工留薪期内，原工资福利待遇不变，由所在单位按月支付。

停工留薪期一般不超过12个月。伤情严重或者情况特殊，经设区的市级劳动能力鉴定委员会确认，可以适当延长，但延长不得超过12个月。工伤职工评定伤残等级后，停发原待遇，按照本章的有关规定享受伤残待遇。工伤职工在停工留薪期满后仍需治疗的，继续享受工伤医疗待遇。

风险提示：

1. 在劳动者工伤治疗期间，用人单位应当依据法律规定按照原工资标准发放停工留薪期工资，否则可能面临诉讼的风险。

2. 劳动者应当留存有关工资发放具体数额的原始凭证，因为一旦工伤发生，用人单位和劳动者各执一词就很难确定准确的工资数额，这样就可能导致不利于劳动者的情况发生。

案例十　工伤治疗之后，哪些费用可以享有工伤待遇?

案例内容：

小宁是一名大学生，毕业之后就在一家塑料制品加工工厂工作。后来，小宁在单位工作时的一次生产事故中导致左眼失明，劳动部门认定工伤等级为七级。小宁受伤之后，积极进行治疗，手边也积累了大量的医疗单据，包括手术费用、住院费用、义眼费用、交通费用、伙食费等。在工伤治疗期间，小宁还手术治疗了自己的肾结石，但是小宁不清楚哪些费用可以通过工伤保险基金报销?

案例评析：

《工伤保险条例》第30条规定，职工因工作遭受事故伤害或者患职业病进行治疗，享受工伤医疗待遇。

根据我国相关法律的规定，从工伤保险基金中支付的费用包括治疗工伤的医疗费用、康复费用、住院伙食补助费、到统筹地区以外就医的交通食宿费、安装配置伤残辅助器具所需费用；生活不能自理的，经劳动能力鉴定委员会确认的生活护理费、一次性伤残补助金和一至四级伤残职工按月领取的伤残津贴、劳动能力鉴定费。结合本案，工伤职工小宁可以享有的工伤保险待遇包括：治疗工伤的手术费用、义眼费用、住院伙食补助费、交通费用等。小宁治疗肾结石的相关费用不能通过工伤保险基金支付，只能通过基本医疗保险支付。

法律规定：

《社会保险法》第36条规定，职工因工作原因受到事故伤害或者患职业病，且经工伤认定的，享受工伤保险待遇。

《社会保险法》第38条规定，因工伤发生的下列费用，按照国家规定从工伤保险基金中支付：

（一）治疗工伤的医疗费用和康复费用；

（二）住院伙食补助费；

（三）到统筹地区以外就医的交通食宿费；

（四）安装配置伤残辅助器具所需费用；

（五）生活不能自理的，经劳动能力鉴定委员会确认的生活护理费；

（六）一次性伤残补助金和一至四级伤残职工按月领取的伤残津贴；

（七）终止或者解除劳动合同时，应当享受的一次性医疗补助金；

（八）因工死亡的，其遗属领取的丧葬补助金、供养亲属抚恤金和因工死亡补助金；

（九）劳动能力鉴定费。

《工伤保险条例》第30条规定，职工因工作遭受事故伤害或者患职业病进行治疗，享受工伤医疗待遇。

治疗工伤所需费用符合工伤保险诊疗项目目录、工伤保险药品目录、工伤保险住院服务标准的，从工伤保险基金支付。工伤保险诊疗项目目录、工伤保险药品目录、工伤保险住院服务标准，由国务院社会保险行政部门会同国务院卫生行政部门、食品药品监督管理部门等部门规定。

职工住院治疗工伤的伙食补助费，以及经医疗机构出具证明，报经办机构同意，工伤职工到统筹地区以外就医所需的交通、食宿费用从工伤保险基金支付，基金支付的具体标准由统筹地区人民政府规定。

工伤职工治疗非工伤引发的疾病，不享受工伤医疗待遇，按照基本医疗保险办法处理。

风险提示：

1. 劳动者应当留存并妥善保存工伤治疗期间的相关医疗费用和其他费用的单据，以供后续使用工伤保险基金报销。

2. 对于不能通过工伤保险基金支付的单据也不能随意丢弃，考虑这部分费用是否还有其他渠道能报销。

案例十一 单位停产后，是否还需要给劳动者按月发放工资？

案例内容：

大学生小王毕业后就职于一家化工企业，按月领取工资，之后由于单位环保不达标被责令停产三个月，进行整改，于是小王就回到家里，等单位通知上班时间。两个月过去了，单位没有通知小王上班，也没有发放工资。小王认为单位的做法不符合法律规定，应当按照原来的工资标准发放工资，毕竟劳动合同中是这么规定的，不上班也不是因为自己的原因；而单位认为小王在家休息没有提供劳动，不发工资合情合理，按照原标准发放工资简直不可理喻。那么，双方到底谁说得对呢？

案例评析：

根据我国法律规定，非因劳动者原因造成单位停工、停产在一个工资支付周期内的，用人单位应按劳动合同规定的标准支付劳动者工资。超过一个工资支付周期的，若劳动者没有提供正常劳动，应按国家有关规定办理。查看本案的情形，属于超过一个工资支付周期的，而且劳动者也没有提供正常的劳动，那么根据上述规定，用人单位应当支付小王的工资，不过支付工资的标准不是按照劳动合同规定的标准支付劳动者工资，而是应当按照国家的有关规定支付，这种支付标准不同于劳动者在带薪休假、婚丧假、工伤停工留薪期间正常支付工资的情形，应当是少于上述工资支付标准的。

同样，单位认为自己无须支付工资的意见也是不妥当的，单位在停工期间，应当支付劳动者工资，不过支付的标准要低于正常提供劳动时的支付标准。

法律规定：

《工资支付暂行规定》第12条规定，非因劳动者原因造成单位停工、停产在一个工资支付周期内的，用人单位应按劳动合同规定的标准支付劳动者工资。超过一个工资支付周期的，若劳动者没有提供正常劳动，应按国家有关规定办理。

风险提示：

1. 在单位停产期间，用人单位应当支付劳动者工资，工资应当符合法律规定的标准。否则，有可能面临被诉的法律风险。

2. 在单位停产超过一个月的情况下，劳动者应当为自己的生活打算，否则，会面临入不敷出的情况。

■第五单元　离职时纠纷

案例一　取得当地户籍，大学生是否可随意离开?

案例内容：

大学毕业生小美毕业后通过校园招聘进入了一家知名企业工作。之后公司与她签订了一份协议：公司帮助其落户北京，小美自己承诺在公司服务7年，如果不足7年，则需要向公司支付相应的违约金。在该公司工作两年后，小美向公司提出辞职。公司拿出当时的协议要求小美支付5万元的违约金，否则就不予办理离职手续，认为这是双方真实的意思表示，对双方均具有约束力，现在小美还没有服务完就想走除非缴纳违约金；小美则认为与公司之前签订的协议中违约金条款无效，拒绝支付5万元。双方各执一词，互不相让，那么双方的意见到底哪方说得对呢？小美到底能不能说辞就辞呢？

案例评析：

劳动合同的解除和劳动合同的终止这两个概念不同，劳动合同的终止是指由于劳动合同期限届满、劳动者或者用人单位主体资格灭失等原因导致双方之前签订的劳动合同不再具有约束力。而劳动合同的解除与上述概念不同，是在劳动合同还没有终止的情况下，提前终结双方的劳动关系。劳动合同的终止的原因是客观原因，而劳动合同的解除是双方的主观原因造成的。劳动合同的解除又包括三种情况：其一，双方协商一致解除劳动合同；其二，用人单位单方法定解除劳动合同；其三，劳动者单方法定解除劳动合同。

根据我国法律规定，只有两种情况下用人单位可以与劳动者约定违约金条款，一种情况是用人单位为劳动者提供专项培训费用，对其进行专业技术培训的，可以与该劳动者订立协议，约定服务期。劳动者违反服务期约定的，应当按照约定向用人单位支付违约金。另一种情况是用人单位与劳动者可以在劳动合同中约定保守用人单位的商业秘密和与知识产权相关的保密事项。劳动者违反竞业限制约定的，应当按照约定向用人单位支付违约金。除了这两种情况之外，用人单位不得与劳动者约定由劳动者承担违约金。所以按照上述规定，用人单位为小美办理北京户口，为此约定了服务期和违约金，这样的约定因为违反法律的强制性规定而无效。用人单位应当为小美无条件办理辞职手续。

不过，用人单位因为小美的辞职确实遭受了实际损失，原本想以解决北京户口留住人才，为公司所用，但是竹篮打水一场空。小美说辞职就辞职，单位还得重新寻找合适的人员。为此还需要付出人力、物力和财力。法律同时还指出，如果劳动合同条款被认定无效，那么一方给另一方造成的损失还需要承担赔偿责任。因此，小美说走就走给单位造成的实际损失还要承担赔偿责任。

法律规定：

《劳动合同法》第 23 条规定，用人单位与劳动者可以在劳动合同中约定保守用人单位的商业秘密和与知识产权相关的保密事项。

对负有保密义务的劳动者，用人单位可以在劳动合同或者保密协议中与劳动者约定竞业限制条款，并约定在解除或者终止劳动合同后，在竞业限制期限内按月给予劳动者经济补偿。劳动者违反竞业限制约定的，应当按照约定向用人单位支付违约金。

《劳动合同法》第 24 条规定，竞业限制的人员限于用人单位的高级管理人员、高级技术人员和其他负有保密义务的人员。竞业限制的范围、地域、期限由用人单位与劳动者约定，竞业限制的约定不得违反法律、法规的规定。

在解除或者终止劳动合同后，前款规定的人员到与本单位生产或者经营同类产品、从事同类业务的有竞争关系的其他用人单位，或者自己开业生产或者经营同类产品、从事同类业务的竞业限制期限，不得超过二年。

《劳动合同法》第 25 条规定，除本法第 22 条和第 23 条规定的情形外，用人单位不得与劳动者约定由劳动者承担违约金。

《劳动合同法》第 26 条规定，下列劳动合同无效或者部分无效：

（一）以欺诈、胁迫的手段或者乘人之危，使对方在违背真实意思的情况下订立或者变更劳动合同的；

（二）用人单位免除自己的法定责任、排除劳动者权利的；

（三）违反法律、行政法规强制性规定的。

《劳动合同法》第 86 条规定，劳动合同依照本法第 26 条规定被确认无效，给对方造成损害的，有过错的一方应当承担赔偿责任。

风险提示：

1. 劳动者在入职时承诺的服务期和违约金虽然因为违反法律而无效，但是，仍然可能面临赔偿的法律风险，所以，在辞职之前最好先与单位进行协商。

2. 用人单位应当注意，在与劳动者签订的有关办理落户手续中附加服务期和违约金的条款在法律上来讲是站不住脚的，即使是双方真实的意思表示，也会因为违反法律的强制性规定而被认定无效。

案例二　违反单位规章制度，是否导致解除劳动合同?（一）

案例内容：

大学生小王应聘到某科技公司工作，因为工作安排问题与部门负责人起冲突，为此双方发生争执，在情绪激动之下，小王将部门负责人打倒在地。此事发生之后，公司认为小王在工作期间殴打同事，行为恶劣，严重违反了公司的规章制度，于是将小王辞退。小王认为自己一时情绪激动伤人，只是造成了部门负责人的轻微伤，不应当被辞退。公司认为，劳动合同中明确约定了员工应当遵守单位的规章制度，否则将给予相应处罚，甚至解除合同。而且在单位的办公场所已经明示了规章制度，上面明示禁止在工作时间酗酒、斗殴以及其他严重扰乱公司秩序的行为。那么公司单方辞退小王的做法是否合法呢？

案例评析：

规章制度是指用人单位规定的规范和约束劳动者的规则。我国劳动法律法规规定，用人单位的规章制度应当通过民主程序制定，不得违反法律、行政法规及政策。如果规章制度直接涉及劳动者的切身利益，那么应当公示，或者告知劳动者。

根据我国《劳动合同法》规定，因劳动者严重违反用人单位的规章制度的，用人单位可以解除劳动合同。双方在劳动合同当中约定，违反单位的规章制度，劳动者可能面临被解约的风险。这是双方共同约定的，并不违反法律的强制性规定，应当认定有效。对于此有效的合同条款，双方应当遵守。小王对单位公示的规章制度，知道或者应当知道其具体内容。王某在工作时间因为工作安排问题争吵并打伤同事显然违反了公司规章制度所说的"禁止在工作时间斗殴"的规定，严重扰乱了公司的秩序。因此，单位给予小王单方面解除劳动合同的决定是具有法律依据的。

法律规定：

《劳动合同法》第39条规定，劳动者有下列情形之一的，用人单位可以解除劳动合同：

（一）在试用期间被证明不符合录用条件的；

（二）严重违反用人单位的规章制度的；

（三）严重失职，营私舞弊，给用人单位造成重大损害的；

（四）劳动者同时与其他用人单位建立劳动关系，对完成本单位的工作任务造成严重影响，或者经用人单位提出，拒不改正的；

（五）因本法第26条第1款第1项规定的情形致使劳动合同无效的；

（六）被依法追究刑事责任的。

风险提示：

1. 用人单位应当以公开方式将规章制度的内容告知员工，让员工知道规章制度的内容。否则，今后以员工违反规章制度为由辞退员工会面临法律风险。

2. 劳动者应当熟悉和了解单位各项规章制度的内容，否则可能会触犯红线导致被单位辞退的风险。

案例三　违反单位规章制度，是否导致解除劳动合同？（二）

案例内容：

大学生小花毕业之后在某销售公司工作，在签订劳动合同时，单位给小花出示了单位的规章制度，其中规定"女职工在三十岁之前不得生育"，当时小花对这份高工资的工作很满意，也没有在意这一条款。所以就在劳动合同中签字了。后来，小花在单位结识了一位同事，两人情投意合，很快就结婚了。双方父母都希望小花能趁着老人年轻及早生育，但是小花碍于公司规章制度的规定，不敢生育。面对这种情况，小花应该怎么办呢？违反单位的规章制度会导致何种法律后果呢？

案例评析：

根据我国相关法律规定，任何单位不得以结婚、怀孕、产假、哺乳等为由，辞退女职工或者单方解除劳动合同。妇女有按照国家有关规定生育子女的权利，也有不生育的自由。小花单位在公司规章制度中有关"女职工在三十岁之前不得生育"的规定，限制了女职工的生育权，与法律的具体规定相抵触而不具有法律效力和法律拘束力。公司以此为由限制小花生育或者解除合同不符合法律规定。

当然小花自己可以单方面主张与单位解除劳动合同，法律依据是我国《劳动合同法》规定，用人单位的规章制度违反法律、法规的规定，损害劳动者权益的，劳动者可以解除劳动合同。根据法律规定，劳动者基于此种原因要求解除合同的，单位还需要向劳动者支付经济补偿金。

法律规定：

《妇女权益保障法》第 27 条规定，任何单位不得因结婚、怀孕、产假、哺乳等情形，降低女职工的工资，辞退女职工，单方解除劳动（聘用）合同或者服务协议。

《妇女权益保障法》第 51 条规定，妇女有按照国家有关规定生育子女的权利，也有不生育的自由。

《劳动合同法》第 38 条规定，用人单位有下列情形之一的，劳动者可以解除劳动合同：

（一）未按照劳动合同约定提供劳动保护或者劳动条件的；

（二）未及时足额支付劳动报酬的；

（三）未依法为劳动者缴纳社会保险费的；

（四）用人单位的规章制度违反法律、法规的规定，损害劳动者权益的；

（五）因本法第 26 条第 1 款规定的情形致使劳动合同无效的；

（六）法律、行政法规规定劳动者可以解除劳动合同的其他情形。

用人单位以暴力、威胁或者非法限制人身自由的手段强迫劳动者劳动的，或者用人单位违章指挥、强令冒险作业危及劳动者人身安全的，劳动者可以立即解除劳动合同，不需事先告知用人单位。

《劳动合同法》第 46 条规定，有下列情形之一的，用人单位应当向劳动者支付经济补偿：

（一）劳动者依照本法第 38 条规定解除劳动合同的；

（二）用人单位依照本法第 36 条规定向劳动者提出解除劳动合同并与劳动者协商一致解除劳动合同的；

（三）用人单位依照本法第 40 条规定解除劳动合同的；

（四）用人单位依照本法第 41 条第 1 款规定解除劳动合同的；

（五）除用人单位维持或者提高劳动合同约定条件续订劳动合同，劳动者不同意续订的情形外，依照本法第 44 条第 1 项规定终止固定期限劳动合同的；

（六）依照本法第 44 条第 4 项、第 5 项规定终止劳动合同的；

（七）法律、行政法规规定的其他情形。

风险提示：

1. 用人单位在制定规章制度时，应当确保相关内容不违反法律规定，否则该条款不具有法律拘束力，今后与劳动者发生纠纷时会陷入被动。

2. 劳动者应当具备相应的法律常识，了解自身相关的权益，对于单位违法的规章制度有足够的辨别能力，否则将导致自身权益受损而不自知。

案例四　用人单位提出解除劳动合同并协商一致解除的
——经济补偿没商量

案例内容：

小张是大学毕业生，毕业后就职于一家销售公司。入职两年之后，单位提出因为岗位变动需要人员调整，小张的岗位不存在了，小张要么辞职，要么调整到离家很远的另一家分公司上班。小张同意辞职，之后小张办理了相关的离职手续。办理完离职手续之后，人事部门的负责人拿了一张声明书，声明的内容即是"本人与某某公司再无劳动争议"，小张在表上签了字。之后小张在学习相关劳动法内容时发现，小张辞职的情况符合给付经济补偿金的条件而自己离职时并没有获得任何经济补偿，不过小张又认为无法主张自己的权利，因为当时签订了一份双方再无劳动争议的声明。那么，小张到底可否主张自己获得经济补偿金的权利呢？那份声明的效力如何？

案例评析：

经济补偿是弥补用人单位依法解除和终止劳动合同时向劳动者支付的法定的负担。而经济赔偿是指惩罚用人单位不按照法律规定履行法定义务的违法行为而支付的法定负担。经济赔偿金一般是按照法定的固定倍数来计算的。赔偿责任是指民事责任，通常是在按照用人单位或者劳动者的损失来计算的。

根据我国相关法律规定，用人单位向劳动者提出解除劳动合同并与劳动者协商一致解除劳动合同的，用人单位应当向劳动者支付经济补偿。经济补偿按劳动者在本单位工作的年限，每满一年支付一个月工资的标准向劳动者支付。小张在用人单位工作了两年，应当给付两个月的工资作为经济补偿金。但是单位没有告知小张经济补偿金的权利，却让小张签订了"双方再无劳动争议"的声明。很显然，单位是在利用小张是大学毕业生、不了解劳动法律法规的相关规定、不清楚自己的合法权益这一点，来规避自己的法定义务。因为这份声明不是在小张被告知有某项权利的基础上声明放弃该项权利，而是不知有该项权利的前提下做出的声明。该声明不具有法律上的效力。小张应当获得法律规定的经济补偿金。

法律规定：

《劳动合同法》第36条规定，用人单位与劳动者协商一致，可以解除劳动合同。

《劳动合同法》第46条规定，有下列情形之一的，用人单位应当向劳动者

支付经济补偿:

（一）劳动者依照本法第 38 条规定解除劳动合同的;

（二）用人单位依照本法第 36 条规定向劳动者提出解除劳动合同并与劳动者协商一致解除劳动合同的;

（三）用人单位依照本法第 40 条规定解除劳动合同的;

（四）用人单位依照本法第 41 条第 1 款规定解除劳动合同的;

（五）除用人单位维持或者提高劳动合同约定条件续订劳动合同，劳动者不同意续订的情形外，依照本法第 44 条第 1 项规定终止固定期限劳动合同的;

（六）依照本法第 44 条第 4 项、第 5 项规定终止劳动合同的;

（七）法律、行政法规规定的其他情形。

《劳动合同法》第 47 条规定，经济补偿按劳动者在本单位工作的年限，每满一年支付一个月工资的标准向劳动者支付。六个月以上不满一年的，按一年计算;不满六个月的，向劳动者支付半个月工资的经济补偿。

风险提示:

1. 劳动者应当具备一定的劳动关系方面的法律常识，在用人单位要求签字确认"双方再无劳动纠纷"之类的保证的时候，一定要谨慎起见，以免日后遭受损失。

2. 用人单位应当了解让离职员工签署"双方再无劳动争议"的声明并不能当然免除自己的法律责任，需要事先告知劳动者正当的合法权益，让劳动者在知情的情况下自愿放弃相关权益才能免除给付责任。

案例五　严重失职遭解约，单位做法是否合法?

案例内容:

小李从大学毕业后就在一家科技公司从事人力资源管理工作，之后单位因为小李在审核某员工工资时出现失误，就以严重失职为由与小李解除了劳动合同。小李认为，自己审核的材料都需要部门领导的批准之后才能交给发放，不仅如此，小李审核所依据的人事关系审批表也是经过领导批复的。以"严重失职"为理由被解约小李心理不平衡，认为公司以严重失职为理由与自己解除劳动合同的行为违反了法律规定。公司则认为，小李由于审核不严给公司造成了经济损失，属于严重失职，根据法律规定与其解约属于合法行为。

案例评析:

根据我国法律规定，劳动者如果存在严重失职，营私舞弊，给用人单位造成重大损害的，用人单位可以解除劳动合同。反之，如果劳动者不存在严重失职并给单位造成重大损害的条件下，单位以此为由解除合同就是违法的。小李在审核某员工工资时存在工作失误，致使员工工资应发与实发不一致，从失误的性质上来看还不至于构成严重失职，而且这一责任也不能完全由小李来承担。况且因为该解约条件还包括必须给单位造成重大损害，小李核对工资的工作失误，造成的损害可以通过下月划扣或者退补等方式弥补，损害也说不上重大。因此，单位以"严重失职"为由解约不合法。

法律规定：

《劳动合同法》第 39 条规定，劳动者有下列情形之一的，用人单位可以解除劳动合同：

（一）在试用期间被证明不符合录用条件的；

（二）严重违反用人单位的规章制度的；

（三）严重失职，营私舞弊，给用人单位造成重大损害的；

（四）劳动者同时与其他用人单位建立劳动关系，对完成本单位的工作任务造成严重影响，或者经用人单位提出，拒不改正的；

（五）因本法第 26 条第 1 款第 1 项规定的情形致使劳动合同无效的；

（六）被依法追究刑事责任的。

风险提示：

1. 用人单位如果单方面解除劳动合同，应当按照法律规定的条件和程序来进行，尤其是注意保存相应的证据，否则当面临诉讼的时候就会比较被动。

2. 劳动者面对单位单方面解除劳动合同的情况，也应当首先明确单位解约的法律依据和事实，必要时积极维护自身的合法权益。

案例六 销售任务未完成被解约，是否合法？

案例内容：

大学生小美毕业后入职一家房产中介公司，公司与小美签署了销售任务保证书，双方明确约定了小美应当完成的销售员的月度销售任务，同时约定如果一个月没有完成任务则绩效工资减半，连续两个月未完成销售任务绩效工资不发，连续三个月以上未完成销售任务的，除了不支付绩效工资还要给小美降低薪资待遇。小美工作了三个月都没有完成月度销售任务，公司提出因为小美不能胜任工作要单方面解除劳动合同。小美不服，认为作为一个新人，没有人脉也没有经验，完不成工作任务属于正常，不能因为没有完成销售任务就解约；

况且小美认为双方约定三个月完不成任务降薪，也没有约定解约呀！房产中介公司说话不算话。房产中介公司认为，小美完不成销售任务，单位没有获利，反而还要白白支付给小美工资，太不划算了。单位解约的行为合法吗？

案例评析：

房产中介公司与小美在双方自愿基础上签订的劳动合同合法有效，已经签字就具有合法的法律效力，双方都应当遵守和履行。双方约定了如果三个月完不成销售任务，那么可以降低小美的薪资，但是却没有约定可以解除劳动合同。单位以"不能胜任工作"为由单方面解除劳动合同也同样不符合法律规定。因为根据我国劳动合同法的相关规定，对于不能胜任工作的员工，用人单位应当先行调岗或培训，仍不能胜任工作的方可解除劳动合同。因此单位也不符合单方面解除劳动合同的条件。所以单位的做法是不合法的，属于违法解除劳动合同的情况。

法律规定：

《劳动合同法》第40条规定，有下列情形之一的，用人单位提前30日以书面形式通知劳动者本人或者额外支付劳动者一个月工资后，可以解除劳动合同：

（一）劳动者患病或者非因工负伤，在规定的医疗期满后不能从事原工作，也不能从事由用人单位另行安排的工作的；

（二）劳动者不能胜任工作，经过培训或者调整工作岗位，仍不能胜任工作的；

（三）劳动合同订立时所依据的客观情况发生重大变化，致使劳动合同无法履行，经用人单位与劳动者协商，未能就变更劳动合同内容达成协议的。

风险提示：

1. 用人单位在解聘劳动者时应当依法进行，审慎进行。因为劳动者一旦被解聘，出于心理和生活方面的压力都会促使其与原单位形成对峙的形势。如果稍有不慎，用人单位就会卷入纷争。

2. 大学生在选择岗位的时候应当考虑自己的长处和优势，不要贸然签订诸如每月完成最低销售任务，完不成就走人之类的条款，这样对大学生是非常不利的。

案例七　代通知金，到底该不该得？

案例内容：

大学毕业生小张就职于一家网络公司，之后公司认为小张不能胜任本职工作，经过培训也不能胜任，为此向小张提出解除劳动合同的意向。小张同意后双方签订了一份解除劳动合同协议书，协议书约定公司给予小张代通知金5000元，第二天，小张就去单位办理了离职手续，单位也结清了当月公资，但是就是对代通知金不再提及。小张认为自己有权获得该离职代通知金，双方都约定好的，单位怎么能说不给就不给呢？单位认为，代通知金的约定违反法律的强制性规定，属于无效约定，单位当然可以不遵守该约定，不给付离职代通知金合法有据。双方各执一词，到底谁说的对呢？

案例评析：

根据我国法律的规定，有下列情形之一的，用人单位在劳动者不能胜任工作，经过培训或者调整工作岗位，仍不能胜任工作的情况下，可以提前30日以书面形式通知劳动者本人或者额外支付劳动者一个月工资后，解除劳动合同。用人单位因不能提前30日通知劳动者解除劳动合同而需要给付的"一个月的工资"就是本合同中的"代通知金"，这是一种在实践中使用的术语，在我国劳动合同法上有明确规定。法律规定了，可以代通知金的形式替代提前30日通知的法律规定，双方可以约定代通知金，也可以不约定代通知金，约定代通知金不是一条法律的强制性规定。所以单位与小李约定的代通知金并没有违反法律的强制性规定。单位的说法并不成立。那么双方共同约定的条款作为合同一方的单位应当遵守。

法律规定：

《劳动合同法》第40条规定，有下列情形之一的，用人单位提前30日以书面形式通知劳动者本人或者额外支付劳动者一个月工资后，可以解除劳动合同：

（一）劳动者患病或者非因工负伤，在规定的医疗期满后不能从事原工作，也不能从事由用人单位另行安排的工作的；

（二）劳动者不能胜任工作，经过培训或者调整工作岗位，仍不能胜任工作的；

（三）劳动合同订立时所依据的客观情况发生重大变化，致使劳动合同无法履行，经用人单位与劳动者协商，未能就变更劳动合同内容达成协议的。

风险提示：

1. 劳动者不但要重视在入职时签订书面的劳动合同，还要注意如果可能尽量签订书面离职协议，如果有书面协议，一定要妥善保存。否则如果后续有任何的纠纷，劳动者的合法权益很难获得法律的保护。

2. 用人单位应该在不违反法律、法规等规定的情况下签订和遵守有关解除劳动关系的协议，诚信不仅是对客户诚信，也应当对员工诚信。

案例八　解除劳动合同通知书应当如何送达?

案例内容:

大学生小王毕业后就职于一家化妆品公司,入职后双方签订了劳动合同,劳动合同中写明了小王的联系方式和现住址。有次小王感觉身体不舒服就向部门主管请假,但是没有说明请多长时间的假,于是小王一个月没有来上班。人事部门发现了此事,就以旷工为理由作出解除劳动合同的决定,并在劳动报上刊登了公告。一个月之后,小王去上班发现已经被公司解聘了。小王认为公司解聘也没有向自己核实真实性,就认定自己旷工,而且作出解聘的决定也没有告知自己。化妆品公司认为小王并没有履行书面请假制度,没有主动出示请假证明材料,在病情不是很严重的情况下一个月时间没有到岗,作出解聘的决定没有违法之处。到底单位解聘的决定是否合法呢? 以公告方式告知小王解聘决定妥当吗?

案例评析:

依照《劳动合同法》的相关规定,用人单位可以在符合条件的情况下单方解除合同。但是单位必须调查清楚事实,在符合法律规定的情况下才能作出单方解除劳动合同的决定。如果单位没有查清楚相关事实,按照自己单方面的认识和理解就给予劳动者解聘的决定属于程序不合法。小王向部门负责人提出口头请假,但是在部门主管认可请假时未能说明请几天假而且在病情也并不紧急的情况下没有向单位缴纳请假休息相关的证明材料。在这个过程中,小王确实存在疏忽和不妥的地方。

用人单位在作出解聘决定时存在严重的程序瑕疵。面对小王长期请假的情况,首先,用人单位没有经过事实调查的程序就做出了决定。既没有向小王询问请假的情况,也没有要求其提供休假证明,就认定小王旷工并作出解聘的决定。其次,用人单位在明知小王的联系方式和送达地址的情况下,不采用当面送达或者邮寄送达的方式,而采用公告送达的方式,致使小王不了解解聘决定的内容。

法律规定:

《劳动合同法》第39条规定,劳动者有下列情形之一的,用人单位可以解除劳动合同:

(一) 在试用期间被证明不符合录用条件的;

(二) 严重违反用人单位的规章制度的;

（三）严重失职，营私舞弊，给用人单位造成重大损害的；

（四）劳动者同时与其他用人单位建立劳动关系，对完成本单位的工作任务造成严重影响，或者经用人单位提出，拒不改正的；

（五）因本法第26条第1款第1项规定的情形致使劳动合同无效的；

（六）被依法追究刑事责任的。

风险提示：

1. 用人单位在作出解聘决定时应当首先调查清楚相关的事实和证据，并将解聘的决定及时送达劳动者并保留送达的证据，否则有可能因为存在程序的严重瑕疵而导致解聘违法。

2. 大学生进入职场应当首先熟悉单位的规章制度；其次，要严格遵守单位有关出勤的规章制度；最后，给人事部门预留自己的联系方式和通讯地址，否则可能导致无法接收相关文件的后果。

案例九　离职后风波——警惕商业秘密

案例内容：

大学毕业生小陈毕业进入一家纺织品公司从事销售工作，由于小陈聪明能干，很快就成为了纺织品公司的销售业务骨干。平时小陈和单位负责技术的张工走得很近。小陈提出合伙成立一家公司负责生产和销售纺织品，张工表示同意。于是两人工作之余就筹备起了两人的公司，等公司成立后小陈和张工先后辞职，全面经营他俩的公司。纺织品公司的老客户不知道小陈已经辞职，还是按照以前的模式与小陈签订购销合同。小陈的老东家不干了，认为小陈违反了双方签订的劳动合同有关保守商业秘密的条款，该条款规定，劳动者应当保守其获得的商业秘密，而小陈认为他都已经辞职了，劳动合同自双方解除劳动关系之日起就失效了，对自己并无约束力。

案例评析：

商业秘密，是指不为公众所知悉、具有商业价值并经权利人采取相应保密措施的技术信息和经营信息。"经营信息"指公司在经营过程中涉及的各种信息，包括但不限于公司客户、与公司具有各种合作关系的企业等信息。"技术信息"指与公司产品有关的信息。

根据我国法律的相关规定，经营者违反约定或者违反权利人有关保守商业秘密的要求，披露、使用或者允许他人使用其所掌握的商业秘密，构成侵犯商业秘密。小陈违反双方有关保守商业秘密的要求，使用了其所掌握的纺织品公司的经营信息，损害了公司的利益。

法律规定：

《反不正当竞争法》第 9 条规定："经营者不得实施下列侵犯商业秘密的行为：

（一）以盗窃、贿赂、欺诈、胁迫或者其他不正当手段获取权利人的商业秘密；

（二）披露、使用或者允许他人使用以前项手段获取的权利人的商业秘密；

（三）违反约定或者违反权利人有关保守商业秘密的要求，披露、使用或者允许他人使用其所掌握的商业秘密。

第三人明知或者应知商业秘密权利人的员工、前员工或者其他单位、个人实施前款所列违法行为，仍获取、披露、使用或者允许他人使用该商业秘密的，视为侵犯商业秘密。

本法所称的商业秘密，是指不为公众所知悉、具有商业价值并经权利人采取相应保密措施的技术信息和经营信息。"

风险提示：

1. 大学毕业生应当注意劳动合同中有关保守商业秘密的条款，或者离职之前签订的保密协议。如果在职期间或者离职后违反保密条款，都将承担相应的法律责任。

2. 用人单位应当在与劳动者签订的劳动合同中，或者订立单独的保密协议，约定员工违反上述约定将要承担的民事责任，也可以同时约定违反保密义务将构成严重违反用人单位规章制度的行为。否则，一旦面临诉讼，可能会陷入被动。

第三篇　自主创业篇

■第一单元　公司设立实务

■ 情境导入

甲、乙、丙三人是大学同学，毕业后回到老家金川县，想共同开一家公司从事经营活动。经过多次沟通协商，初步达成如下协议：拟成立一家从事副食零售的公司，公司拟取名"金川县喜洋洋副食店有限公司"；甲、乙各人出资15万元，丙以其名下价值14万的房屋出资；甲、乙在公司成立时各将其出资交到公司，丙承诺先将房屋交给公司使用，等房产证办下来后交给公司保管；丙负责公司管理，甲、乙负责公司事务监督；营利平均分配；不按约定交纳出资的，依法承担违约责任。

请问，如果甲、乙、丙请你为他们提供法律服务，应指导他们做哪些工作？并准备哪些法律材料？

一、理解公司的基本含义

什么是公司？《公司法》第2条规定："本法所称公司是指依照本法在中国境内设立的有限责任公司和股份有限公司。"第3条规定："公司是企业法人，有独立的法人财产，享有法人财产权。公司以其全部财产对公司的债务承担责任。有限责任公司的股东以其认缴的出资额为限对公司承担责任；股份有限公司的股东以其认购的股份为限对公司承担责任。"

综上可见，我国公司是指股东依照我国公司法的规定在中国境内出资设立，股东以其认缴的出资额或认购的股份为限对公司承担责任，公司以其全部资产对公司债务承担责任的企业法人。

二、公司设立流程中的主要事务

公司设立是发起人以组建公司为目的，依照公司法律、行政法规规定的条件、程序，所实施的一系列法律行为之总和。

依据我国公司法的规定，从发起人达成公司设立合意到依法向公司登记机关提交设立申请书意味着公司设立行为实施完毕，公司获得营业执照意味着公司获得法人资格，公司设立行为达到预期效果。这一过程可以称之为公司法意义上的公司设立流程。但公司获得营业执照并不意味着公司完全具备经营活动的一切条件，公司在从事经营活动之时还受其他法律、行政法规和部委规章的调整，应当依法刻办公司印章、开立银行账户。这一过程可称之为实务意义上的公司设立流程。公司法意义上的设立流程已使公司获得营业执照，获得法人资格，具有依法从事经营活动的民事权利能力和行为能力，不会影响其经营行为的法律效力。但如果实务意义上的公司设立流程没有完成，虽不会影响到公司经营行为的法律效力，但会给公司经营活动带来不便，甚至导致违法行为责任的发生。因此，实务意义上的公司设立流程是本节内容阐述的对象。

以有限责任公司为例，实务意义上的公司设立流程主要包括以下环节：公司设立合意的达成、公司名称的预先核准批文的获取、公司住所确定、公司前置审批批文的获取、公司章程的共同制定、股东出资缴纳、公司机关组建、公司设立申请文书的制作与提交、公司登记核准与通知、公司营业执照的领取以及公司印章刻制、银行开户等法律行为。内容详述如下。

（一）达成公司设立合意

公司设立以发起人达成合意为开始。公司设立合意最起码包括股东人数、资格、设立合意等多个方面的问题。

1. 有限责任公司股东。发起设立有限责任公司的股东在理论上称为公司发起人，我国公司法中直接称之为股东。

由于有限责任公司发起人在公司成立后基本都转化为公司股东，故公司法对有限责任公司股东人数的限制，适用于对有限责任公司发起人人数的限制，即不得超过50人。

2. 达成公司设立合意。股东间达成公司设立合意是公司发起的开始。没有公司设立合意的达成，不会有公司的产生，一人有限责任公司除外。公司设立合意一般包括公司设立的一致决意、公司设立的可行性分析以及设立行为初步安排等内容。

实践中，公司设立合意可以表现为公司设立协议，有时也会以股东会议决议的形式表现出来。法律虽没有明确规定设立内资有限责任公司时发起人必须签署设立协议，但实践中较为慎重的公司发起人一般都签署公司设立协议书。书面协议的内容没有法定要求，实践中可以包括公司经营的宗旨、项目、范围和生产规模、注册资本、投资总额及各方出资额、出资方式、经营管理、盈余分配和风险分担原则以及其他设立筹备工作等。公司设立协议书在于明确股东在公司设立过程中各发起人权利义务，对规范公司设立行为有重要的意义。

《中外合资经营企业法》及其实施条例规定，中外合资经营的有限责任公司发起人申报设立合营企业时，由中外合营者共同向审批机构报送下列文件：设立合营企业的申请书、合营各方共同编制的可行性研究报告、由合营各方授权代表签署的合营企业协议、合同和章程。可见，在中外合资有限责任公司设立方面，法律对有限责任公司设立合意的达成作出了明确规定，要求其提供书面材料。

（二）选定公司住所

公司住所是公司主要办事机构所在地。公司住所的权属、使用期限等情况一般由公司根据自己的经营需要选定，法律并不要求住所必须为公司所有、固定或者使用期限必须达到一定期限，但也不是所有的房屋都可以作为公司住所。能作为公司住所的房屋应当符合法律规定，并持有相关证明资料。可用作公司住所房屋应符合以下规定。

1. 用于住所的房屋不属于违法建设。违法建设包括城镇违法建设和乡村违法建设。城镇违法建设是指未取得建设工程规划许可证、临时建设工程规划许可证或者未按照许可内容进行建设的城镇建设工程，以及逾期未拆除的城镇临时建设工程。乡村违法建设是指应当取得而未取得乡村建设规划许可证、临时乡村建设规划许可证或者未按照许可内容进行建设的乡村建设工程。

2. 申请登记为企业住所或经营场所的房屋应是取得权属登记的合法建筑，应当与房屋所有权证记载的用途一致。登记时应向登记机关提交《房屋所有权证》复印件。

3. 住宅及住宅楼底层规划为商业用途的房屋使用应当合法。住宅及住宅楼底层规划为商业用途的房屋不得从事餐饮服务、歌舞娱乐、提供互联网上网服务、生产加工和制造、经营危险化学品等涉及国家安全、存在严重安全隐患、影响人民身体健康、污染环境的生产经营活动，以及法律、法规、规章规定的不得从事的其他行业。将住宅改变为经营性用房作为住所（经营场所）的，应当符合国家法律、法规、管理规约的规定，除填写申请书中《住所（经营场所）登记表》及《关于同意将住宅改变为经营性用房的证明》外，还应到有关部门办理改变房屋使用性质的相关手续，并向登记机关提交变更后的证明文件。

4. 使用未取得房屋所有权证或特殊的房产、住宅等，应当根据不同情况提交相应的证明文件。如，住所（经营场所）位于农村地区且暂未取得房屋所有权证的，可提交《乡村规划建设许可证》或《临时乡村规划建设许可证》复印件并加盖单位公章，也可由乡镇政府出具证明。

实践中，根据《注册资本登记制度改革方案》的规定，申请人提交场所合法使用证明即可予以登记。对市场主体住所（经营场所）的条件，各省、自治区、直辖市人民政府根据法律法规的规定和本地区管理的实际需要，按照既方便市场主体准入，又有效保障经济社会秩序的原则，可以自行或者授权下级人民政府作出具体规定。如，各地政府依授权制定的企业住所（经营场所）登记管理办法等。

（三）公司名称预先核准

公司名称预先核准是发起人为拟设立的公司取得受法律保护的公司名称而依法向公司登记管理机关提出申请，公司登记管理机关对其申请依法进行审查核准的行政许可行为。

这是公司设立所必须经过的环节。由于公司名称预先核准的作用在于预先保证公司名称的合法性、确定性，所以，实践中多是发起人达成设立公司合意之后的首要设立任务。如果拟设立的公司依法律、行政法规规定必须报经政府主管部门审查批准或者其经营范围中有法律、行政法规规定必须报经审批项目的，应当在报送审批前办理企业名称预先核准，并以工商行政管理机关核准的企业名称报送审批。即使公司设立不需要履行审批手续，公司名称预先核准申请最迟也应在公司申请设立登记前办理。办理申请公司名称预先核准应注意以下四个方面的问题：

1. 公司名称构成的法律规则。拟定公司名称应当依据国家工商总局颁布的《企业名称登记管理规定》和《企业名称登记管理实施办法》办理。根据《企业名称登记管理规定》第 7 条规定，企业名称原则上应当由行政区划、字号（或商号）、行业或者经营特点、组织形式四部分构成。例如沈阳金杯汽车制造股份有限公司。

2. 名称预先核准的主管机关。我国企业名称预先核准机关与企业登记主管机关均是由国家工商行政管理部门负责，实行分级管理制度。国家各级工商行政管理机关均按照国务院发布的《企业法人登记管理条例》和国家工商行政管理总局发布的《企业名称登记管理规定》的相关规定及分工，负责本辖区内公司的登记及名称预先核准工作。地方各级工商局的具体登记管辖职责范围由省、自治区、直辖市工商行政管理局规定。

3. 名称预先核准的申请文件。设立有限责任公司，应当由全体股东指定的代表或者共同委托的代理人向公司登记机关申请名称预先核准。申请名称预先核准，应当提交下列文件：①有限责任公司的全体股东签署的公司名称预先核准申请书；②全体股东或者发起人指定代表或者共同委托代理人的证明；③国家工商行政管理总局规定要求提交的其他文件。

企业名称预先核准申请书应当载明企业的名称（可以载明备选名称）、住所、注册资本、经营范围、投资人名称或者姓名、投资额和投资比例、授权委托意见（指定的代表或者委托的代理人姓名、权限和期限），并由全体投资人签名盖章。企业名称预先核准申请书上应当粘贴指定的代表或者委托的代理人身份证复印件。

4. 名称预先核准的工作程序与效力期限。公司登记机关应当自收到申请材料之日起 10 日内依据相关法律进行审核，依法作出核准或者驳回的决定。公司登记机关作出准予公司名称预先核准决定的，应当出具《企业名称预先核准通知书》。公司登记机关作出不予名称预先核准决定的，应当出具《企业名称驳回通知书》，说明不予核准的理由，并告知申请人享有依法申请行政复议或者提起行政诉讼的权利。

预先核准的公司名称保留期为 6 个月。预先核准的名称有效期届满前 30 日内，申请人可以持《企业名称预先核准通知书》向名称登记机关提出名称延期申请。申请名称延期应由全体投资人签署《预先核准名称信息调整申请表》，有效期延长 6 个月，期满后不再延长。预先核准的公司名称在保留期内，不得用于从事经营活动，不得转让。

（四）公司设立审批的申请与批准

设立审批是指公司设立登记前依照法律、行政法规的规定必须报经政府主管部门或政府授权部门审查批准的程序。

1. 前置审批的范围。公司设立并非都必须历经该程序。一般情况下，符合公司法规定的公司设立条件的可分别申请登记为有限责任公司或者股份有限公司。但根据《公司法》第 6 条第 2 款的规定："法律、行政法规规定设立公司必须报经批准的，应当在公司登记前依法办理批准手续。"我国《公司登记管理条例》第 17 条规定，"设立公司应当申请名称预先核准。法律、行政法规或者国务院决定规定设立公司必须报经批准，或者公司经营范围中属于法律、行政法规或者国务院决定规定在登记前须经批准的项目的，应当在报送批准前办理公司名称预先核准，并以公司登记机关核准的公司名称报送批准。"此为公司设立审批制度的法律依据。可见，设立有限责任公司需要办理批准的主要有两大类：一是依法必须经过审批才能成立的公司。指法律、行政法规或者国务院决定规定设立公司必须报经批准的公司。该类公司未经批准，不能成立。如中外合营的有限责任公司的设立应当根据《中外合资经营企业法》第 3 条规定，合营企业经批准后，才能向国家工商行政管理主管部门登记，领取营业执照，开始营业。即使这类公司经营项目属于国家鼓励、允许的行业，符合国家指导外商投资方向的规定及外商投资产业指导目录，但依然需要经过国家对外经济贸易主管部门审查批准才能登记营业执照。二是有必须经批准才能经营之营业项目的公司。比如，拟设立的公司经营范围中有食品加工项目的，就应当持工商部门核发的名称预先核准通知书，到县级以上卫生行政主管部门办理卫生许可证，凭许可证方能办理工商登记手续。自 2016 年以来，为了依法推进简政放权、放管结合、优化服务改革，国务院对取消和调整行政审批项目、价格改革和实施普遍性降费措施涉及的行政法规进行了清理。国家工商总局根据国务院发布的相关行政决定以及有关法律的修改情况，多次对工商登记前置审批事项进行调整。截止到 2018 年 2 月，国家工商总局最新发布的《关于调整工商登记前置审批事项目录的能知》之附件《工商登记前置审批事项目录》显示，工商登记前置审批事项仅仅保留 28 项，其余的已改为后置审批或取消。前置审批主要缩减在涉及国计民生、重大安全许可事项范围之内。

有限公司报经审批后，依《公司登记管理条例》规定，应当自批准之日起 90 日内向公司登记机关申请设立登记；逾期申请设立登记的，申请人应当报审批机关确认原批准文件的效力或者另行报批。

2. 公司设立审批的一般流程。公司设立审批属于行政许可行为。按照《行政许可法》的规定，行政许可程序大致包括申请与受理程序、审核、决定颁发许可证三个步骤。

（1）申请与受理。公民、法人或者其他组织申请公司设立审批，首先应当向有关行政主管机构提出申请。行政许可机关应当依据法律、行政法规、规章的规定，将许可的事项项目、依据、条件、数量、程序、期限及需要提交的全部资料及申请书示范文本在办公场所进行公示。申请人对于不清楚的事项，可以要求行政机关对公示内容予以说明、解释，行政机关应当说明、解释，并提供准确、可靠的信息。

申请人申请行政许可，应当如实向行政机关提交有关材料和反映真实情况，并对其申请材料实质内容的真实性负责。行政机关不得要求申请人提交与其申请的行政许可事项无关的技术资料和其他材料。

行政机关对申请人提出的行政许可申请应当根据不同情况分别作出受理或不受理的处理，并出具加盖本行政机关专用印章和注明日期的书面凭证。依照《行政许可法》的规定，申请事项属于本行政机关职权范围，申请材料齐全、符合法定形式，或者申请人按照本行政机关的要求提交全部补正申请材料的，应当受理行政许可申请。

（2）审查。负责设立审批的行政机关应当对申请人提交的申请材料进行审查。行政机关主要进行书面材料审查，审查申请人提交的申请材料是否齐全、是否符合法定形式。根据法定条件和程序，需要对申请材料的实质内容进行核实的，行政机关应当指派两名以上工作人员进行核查。

（3）行政许可决定。行政机关应当对申请人提交的申请材料进行审查，认为申请人提交的申请材料齐全、符合法定形式，行政机关能够当场作出决定的，应当当场作出书面的行政许可决定；不能当场作出行政许可决定的，应当在法定期限内按照规定程序作出行政许可决定。

准予行政许可，需要颁发行政许可证件的，应当向申请人颁发相应的加盖本行政机关印章的行政许可证件。不予行政许可的，应当说明理由，并告知申请人享有依法申请行政复议或者提起行政诉讼的权利。

行政许可有法定期限。除当场作出行政许可决定的才外，行政机关应当自受理行政许可申请之日起20日内作出行政许可决定。20日内不能作出决定的，经本行政机关负责人批准，可以延长10日，并将延长期限的理由告知申请人。法律、法规另有规定的，依照其规定。行政许可采取统一办理或者联合办理、集中办理的，办理的时间不得超过45日。45日内不能办结的，经本级人民政府负责人批准，可以延长15日，并将延长期限的理由告知申请人。行政机关作出准予行政许可的决定，应当自作出决定之日起10日内向申请人颁发、送达行政许可证件。

（五）股东共同制定公司章程

公司章程是公司设立必不可缺少的基础性法律文件，是公司组建、运行、解散等相关活动的内部依据。公司章程的制定应当遵守以下规则。

1. 依据公司法规定的内容范围制定公司章程。公司章程是公司的要式法律文件，必须采用书面形式，必须包括法律规定的内容，且不得违反公司法的规定。有限责任公司章程的内容应当包括《公司法》第25条第1款前七项的内容，股份有限公司章程的内容应当包括《公司法》第81条前十一项的内容。

2. 遵循真实合法原则制定公司章程。公司章程的制定者有义务确保章程内容的真实、合法。如果公司章程内容违法或不真实，公司登记监管机关可依法要求其改正，乃至不予登记。如发现公司章程登记时有虚假或者欺诈行为，公司登记管理机关可按照公司法或公司登记管理条例依法处罚。例如，《公司登记管理条例》第64条规定："提交虚假材料或者采取其他欺诈手段隐瞒重要事实，取得公司登记的，由公司登记机关责令改正，处以5万元以上50万元以下的罚款；情节严重的，撤销公司登记或者吊销营业执照。"

3. 按照全体股东的意志制定公司章程。公司章程是公司设立、存续、发展、变更、消灭的基本规则，涉及全体股东的权利和义务，根据《公司法》第23条规定，股东共同制定公司章程是有限责任公司设立应当具备的条件之一。此处的"股东"是指有限责任公司设立时的股东，即发起人。"共同制定"之实质是公司章程应当反映全体发起人的共同意志，形式上表现为全体发起人必须在公司章程上签字盖章。但基于一人有限责任公司的特殊性，其章程由股东制定。

（六）股东缴纳出资

股东出资是公司资本的来源，是股东获得股权的主要依据，是公司设立的主要法律行为。股东缴纳出资应当按照公司章程和法律规定缴纳。具体注意以下三个问题。

1. 股东应当依法认缴章程规定的认缴数额。

（1）股东出资额应当按照公司章程记载的数额。公司章程是由有限责任公司全体发起人即股东一致通过的对全体股东有约束力的法律文件，记载着公司的注册资本以及各股东认缴的出资额，因而是股东确定出资义务的直接依据。

（2）股东出资总额应当符合法律规定。虽然 2013 年《公司法》第三次修订废除了普遍实行的公司最低注册资本额制度，但这仅仅是针对从事普通业务的公司而言的，并不包括从事特殊行业或特殊项目的公司。如果其他法律、行政法规以及国务院决定对公司最低注册资本额有特别限定，全体股东的出资额不得低于公司最低注册资本额限定。例如，《劳动合同法》第 57 条规定经营劳务派遣业务的公司注册资本不得低于 200 万元。

（3）股东缴纳出资应当按照公司章程规定的出资期限缴纳。2013 年《公司法》第三次修正删除了 2005 年《公司法》第 26 条关于股东出资强制性期限的规定，并规定股东认缴出资的缴纳期限由公司章程规定。

上述规则说明，股东应当向公司缴纳多少出资，什么时间缴纳，完全取决于公司章程的规定。也说明我国公司注册资本制度实现了由实缴登记制改为认缴登记制。这大幅度降低了公司的设立门槛，便于公司的设立。但在认缴资本制下，股东也应当清楚认识法律赋予的出资自由，股东认购资本的多少决定着股东出资责任的大小，过分申报认缴资本可能危及股东的财产安全。

2. 股东出资形式。股东出资形式实行法定主义，即股东用来作为出资的财产形式不取决于股东拥有何种财产，也不取决于公司是否认可某种财产，而取决于法律对出资形式的规定。我国《公司法》第 27 条规定："股东可以用货币出资，也可以用实物、知识产权、土地使用权等可以用货币估价并可以依法转让的非货币财产作价出资；但是，法律、行政法规规定不得作为出资的财产除外。"该条款表明我国《公司法》对公司出资采用了列举与抽象性标准描述相结合的方式。一方面，采用列举方式，明确列举货币以及实物、知识产权、土地使用权等非货币财产可以作为股东出资的形式，另一方面，又采用抽象概括的方式，描述了股东作为出资的非货币财产必须符合"可以用货币估价并可以依法转让"的标准。

列举的立法模式在于直接向社会宣告股东可以作为出资的具体财产类型；抽象概括的模式在于向社会指明股东可以作为出资之财产必须满足的实质要件。

因此，那些不符合出资财产实质要件的某些有形物或无形物，当然就不能作为出资，因为不符合出资财产实质性标准的，必然在财产价值的确定性、相对稳定性或可转让性的某一方面不能得到满足，而不能在市场经济扭转中得到普遍认可。例如，《公司登记管理条例》第 14 条规定："股东的出资方式应当符合《公司法》第 27 条的规定，但是，股东不得以劳务、信用、自然人姓名、商誉、特许经营权或者设定担保的财产等作价出资。"而那些只要符合出资财产实质要件的任何财产均可以作为股东出资形式。例如，除了《公司法》列明的几种财产之外的"股权、债权、公路经营权、探矿权、采矿权"在符合法律规定的情形下"可以用货币估价并可以依法转让"，是可以作为股东出资形式的。

除了上述规定之外，我国《公司法》对股东各类出资形式之间的比例没有法律规定，这意味着公司现金出资、知识产权出资的比例完全由公司章程制定者决定。

3. 股东出资的履行。股东负有向公司缴纳出资的义务，应当按期足额缴纳公司章程中规定的各自所认缴的出资额。股东履行缴纳出资的义务就是把出资财产的法律权属转移给公司。出资财产性质不同，其法律权属转移的方式也有所不同。关于股东出资履行的法律规定主要是《公司法》第 28 条，该条第 1 款规定："……股东以货币出资的，应当将货币出资足额存入有限责任公司在银行开设的账户；以非货币财产出资的，应当依法办理其财产权的转移手续。"本书结合出资财产的具体属性和有关法律规定，认为股东出资的履行应当按以下方式进行。

（1）货币出资的履行。货币出资应按照《公司法》第 28 条规定，将货币出资足额存入有限责任公司在银行开设的账户。

（2）实物出资的履行。实物因其类别不同，实物出资的履行方式也有所不同。

动产出资的履行，以交付为主要形式，实现动产所有权的转移，但对特殊动产，如船舶、航空器和机动车等，不仅要交付，还需要办理登记，才能视为出资的完全履行。因为《物权法》第 24 条规定："船舶、航空器和机动车等物权的设立、变更、转让和消灭，未经登记，不得对抗善意第三人。"

不动产出资的履行，如房屋等，依法必须办理权属登记。只有当房屋等不动产依法记载于不动产登记簿时房屋等不动产的出资履行才发生效力。因为根据《物权法》第 9 条规定："不动产物权的设立、变更、转让和消灭，经依法登记，发生效力；未经登记，不发生效力，但法律另有规定的除外。"

（3）知识产权的出资履行。知识产权包括专利权、商标权、著作权以及非专利技术等。专利权的转移，依据《专利法》第 10 条的规定，当事人应当订立转让专利权的书面合同，并向国务院专利行政部门登记，由国务院专利行政部门予以公告，专利权的转让自登记之日起生效。商标权的转移，依据《商标法》第42条规定，转让人和受让人应当签订转让注册商标的转让协议，共同向商标局提出申请，转让注册商标经核准后予以公告，受让人自公告之日起享有商标专用权。著作权从作品完成之日就自动产生，无需经过登记程序，无固定的权利表现形式，没有特定的权利证书，因而其出资的履行应根据作品的具体情况确定出资的要求，如书稿、影像资料的交付及其转让合同的签订等。但如果是计算机软件作品的交付，可申请软件著作权登记以证明著作权的转移。非专利技术的出资履行，与其他动产出资履行类似，需要将非专利技术的载体交付给公司，鉴于非专利技术出资的特性，通常采用交付非专利技术有关的图纸、数据、程序等技术资料，并依约定对公司技术人员进行培训，以此保证非专利技术的完整转移。

（4）土地使用权的出资履行。根据《物权法》第139条规定："设立建设用地使用权的，应当向登记机构申请建设用地使用权登记。建设用地使用权自登记时设立。登记机构应当向建设用地使用权人发放建设用地使用权证书。"第145条："建设用地使用权转让、互换、出资或者赠与的，应当向登记机构申请变更登记。"是故，以土地使用权作为出资的，土地使用权的转移也应当办理土地使用权的变更登记。

综上所述，股东以不动产、准不动产、专利权、商标权、土地使用权等财产出资的，应当依法办理其财产权的转移手续。由于国家对该类财产实行登记管理制度，该类出资的履行方式包括权属变更和实际缴付两个方面。权属变更属法律上的权利交付，需到国家登记管理机构办理权利主体的变更登记；实际缴付，是事实上的权利交付，表现为标的物占有主体的实际变更。权属变更和实际缴付共同构成权利完整移转不可分割的两个方面，缺一不可。权属变更的价值在于法律对权利的认定和法律风险的防范，实际缴付的价值则在于公司对股东出资财产的实际利用和其他权益的实现。如，房屋、汽车、专利技术、土地使用权的交付不仅实际交付占有，还需分别到房产登记管理部门、机动车辆登记管理部门、国家知识产权局、国土资源管理局进行权利主体变更登记。

（七）出资评估

《公司法》第27条第2款规定："对作为出资的非货币财产应当评估作价，核实财产，不得高估或者低估作价。法律、行政法规对评估作价有规定的，从其规定。"根据这一规定，出资评估主要指对非货币财产的价值评估，投资人以非货币财产出资的应当进行资产评估。

资产评估（以下简称评估），是指评估机构及其评估专业人员根据委托依照法定或公允的标准和程序，运用科学的方法，以货币作为计算权益的统一尺度，对在一定时点上的资产进行评定估算的行为。

对非货币出资的价值评估必须客观、公正、真实、准确，过高估价或过低估价均将损害相关主体利益。过高估价构成股东出资的不实和公司注册资本的虚假，势必侵犯公司的财产权利、其他出资真实的股东的利益以及危及债权人的利益；过低估价虽然有利于公司和其他股东的利益，但却损害了该项出资的股东的利益，违背公平原则。

依据 2016 年 7 月通过的《资产评估法》的规定，资产评估分为自愿评估和法定评估。自愿评估指自然人、法人或者其他组织需要确定评估对象价值的，可以根据自己意愿委托评估机构评估。法定评估是涉及国有资产或者公共利益等事项，法律、行政法规规定需要评估的，应当依法委托评估机构评估。如，《国有资产评估办法》第 18 条规定，国有资产评估，必须"报同级国有资产管理行政主管部门确认资产评估结果"这些属于法定评估。

评估机构应在评估结束时出具资产评估报告。资产评估报告必须客观真实，不得提供虚假证明文件、签署本人未承办业务的评估报告或者有重大遗漏的评估报告，否则，将要承担相应的法律责任。《公司法》第 207 条规定："承担资产评估、验资或者验证的机构提供虚假材料的，由公司登记机关没收违法所得，处以违法所得一倍以上五倍以下的罚款，并可以由有关主管部门依法责令该机构停业、吊销直接责任人员的资格证书，吊销营业执照。承担资产评估、验资或者验证的机构因过失提供有重大遗漏的报告的，由公司登记机关责令改正，情节较重的，处以所得收入一倍以上五倍以下的罚款，并可以由有关主管部门依法责令该机构停业、吊销直接责任人员的资格证书，吊销营业执照。承担资产评估、验资或者验证的机构因其出具的评估结果、验资或者验证证明不实，给公司债权人造成损失的，除能够证明自己没有过错的外，在其评估或者证明不实的金额范围内承担赔偿责任。"

（八）申请设立公司登记

公司登记是依申请而实施的行政行为。在公司申请登记时，主要涉及受理机关、申请人、申请时间、申请所需提交的文件等四大要素。

1. 登记受理机关。公司登记的受理机关主要是各级工商行政管理机关。

2. 申请人。设立有限责任公司，一般应当由全体股东指定的代表或者共同委托的代理人向公司登记机关申请设立登记。

3. 申请登记的时间。申请设立登记申请人应当在名称预先核准的保留期内进行申请。对于法律、行政法规或者国务院决定规定设立有限责任公司必须报经批准的，应当自批准之日起 90 日内向公司登记机关申请设立登记；逾期申请设立登记的，申请人应当报批准机关确认原批准文件的效力或者另行报批。

4. 申请登记文件。申请设立有限责任公司，应当向公司登记机关提交下列文件：

（1）公司法定代表人签署的设立登记申请书；

（2）全体股东指定代表或者共同委托代理人的证明；

（3）公司章程；

（4）股东的主体资格证明或者自然人身份证明；

（5）载明公司董事、监事、经理的姓名、住所的文件以及有关委派、选举或者聘用的证明；

（6）公司法定代表人任职文件和身份证明；

（7）企业名称预先核准通知书；

（8）公司住所证明；

（9）国家工商行政管理总局规定要求提交的其他文件。

法律、行政法规或者国务院决定规定设立有限责任公司必须报经批准的，还应当提交有关批准文件。

（九）工商登记核准

申请人提交设立申请材料后，由公司登记机关依法对公司设立申请材料进行审查，决定是否受理。根据《公司登记管理条例》规定，符合"申请文件、材料齐全，符合法定形式的，或者申请人按照公司登记机关的要求提交全部补正申请文件、材料"条件的，应当决定予以受理。否则，依照该条例的规定作其他处理，或进行核实。

工商登记管理部门对申请公司登记的审核，主要包括两种情形。

1. 不符合《公司登记管理条例》规定的，不予登记。公司登记机关作出不予登记决定的，应当出具《登记驳回通知书》，说明不予核准、登记的理由，并告知申请人享有依法申请行政复议或者提起行政诉讼的权利。申请人可以对公司登记机关作出的《登记驳回通知书》依法申请行政复议或者提起行政诉讼。

2. 符合《公司登记管理条例》规定的，依法准予登记，核发营业执照。如果申请文件、材料齐全，符合法定形式，且认为不需要复核的，工商行政管理部门应当决定予以受理。对申请人到公司登记机关提出的申请予以受理的，应当当场作出准予登记的决定。作出准予公司设立登记决定的，应当出具《准予设立登记通知书》，告知申请人自决定之日起 10 日内，领取营业执照。对于其他情形，可以按《公司登记管理条例》规定的程序处理。

上述公司登记模式是单独依据《公司登记管理条例》设计的公司设立登记模式。在深化商事登记制度改革的今天，为落实国务院大力推进深化商事登记制度改革的重要决定，国务院办公厅于2016年6月30日发布了《关于加快推进"五证合一、一照一码"登记制度改革的通知》，要求在全国各省逐步实施"五证合一、一照一码"登记制度改革，以便于进一步为企业开办和成长提供便利化服务，降低创业准入的制度性成本，优化营商环境，促进就业增加和经济社会持续健康发展。所谓五证合一是指将以前分别由工商行政管理、质量技术监督、税务、劳动、统计五个部门核发的营业执照、组织机构代码证、税务登记证、社会保险登记证和统计登记证等五个不同证照，改为由工商行政管理部门核发的营业执照，组织机构代码证、税务登记证、社会保险登记证和统计登记证等四证不再单独发放。所谓"一照一码"是指将五证合并之后保留的营业执照上加上识别法人和其他组织身份的统一社会信用代码。实施"五证合一、一照一码"后，公司、农民专业合作社等申请人在办理相关登记注册时，只需要填写"一张表格"，向工商部门"一个窗口"提交"一套材料"，就能拿到加载统一社会信用代码的营业执照，不必再到质量技术监督、税务、人力社保部门和统计部门等办理组织机构代码证、税务登记证、社会保险登记证和统计登记证等相关许可证。通过此项改革，为投资者进入市场创造便利环境。

（十）申请人领取营业执照的程序

公司登记机关作出准予公司设立登记决定的，申请人可持公司登记机关出具的《准予设立登记通知书》自决定之日起十日内，领取营业执照。申请人领到营业执照后，营业执照签发之日，即公司成立之日，公司获得法人资格。

《企业法人营业执照》分为正本和副本，正本和副本具有同等法律效力。

《企业法人营业执照》正本应当置于公司住所或者分公司营业场所的醒目位置。公司可以根据业务需要向公司登记机关申请核发营业执照若干副本。国家还推行电子营业执照。电子营业执照与纸质营业执照具有同等法律效力。

（十一）刻办公章、开设银行账户

正如本节前文所述，虽然依据《公司登记管理条例》之规定，领取营业执照，公司具有法人资格，公司宣告成立，但公司开业从事经营活动还需要办理刻制公司印章、银行开户等多项工作。主要内容如下：

1. 刻制印章。1993年，国务院依法颁布了《关于国家行政机关和企业事业单位社会团体印章管理的规定》。各省市政府根据该规定颁发了刻字业治安管理办法。根据上述规定，经营刻章业务的单位须经当地公安局批准。公司办理刻章事项时需要持有上级主管单位的批准文件、出具营业执照正本和复印件。其中，属市、区（市）直属企业的同时出具上级单位刻章证明。在获得住所地公安机关审核登记后，持公安机关的证明刻制公司印章。

2. 银行开户。开立银行账户的法律依据主要是自2003年9月1日起施行的由中国人民银行制定的《人民币银行结算账户管理办法》以及 2005 年中国人民银行通过的《人民币银行结算账户管理办法实施细则》。根据上述规定，公司开设银行账户一般应当在注册地开立银行结算账户，同时提交以下法律文件：①企业营业执照正本原件及复印件；②组织机构代码证正本原件及复印件、IC卡；③国税登记证正本原件及复印件；④地税登记证正本原件及复印件；⑤法人代表身份证原件及复印件；⑥经办人身份证原件及复印件；⑦公章、财务章、人名章；⑧如果不是法定代表人本人去办理的，委托他人办理开户时应另附委托书。

三、注意事项

（一）有限责任公司投资者应当适度注意维护公司股东关系

公司是独立民事主体，具有法人资格，有专属于公司的法人财产，依法享有法人财产权，并能够独立地为自己的行为承担民事责任。股东仅以其出资额承担法律责任。因此，有限责任公司在公司法理论上也属于资合性公司，这是投资者选择公司作为投资工具的主要原因。没有投资经验的投资者往往简单地认为成为有限责任公司股东后就可以跟公司一起享受投资带来的红利。这说明投资者并不了解资合性的有限责任公司还有人合性因素，一旦其人合性因素遭到破坏，往往给其带来不利的影响。

有限责任公司人合性是指有限责任公司的成员之间存在着人身信赖关系，与合伙企业成员之间的互信关系具有一定的相似性，主要表现为股东在社会上的个人信用的可依赖性以及股东之间的相信关系。有限责任公司人合性对公司内外都有显著影响。在公司内部管理中，无论是经营方针、投资计划、重大经营事项的决策、高级管理人员的选聘，还是财务、人事、物资的管理，都需要公司股东之间的高度信任和充分合作。否则，股东之间冲突不断，就会造成公司的经营管理不能正常顺利地进行而形成公司僵局。即使公司设立伊始，股东之间没有冲突，但由于没有充分的信任，在利益面前，难免因利益诱惑导致猜疑产生。股东间猜疑的产生，将使公司良性运营的基础逐渐丧失。一方面，解决股东之间受损的互信关系，不得不建立起较为复杂的规章制度及议事规则，从而降低公司办事效率，增加公司运行成本；另一方面，互信关系受损的股东必然不会全力为公司整体利益服务，导致公司成长的人合性优势减损，乃至机会丧失。特别是股东在设立公司之初，基于彼此之间的信赖，对许多事情未作出明确的规定，即使有规定，也充满了基于互信的民主决议机制。一旦公司人合性受损，乃至互信丧失，民主表决的机制也不能保障公司正常运行，公司往往处于瘫痪或半瘫痪状态，最终形成公司僵局或者出现内部严重冲突。从公司外部经营活动看，内部的冲突或运行的低效率会妨碍外部对公司的评价、合作、客户开发、市场拓展。

正是因为有限责任公司股东之间的人合性需要维护，《公司法》立法从限定股东人数、只允许股东认缴公司资本而不允许公司公开募集资本、对股权转让进行限制、弱化公司法对公司内部股东之间关系的干预、尊重公司股东意思自治等方面立法，给予特别保护。投资者也应适应有限责任公司这一人合性特点，决定是否选择有限责任公司作为投资工具，以及选择之后如何维护这一投资工具的良性运行。

（二）股东应当注意因出资而产生的法律风险

2013 年 12 月 28 日，经第十二届全国人民代表大会常务委员会第六次会议审议通过的决定，通过了公司法第三次修正，公司法废止了过去实施多年的实缴资本制，包括有限责任公司在内的非上市公司采用了认缴资本制，公司注册资本的数额及缴纳期限主要由公司章程规定。各股东也主要依据公司章程规定承担相应的出资义务。这既给予股东投资以自由，也为公司、股东打开风险之门提供了方便。

首先，在自由认缴出资制度之下公司的经营易面临资金风险。一是股东很容易设立注册资本较高的公司，以便吸引他人与自己交易，甚至更容易吸引到大笔交易。但是在公司本身资金不足的情况下，高负债成为实现大笔交易的现实途径。一旦交易中资金周转超出预期或者资金回收出现困难，高负债导致的资金压力会使公司难以承受高负债风险，很容易造成资金链断裂，乃至资不抵债，面临破产风险。二是公司可以通过章程约定免除股东初期投入资金的义务，但随着股东个人经济状况以及公司经济发展状况的变化，可能导致公司真正需要资金投入的时候，股东没有实力履行出资义务，从而影响公司正常经营，也损害其他股东利益。

其次，股东承诺认缴的出资终将依法实缴，过高认缴出资可能危及股东自身资产安全，把有限责任变相演变为无限责任。股东过高认缴出资，一旦公司经营管理不善，产生巨额债务而不能清偿到期债务，股东就有义务在其应履行而尚未履行的出资额范围内承担补充清偿责任；如果公司面临破产清算的风险，无论股东的认缴出资是否届期，都要一次性缴清。此时股东认缴出资越多风险越大。

最后，股东过多认购出资额且实际不缴纳出资的并不一定能够享有股东权利。根据《公司法》第 42 条规定，没有实际缴纳出资的股东可能依据章程的规定不能享有表决权，根据《公司法》第 43 条规定，除非股东另有约定，股东应当按照实缴的出资比例分取红利。因此，没有实际缴纳出资的股东在公司内部并不一定能够实际享有股权，而对外又承担法律风险，显然过多认购出资额而又不实际缴纳出资并不一定符合认缴股东的自身利益。

四、实例与案例

案例一 签署入股协议书就可以当公司股东吗?

被告某物业管理有限公司由股东张某、任某发起设立。次年10月,被告某物业管理有限公司在《东方今报》刊登一则招聘启事。原告程某看到广告后,到物业公司应聘。面试过程中,物业公司经理邀请其加入公司做股东,经过一番沟通,程某与物业公司经理签订一份入股协议书,约定原告程某入股2万元,期限三年,原告自入股之日起到被告处上班,共同经营本公司,可定期参加股东会议,对重大问题进行讨论,入股资金不得随意抽回等。原告程某、被告经理在该协议上捺印、签章。原告程某向被告交款2万元,被告经理出具收据一份,载明收款事由为合伙入股。

后,原告发现公司经营存在严重问题,账目混乱,遂提出退股申请未果,便起诉至辖区郑州高新区人民法院,要求被告退还所交的款项2万元股金。物业公司辩称:原告程某与被告签订有《入股协议书》,交纳2万元股金是事实,但原告莫名其妙地要求退股,其他股东不同意。依据公司法规定,公司依法成立后,股东不得抽逃出资。原告要求退股,无法律依据,请求驳回原告的诉请。

法院审理认为,原告程某的2万元款项并非出资,本人依法也不属于被告有限责任公司的股东,他们之间的行为只是合同纠纷,且所订协议属于无效合同,而根据合同法的规定,被告因该合同取得的财产应当予以返还。

案情评析

什么是有限责任公司? 有限责任公司是指依照《公司法》在中国境内设立,股东以出资额为限对公司承担责任,公司以其全部资产对公司的债务承担责任的企业法人。

股东设立有限责任公司应当由五十个以下股东共同出资设立,股东认购公司股份,共同制定公司章程,公司章程应当记载股东的基本情况及出资额,股东还应当在公司章程上签字,并经法定程序向公司登记机关申请登记才能成立。在公司成立后,投资者想成为有限责任公司股东,一般情况下,只有两个途径:一是通过公司增资扩股,成为公司新增股东;二是通过受让他人股权,成为公司继受股东。除此之外,投资者不能成为公司股东。

从本案例中可以看出,原告与物业公司达成一致意见,签订入股协议书,交纳2万元,希望成为物业公司的股东。但原告程某希望加入公司的行为,既不属于创设公司的法律行为,也不属于股权受让行为,同时其也没有经过其他股东同意加入公司,公司也无法为其办理章程、进行工商登记的股东身份备案行为,故此原告程某与物业公司经理签订的入股协议书因违反了公司法的强制性规定而无效。当事人基于无效合同所取得的财物应当返还给对方，原告程某可以要回其交纳的 2 万元钱。

法律规定

《公司法》第 23 条规定，设立有限责任公司，应当具备下列条件：

（一）股东符合法定人数；

（二）有符合公司章程规定的全体股东认缴的出资额；

（三）股东共同制定公司章程；

（四）有公司名称，建立符合有限责任公司要求的组织机构；

（五）有公司住所。

第 25 条规定，有限责任公司章程应当载明下列事项：

（一）公司名称和住所；

（二）公司经营范围；

（三）公司注册资本；

（四）股东的姓名或者名称；

（五）股东的出资方式、出资额和出资时间；

（六）公司的机构及其产生办法、职权、议事规则；

（七）公司法定代表人；

（八）股东会会议认为需要规定的其他事项。

股东应当在公司章程上签名、盖章。

第 37 条规定，股东会行使下列职权：

（一）决定公司的经营方针和投资计划；

（二）选举和更换非由职工代表担任的董事、监事，决定有关董事、监事的报酬事项；

（三）审议批准董事会的报告；

（四）审议批准监事会或者监事的报告；

（五）审议批准公司的年度财务预算方案、决算方案；

（六）审议批准公司的利润分配方案和弥补亏损方案；

（七）对公司增加或者减少注册资本作出决议；

（八）对发行公司债券作出决议；

（九）对公司合并、分立、解散、清算或者变更公司形式作出决议；

（十）修改公司章程；

（十一）公司章程规定的其他职权。

风险提示

投资者向公司进行投资，应当按照《公司法》规定的程序进行，任何违法

《公司法》强制性规定，想当然地加入公司的行为都是不具有法律效力的行为，得不到法律的保护。

案例二

A 公司是由张某、王某发起设立的有限责任公司。设立时，为了提高注册资本数额，王某主张将公司注册资本确定为 1800 万元，张某认购 300 万元，之外的部分由王某认购。张某于公司成立时一次性缴纳了其认购的全部出资 300 万元，王某认购 A 公司出资额 1500 万元，在 A 公司成立时一次性缴纳 840 万元，其余 660 万元没有缴纳。2013 年 3 月至 2014 年 12 月间，被告 A 公司先后向原告甲公司采购珍珠棉。2015 年 5 月 5 日，原告甲公司与被告 A 公司经对账后确认，至 2015 年 3 月 A 公司欠原告总货款共人民币 200 万元。对账后被告 A 公司分文未付给原告甲公司。于是，原告甲公司以 A 公司和王某为被告，要求 A 公司偿还货款，王某负连带责任。

经审理，法院认为被告 A 公司欠原告甲公司货款人民币 200 万元事实成立，被告 A 公司的注册资本为 1800 万元，A 公司股东被告王某认缴 A 公司注册资本 1500 万元，至今实缴出资额 840 万元，尚有 660 万元没有缴纳，事实成立。原告甲公司请求被告王某在未足额缴付注册资金的范围内对被告 A 公司的上述欠款承担偿付责任，应予支持。

案情评析

注册资本是公司在设立时筹集的、由章程载明的、经公司登记机关登记注册的资本。注册资本由股东认缴的出资额构成。认缴出资额就是股东共同制定的公司章程中规定的各股东出资的数额。修订后的公司法允许股东认购股份或者允诺出资后，可以一次性全部缴清，也可以在一定期限内分期缴纳。这样，注册资本与登记的实收资本可能会发生数额上的差异，实收资本可能会低于注册资本。

实践中，由于缺乏相应的监管，导致部分有限责任公司的股东并未按期限缴清出资，甚至在公司停业时，仍未缴清出资，损害了公司债权人的利益。针对这种情况，《关于适用〈公司法〉若干问题的规定（三）》作出了明确的规定，该司法解释第 13 条第 2 款规定，公司债权人请求未全面履行出资义务的股东在未出资本息范围内对公司债务不能清偿的部分承担补充赔偿责任的，人民法院应予支持。本案正是依据该司法解释的规定，判决王某对 A 公司欠原告甲公司的债务承担补充清偿责任。

法律规定

《公司法》第 28 条规定，股东应当按期足额缴纳公司章程中规定的各自所认缴的出资额。股东以货币出资的，应当将货币出资足额存入有限责任公司在银行开设的账户；以非货币财产出资的，应当依法办理其财产权的转移手续。

　　股东不按照前款规定缴纳出资的，除应当向公司足额缴纳外，还应当向已按期足额缴纳出资的股东承担违约责任。

　　《关于适用〈公司法〉若干问题的规定（三）》第13条第2款规定："公司债权人请求未履行或者未全面履行出资义务的股东在未出资本息范围内对公司债务不能清偿的部分承担补充赔偿责任的，人民法院应予支持；未履行或者未全面履行出资义务的股东已经承担上述责任，其他债权人提出相同请求的，人民法院不予支持"。

　　风险提示

　　过多认购出资会给投资者带来超预期的风险。建议股东出资认购数额应当与其风险承担预期一致，以防止超额认购出资额给自身带来的投资风险。

■第二单元　合伙企业设立实务

■ 情境导入

　　小张刚刚从大学毕业，为人比较豪爽，做事敢作敢为，不拘细节。大学毕业后在一家普通公司上班，每天朝九晚五，拿固定薪水。 虽然薪水不高，也够应付日常开支，但展望前景，总不知道哪一天手头能够宽松起来。 一天，在和朋友聚会中，认识了一位豪气的兄弟小李。 二人在投资挣钱上有共同爱好。 在接下来的一周里，二人几次见面，并通过小张认识了小王、小周等人。 四人经过商量决定成立一家合伙企业经营水果，取名天天鲜水果批发零售店。 四人约定，每人出资 15 万元人民币，在水果店成立时交齐。 水果店成立时，没有交齐的，对没有交纳的部分承担违约责任，按年息 15% 计算利息。 小周声称自己资金周转需要一定时间，需迟交两个月。 水果店注册后顺利开业。 开业伊始，水果店按预期盈利。 水果店逐步加快进货速度，出现较多库存。 由于秋季来临，新鲜水果不断上市，原来库存的水果出现积压、滞销。 一年下来，除去房租、运费、人工、水电、税收等各种经营成本，发现水果店亏损 25 万元。 小张认为这是交钱学经验，来年继续励精图治，做好生意。当小张找各位合伙人进行算账和协商增资时，大家提出各种质疑。 当小张找小周催缴出资时，小周更是不满意水果店的经营状况，主张由小张负责水果店的损失。 之后不久，再联系小周时，小周电话关机，几位合伙人都无法与小周联系。 这时大家才发现，由于平时疏于细问小周的住址及老家的详细情况，现在根本没有人知道其住在哪里？ 而企业登记注册时的身份信息是其老家的住所，早已在十年前发生了变化，根本无法查找。

　　至此，小张等人才发现合伙企业出现了严重危机。 这个案例给大家提出的一个问题就是，如何开办合伙企业才能消除创业中的风险呢？ 这需要了解下述重点问题。

一、什么是合伙企业

我国《合伙企业法》第 2 条规定："所称合伙企业，是指自然人、法人和其他组织依照本法在中国境内设立的普通合伙企业和有限合伙企业。普通合伙企业由普通合伙人组成，合伙人对合伙企业债务承担无限连带责任。本法对普通合伙人承担责任的形式有特别规定的，从其规定。有限合伙企业由普通合伙人和有限合伙人组成，普通合伙人对合伙企业债务承担无限连带责任，有限合伙人以其认缴的出资额为限对合伙企业债务承担责任。"

根据上述法律规定，合伙企业是由两个或者两个以上的自然人、法人或者其他组织按照合伙协议依法设立的以营利为目的的经营共同体。它包括普通合伙企业和有限合伙企业两种类型。两种类型的合伙企业均包含普通合伙人，且以普通合伙人的存在为基础。有限合伙企业至少应当有一个普通合伙人。可见，无论哪种类型的合伙企业均不能在民事责任能力上与其出资人完全分离，与公司相比，其不具有法人地位。即便如此，合伙企业具有民事主体地位，根据《合伙企业法》第 20 条规定："合伙人的出资、以合伙企业名义取得的收益和依法取得的其他财产，均为合伙企业的财产。"合伙企业及其合伙人的合法财产及其权益依法受法律保护。

正是考虑到合伙企业不具有法人资格，其法律地位不同于公司，因而《合伙企业法》为合伙企业设立设定了与公司相比较为低的设立条件。依据《合伙企业法》第 14 条规定："设立合伙企业，应当具备下列条件：（一）有二个以上合伙人。合伙人为自然人的，应当具有完全民事行为能力；（二）有书面合伙协议；（三）有合伙人认缴或者实际缴付的出资；（四）有合伙企业的名称和生产经营场所；（五）法律、行政法规规定的其他条件。"在合伙企业设立程序上也设定了较公司相对宽松的设立程序。

基于合伙企业在组织形态多样性、组建方便灵活等方面体现出的比较优势，其被广泛应用于工业、建筑业、交通运输、商业、餐饮、服务、修理、咨询、律师、会计、建筑设计、不动产代理等诸多行业。

二、合伙企业设立流程

合伙企业设立是合伙人以成立合伙企业为目的，以合伙协议的达成为基础，向企业登记主管部门申请登记，以获得合伙企业成立许可的行为。因此，从合伙企业创办人之间关系及创办人与企业登记部门之间的关系看，合伙企业的设立主要有合伙人签订合伙协议、准备合伙企业名称预先核准并向企业登记主管部门申请名称预先核准、准备合伙企业设立申报材料并向企业登记主管部门申请合伙企业登记的行为。如需设立审批的，合伙企业名称预先核准后，申请合伙企业登记前，还需要向经营项目主管机关申报设立审批。实践中，合伙人为了实现合伙企业设立的目的，合伙人必须按照法律规定的条件和程序，实施签署合伙人协议、寻找公司经营场所、申请合伙企业名称预先核准、选定合伙企业事务执行人、出资、申请设立审批、申请登记、领取营业执照等一系列行为。

（一）签署合伙协议

合伙协议是两个以上合伙人相互约定，为了经营共同事业，共同出资、共同经营、共享收益、共担风险的合同。合伙人在产生举办合伙企业意向的基础上应订立合伙协议。合伙协议是要式合同，依据《合伙企业法》第 4 条规定："合伙协议依法由全体合伙人协商一致、以书面形式订立。"

合伙协议是合伙企业设立、存续的基础，它不仅创设合伙企业的团体人格，而且对合伙企业内部的组织管理作出安排，并明确合伙人之间的权利义务，具有十分重要的意义。

合伙协议是诺成合同，合伙协议一经合伙人就其主要条款形成一致意思表示即可成立，并不以当事人实际出资为生效条件。合伙企业因其类型不同，法律对合伙协议的内容要求也不尽相同。一般来说，普通合伙企业合伙协议的内容应当遵循《合伙企业法》第 18 条规定，应当载明下列十个方面的事项：①合伙企业的名称和主要经营场所的地点；②合伙目的和合伙经营范围；③合伙人的姓名或者名称、住所；④合伙人的出资方式、数额和缴付期限；⑤利润分配、亏损分担方式；⑥合伙事务的执行；⑦入伙与退伙；⑧争议解决办法；⑨合伙企业的解散与清算；⑩违约责任。有限合伙企业的合伙协议内容除了包括《合伙企业法》第 18 条规定的十个方面的事项外，还应当遵循该法第 63 条所规定的，载明下列六项内容：①普通合伙人和有限合伙人的姓名或者名称、住所；②执行事务合伙人应具备的条件和选择程序；③执行事务合伙人权限与违约处理办法；④执行事务合伙人的除名条件和更换程序；⑤有限合伙人入伙、退伙的条件、程序以及相关责任；⑥有限合伙人和普通合伙人相互转变程序。

合伙协议经全体合伙人签名、盖章后生效。合伙人按照合伙协议享有权利，履行义务。修改或者补充合伙协议，应当经全体合伙人一致同意；但是，合伙协议另有约定的除外。合伙协议未约定或者约定不明确的事项，由合伙人协商决定；协商不成的，依照本法和其他有关法律、行政法规的规定处理。

（二）合伙企业经营场所

经营场所，是指企业实际从事生产、销售、仓储、服务等经营活动的所在地。一般来讲，其含义不同于企业住所。企业住所，是指企业主要办事机构所在地，其功能主要是公示企业法定的送达地、确定企业司法和行政管辖地。

依据《合伙企业法》《合伙企业登记管理办法（2014 年修订）》的规定，合伙企业登记主管机关主要登记合伙企业的经营场所，且经企业登记机关登记的合伙企业主要经营场所只能有一个，并且应当在其企业登记机关登记管辖区域内。这与公司登记注册时必须登记住所相比较，是明显不同之处。司法实践中，该依法登记的经营场所视为合伙企业的住所。

（三）申请名称预先核准

依据《民法总则》第 2 条规定，非法人组织和自然人、法人一样都是具有平等的民事主体。合伙企业属于非法人组织，虽不具有法人资格，但是能够依法以自己的名义从事民事活动的组织，应当有自己的名称。

合伙企业名称预先核准一般不是强制性要求。这与公司名称预先核准的强制性要求不一样。《企业名称登记管理实施办法》第 22 条规定，设立合伙企业可以申请名称预先核准，不是强制性的，但在实践中合伙人在申请合伙企业设立登记之前均事前履行预先核准程序。如果合伙企业的经营范围中涉及法律、行政法规规定需要政府主管部门批准的项目，合伙人拟选用的合伙企业名称必须先向设立地的企业登记主管机关办理名称的预先核准。

合伙企业名称预先核准程序、所提交的材料与公司名称预先核准规则相比具有相似性。一般，应当由全体合伙人指定的代表或者委托的代理人，向有名称核准管辖权的工商行政管理机关提交企业名称预先核准申请书。企业名称预先核准申请书应当载明企业的名称（可以载明备选名称）、住所、注册资本、经营范围、投资人名称或者姓名、投资额和投资比例、授权委托意见（指定的代表或者委托的代理人姓名、权限和期限），并由全体投资人签名盖章。企业名称预先核准申请书上应当粘贴指定的代表或者委托的代理人身份证复印件。

合伙企业名称的构成因其组织机构的特殊性而有特殊规定。除了应当与公司名称构成一样，应当遵守《企业名称登记管理规定》等相关规定外，依据《合伙企业法》《合伙企业登记管理办法》的有关规定，合伙企业名称中的组织形式后应当标明"普通合伙"、"特殊普通合伙"或者"有限合伙"字样。合伙企业没有在其名称中标明"普通合伙"、"特殊普通合伙"或者"有限合伙"字样的，由企业登记机关责令限期改正，处 2000 元以上 1 万元以下的罚款。

（四）合伙事务执行人选定

合伙事务的执行人是根据合伙人协议或全体合伙人约定，在合伙企业法规定的权利范围内对内进行经营决策管理，对外代表合伙企业活动的企业管理人。

合伙事务执行人的选定是合伙协议的内容之一。合伙企业设立时，合伙协议对合伙企业管理过程中的合伙事务执行方式、执行人选任以及事务执行人人数、职权、职权行使程序、监督与责任等问题给予明确约定，有利于确保合伙企业设立后能规范化、正常化地开展生产经营活动。

依据《合伙企业法》第 26 条规定："合伙人对执行合伙事务享有同等的权利。按照合伙协议的约定或者经全体合伙人决定，可以委托一个或者数个合伙人对外代表合伙企业，执行合伙事务。作为合伙人的法人、其他组织执行合伙事务的，由其委派的代表执行。"如果，合伙协议未约定或者全体合伙人未决定委托执行事务合伙人的，全体合伙人均为执行事务合伙人。

同时，鉴于有限合伙人对合伙企业承担有限责任，为了防止发生道德危机，有限合伙人不得成为执行事务合伙人。

（五）设立审批

合伙企业的设立审批之法律规定与公司设立的立法规定存在相似之处，也分为两种情形。一是合伙企业的设立依法应当审批的情形。《合伙企业登记管理办法》第 11 条第 2 款规定："法律、行政法规或者国务院规定设立合伙企业须经批准的，还应当提交有关批准文件。"二是合伙企业的经营项目依法应当审批的情形。《合伙企业法》第 9 条第 2 款规定："合伙企业的经营范围中有属于法律、行政法规规定在登记前须经批准的项目的，该项经营业务应当依法经过批准，并在登记时提交批准文件。"《合伙企业登记管理办法》第 12 条对此作了扩张解释，进一步规定"合伙企业的经营范围中有属于法律、行政法规或者国务院规定在登记前须经批准的项目的，应当向企业登记机关提交批准文件。"

由此可见，设立审批不是合伙企业的必经环节。合伙企业设立是否需要审批，取决于法律、行政法规或国务院规定。

依据上述规定，如果需要设立审批的，设立申请人可向需审批的经营项目主管部门提出申请，申请文书及相关材料根据项目主管部门公示的格式等要求进行制作，提交申请。非经设立审批，企业登记主管部门不受理该企业的设立申请。

（六）合伙人出资

合伙人企业的初始财产由合伙人出资构成。合伙企业虽然不具有法人人格，但是能够依法以自己的名义从事民事活动的组织。其从事民事活动所依赖的财产主要是由合伙人出资形成。

合伙企业的财产构成形式多样。主要由合伙人用货币、实物、知识产权、土地使用权或者其他财产权利出资。合伙人除了可以用上述财产出资外，普通合伙人还可以用劳务出资，但有限合伙企业中的有限合伙人依法不能使用劳务出资。

合伙人出资的评估作价方式较为灵活。合伙人以实物、知识产权、土地使用权或者其他财产权利出资，需要评估作价的，既可以由全体合伙人协商确定，也可以由全体合伙人委托法定评估机构评估。由全体合伙人协商作价的，应当向企业登记机关提交全体合伙人签署的协商作价确认书，由全体合伙人委托法定评估机构评估作价的，应当向企业登记机关提交法定评估机构出具的评估作价证明。合伙人以劳务出资的，其评估办法由全体合伙人协商确定，并在合伙协议中载明。

合伙人出资的方式、数额、交付期限，均由合伙人按照合伙协议约定。合伙协议是合伙人履行出资义务的依据。但以非货币财产出资的，除了按照合伙协议约定履行外，还应当符合法律、行政法规的规定，需要办理财产权转移手续的，应当依法办理。

（七）申请登记

申请办理合伙企业登记，应当由全体合伙人指定的代表或者共同委托的代理人向企业登记机关申请设立登记。实践中，一般是各市、县工商行政管理部门负责本辖区内的合伙企业登记，除非国务院工商行政管理部门对特殊的普通合伙企业和有限合伙企业的登记管辖另有特别规定的。

申请人应当向企业登记管理机关提交的材料。根据《合伙企业登记管理办法》第11条第2款规定："申请设立合伙企业，应当向企业登记机关提交下列文件：（一）全体合伙人签署的设立登记申请书；（二）全体合伙人的身份证明；（三）全体合伙人指定代表或者共同委托代理人的委托书；（四）合伙协议；（五）全体合伙人对各合伙人认缴或者实际缴付出资的确认书；（六）主要经营场所证明；（七）国务院工商行政管理部门规定提交的其他文件。法律、行政法规或者国务院规定设立合伙企业须经批准的，还应当提交有关批准文件。"如果申请设立法律、行政法规规定设立特殊的普通合伙企业，还需要提交合伙人的职业资格证明的，应当向企业登记机关提交有关证明。

申请人应当对申请材料的真实性负责，提交虚假材料或者采取其他欺骗手段的应当承担法律责任。根据《合伙企业登记管理办法》第38条规定："提交虚假文件或者采取其他欺骗手段，取得合伙企业登记的，由企业登记机关责令改正，处5000元以上5万元以下的罚款；情节严重的，撤销企业登记，并处5万元以上20万元以下的罚款。"

（八）核准登记

《合伙企业法》第10条规定："申请人提交的登记申请材料齐全、符合法定形式，企业登记机关能够当场登记的，应予当场登记，发给营业执照。除前款规定情形外，企业登记机关应当自受理申请之日起二十日内，作出是否登记的决定。予以登记的，发给营业执照；不予登记的，应当给予书面答复，并说明理由。"第11条规定："合伙企业的营业执照签发日期，为合伙企业成立日期。合伙企业领取营业执照前，合伙人不得以合伙企业名义从事合伙业务。"

依据上述规定，企业登记机关对合伙企业设立申请主要是采用以形式审查为主的全面审查原则。一般情况下，只要形式审查中认为登记机关有管辖权、合伙人资格符合法律规定、申请材料齐全并制作符合法律规范，且通过对申请材料的书面审查认为是合法、真实的，企业登记管理机关可以在此基础上作出核准登记。

经核准登记的合伙企业依法发给其营业执照，并将经过核准登记的合伙企业信息依法进行公示。依据《合伙企业登记管理办法》第6条规定："合伙企业的登记事项应当包括：（一）名称；（二）主要经营场所；（三）执行事务合伙人；（四）经营范围；（五）合伙企业类型；（六）合伙人姓名或者名称及住所、承担责任方式、认缴或者实际缴付的出资数额、缴付期限、出资方式和评估方式。合伙协议约定合伙期限的，登记事项还应当包括合伙期限。"企业登记机关应当将上述合伙企业登记信息通过企业信用信息公示系统向社会公示。

合伙企业的营业执照分为正本和副本，正本和副本具有同等法律效力。国家推行电子营业执照。电子营业执照与纸质营业执照具有同等法律效力。合伙企业根据业务需要，可以向企业登记机关申请核发若干营业执照副本。合伙企业应当将营业执照正本置放在经营场所的醒目位置。合伙企业未将其营业执照正本置放在经营场所醒目位置的，依据《合伙企业登记管理办法》第43条的规定，由企业登记机关责令改正；拒不改正的，处1000元以上5000元以下的罚款。

合伙企业没有获得营业执照，不得以合伙企业的名义从事经营活动。未领取营业执照，而以合伙企业名义从事合伙业务的，依据《合伙企业登记管理办法》第37条的规定，由企业登记机关责令停止，处5000元以上5万元以下的罚款。

三、注意事项

企业是投资者投资利益最大化的工具。为了有效实现投资目的，投资者不仅要有一定的资本，更应当了解其所投资的企业的特性及其主要法律规范。投资合伙企业，投资者应当注意以下两点。

（一）注意合伙人的选择

合伙企业是典型的人合性企业，即合伙企业是指以合伙人个人条件作为合伙企业信用基础而组成的企业，合伙企业的人合性是决定合伙企业存在、企业发展的基础性特征。作为合伙企业，其具有如下三个特征：其一，合伙人以其个人全部财产对合伙企业承担无限责任。其二，合伙人相互之间承担连带责任。其三，合伙儿之间具有良好的信任关系，良好的信任关系是合伙企业存续的基础。

基于合伙企业的上述属性，第三人与合伙企业进行交易时，注重的不仅仅是合伙企业本身的财力、物力或其他状况，还包括合伙人个人的信用情况，即合伙人个人的资产负债问题。一般来说，合伙人个人财产多、信用高，则合伙企业的信用高；反之，合伙人的财产少、信用低，合伙企业的信用低。现实经济生活中，只要合伙人财力雄厚，交易相对人就认为，合伙企业信用高，交易风险低，愿意与合伙企业进行交易。这类合伙人之间往往相互了解，多具有家族性特点。人合性对合伙企业设立、存续、稳定发展具有十分重要的意义，还能保证合伙企业的有效运作。因此，采用合伙企业方式投资时，对其他合伙人的选择应当注意以下三点。

1. 应当选择彼此之间比较熟悉、相互了解、相互信任、互相认同、有合作精神的投资者作为合伙人。以此为合伙人选择标准，容易形成共同投资理念，在共同执行合伙事务时能够互相理解、尊重，有利于合伙企业的正常运行，防范不必要争执的发生。

2. 注意审查合伙人的资金实力。对资金实力的审查，一是看其出资能力，审查其是否能够按照合伙协议的约定缴纳出资，二是看其真实的资本实力，审查其真实资本实力的同时也是对其诚信的检验，也是防止合伙人因存在巨额负债妨碍合伙企业日后的正常运行。

3. 以劳务出资的，应当注意对劳务软实力的审查。

（二）建议拟定权利义务清晰的合作协议

合伙协议是合伙企业创设、发展、存续的基础，它涉及合伙企业的设立、合伙事业的目的及发展方式、合伙人权利义务的划分、合伙企业经营管理等重大问题，具有类似于公司设立协议和章程的双重作用。对合伙企业及合伙人具有极其重大的意义。许多合伙企业之所以创业开始时热情满满，创业过程中你争我斗，创业到最后对簿公堂，其原因主要是企业设立之初对风险估计不足，对合伙条件不够明晰。因此，合伙协议写得愈清楚明白，对合伙人彼此的合伙与保护程度也就愈高。因此，拟定合伙协议时，应当注意以下四点。

1. 合伙协议内容不能缺项。拟定合伙企业协议时，应当结合本合伙企业的实际情况，依法设计、起草合伙协议。普通合伙企业合伙协议的内容应当遵循《合伙企业法》第18条规定所列的十个方面的内容。如果是有限合伙企业，其合伙协议的内容除了包括《合伙企业法》第18条规定的十个方面的事项外，还应当遵循该法第63条规定所列的六项内容。

2. 合伙人出资价值、利润分配与损失分担应当明确约定。合伙前，应当对拟合伙经营的合伙企业、各合伙人及其出资数额作出清晰明确的价值估算，理清合伙人账目、理清合伙人出资金额、理清合伙企业账目。也要明确约定合伙企业利润分配的规则和分担损失的方式，包括为了确定合理利润所涉及的费用支出及经营成本计算问题均应当在协议中作明确约定，为将来发生争议时能明确合伙人的权益。

3. 合伙事务管理、投票权和决策权等问题应当明确约定。按照《合伙企业法》第 26 条规定："合伙人对执行合伙事务享有同等的权利。按照合伙协议的约定或者经全体合伙人决定，可以委托一个或者数个合伙人对外代表合伙企业，执行合伙事务。"这是法律赋予每个合伙人平等的合伙事务执行权，即合伙人有同等投票权，这在涉及企业重大事务时具有非常重大的意义。但对于一个规范且具有一定规模的合伙企业，企业事务不可能事事都由全体合伙人确定，瞬息万变的市场经营特点也表明合伙企业事实上需要一个企业负责人，因此特性选择合伙企业负责人显得十分必要。如何处理企业负责人及其权限，以及如何划分企业负责人与合伙人会议之间的权利及合伙人会议投票机制同样十分重要，需要在合伙协议中进行明确约定，既是明确分工负责、明确责任主体，使企业能够适应市场发展，也可避免推诿、扯皮现象，有利于企业的健康发展。

4. 订立合理的财务制度。企业是经济活动的主体，企业经营就是如何应用资源进行经营，涉及企业的资产应用问题，企业财务会计制度是对企业资产状况的书面反映，因此，对订立合理的财务制度或让可靠的会计人员从事这一工作是极其重要的事情。尤其是，不参加实际业务的合伙人更要坚持一套完整科学的企业财务制度，可以保障其从专业角度把握企业经营的真实情况，满足其知情权，利于其对企业管理者的监督。

四、实例与案例

案例一：合伙关系破裂，反目成仇，互殴获刑

某年 6 月 5 日 21 时，在某市的某小区内，一对多年好友孙某、王某发生殴斗。在互殴过程中，王某头面部、左耳被孙某打伤，孙某左上睑、左上臂、左前臂等部位被王某打伤。经鉴定，王某的伤情构成刑法上的轻伤，孙某的伤情亦属于刑法上的轻微伤。

经公安调查，案件的起因如下：

孙某、王某原来是好朋友，因看中当地烟酒行情，决定一起开设 xx 烟酒行。孙某以自有资金 100 万元投入，并在烟酒行成立时打入企业账户。王某具体负责烟酒行的经营，同时承诺出资 100 万元，因烟酒行对资金需求不是很旺盛，就利用自己管理烟酒行的便利，陆续出资了 60 万元，并用自己的房屋作为烟酒仓库及销售门脸。年底，烟酒行盈利 100 万元。具体分红时，在烟酒行收益分成问题上发生口角。集中体现，王某认为自己已出资 60 万元现金，还用价值 40 万元的房屋出资，已完成出资任务，应当分取烟酒行 50% 的收益。而孙某认为王某的房屋租赁费一年最多值五万元，王某不应当分取烟酒行 50% 的收益。几经争执，没有达成协议，反倒大打出手，造成双方身体受损。

案发后，双方均在气头上，告到当地公安局，公安局依法立案，进入刑事诉讼程序。孙某被迫给王某垫付医疗费 4000 元。同年 9 月，孙某的亲属与王某达成和解协议，除垫付的医疗费外，孙某另行赔偿王某 20 000 元，王某对孙某表示谅解。经法院审理认为，孙某故意伤害他人身体，致一人轻伤一级，其行为构成了故意伤害罪。考虑到案发后，孙某能够如实供述自己的罪行，且孙某及其亲属积极赔偿王某的经济损失，并取得了王某的谅解，可从轻处罚。法院依法以故意伤害罪判处孙某拘役 6 个月，缓刑 1 年。

被害人王某也因本案被廊坊市公安局安次分局行政拘留 15 日，并处罚款 200 元。

案例评析

1. 合伙企业是以合伙协议为基础的企业。合伙协议是企业设立、正常运行的基础，是合伙企业进行管理、决策权行使的基础，也是合伙人行使合伙人权利、依法依约定分取红利的基础。本案中，由于关于合伙人出资的约定及出资规则没有清楚约定，导致因利益发生争议。最后合伙企业收益分成争议激化为人身伤害，反目成仇，以至于上升为刑事案件。

2. 合伙企业是以合伙协议为基础的人合性企业，合伙人之间的人合性是合伙企业设立、存在、发展的基础。可见，合伙人是情谊的连接，也是利益的结合。当二者发生冲突时，难免情谊不遭受冲击。双方互殴处理争议，上升为刑事案件，一方获刑。即便最终达成了调解，合伙企业最终的命运，估计大家也不难预测。

法律规定

《合伙企业法》第 33 条规定，合伙企业的利润分配、亏损分担，按照合伙协议的约定办理；合伙协议未约定或者约定不明确的，由合伙人协商决定；协商不成的，由合伙人按照实缴出资比例分配、分担；无法确定出资比例的，由合伙人平均分配、分担。

合伙协议不得约定将全部利润分配给部分合伙人或者由部分合伙人承担全部亏损。

风险提示

1. 合伙协议是契约性企业，从某个角度讲也是君子之和，选对合伙人是合伙企业经营成功的秘诀之一。如果合伙人选择合适，即使合伙协议有所疏漏，也可通过协商解决问题；如果合伙人选择不合适，即使能够协商解决的往往也难以通过协商解决处理。

2. 合伙协议是保障合伙企业正常运行的基石。通过事前认真协商达成的合法、科学、可行的合伙协议，能够防止或有效解决合伙企业在日常运行中可能发生的矛盾，减少合伙人发生潜在的道德危机的机会。如果合伙企业的合伙协议过于粗放，将形同废纸，合伙企业的危机就随时有可能发生。

案例二：企业借贷逾期未还 普通合伙人负连带担责

某合伙企业石料场因生产需要向丁借款300多万元，并以石料场的名义签署了借款协议，打了借条。借款期限届满，丁向合伙企业催要借款，该合伙企业石料场却以其不是企业法人，不能独立承担责任，其所签署的借款协议和借条无效，不承担法律责任，拒绝当被告。丁又找到借款中间人合伙企业石料场的投资者甲、乙、丙，要求甲、乙、丙返还借款。甲、乙、丙以他们没有在借条上签字，不是借款人为由，拒绝承担法律责任。出借方丁无奈向法院起诉被告人某石料场，并要求合伙人甲、乙、丙一起承担还款责任。

后经法院审理认为，被告石料场与原告丁签署的借款协议有效，向原告丁出具的借条属实、合法，被告石料场应按约以其全部财产对原告丁履行还款义务。甲、乙、丙作为被告石料场的普通合伙人，根据法律规定，甲、乙、丙应对合伙企业未能清偿的部分承担无限连带责任。判令被告某石料场在法定期限内偿还原告丁的借款300万元及利息，被告甲、乙、丙对石料场不能清偿的部分承担无限连带责任。

案例评析

1. 合伙企业虽不具有法人资格，却具有民事主体地位，也具有诉讼主体地位，依法可以承担民事责任。法人是独立承担民事责任的民事主体，但并非民事主体必须具备法人地位。根据《民法总则》的相关规定，合伙企业等非法人经济组织也依法具有民事主体地位，可以依法实施民事法律行为。在经济活动中，表现为合伙企业可以以自己的名义签署合同，该合同不因为合伙企业不具有法人资格而无效。合伙企业也具有民事诉讼地位。依据《民事诉讼法》及其司法解释的相关规定，我国的民事诉讼主体包括自然人、法人和其他经济组织，合伙企业属于其他经济组织，可以在民事诉讼中作为原告或被告出现。因此，本案中的石料场拒绝承担责任的理由于法无据，不能获得法院支持。

2. 合伙企业不具有法人地位，其出资人对其债务依法承担无限连带责任。合伙企业依法具有民事主体地位，合伙人的出资、以合伙企业名义取得的收益和依法取得的其他财产，均为合伙企业的财产，即合伙企业有自己的财产，这是其从事经济活动和承担经济责任的物质基础。因此，合伙企业对其债务，应先以其全部财产进行清偿。但由于合伙企业不具有法人地位，故其不具有最终独立承担责任的能力。在合伙企业不能清偿到期债务的时候，合伙人对合伙企业债额承担无限连带责任。因此，本案中，石料场的合伙人甲、乙、丙以其没有在借款协议及借条上签字为由拒不承担还款义务，于法无据，法院也不能支持。

法律规定

《民法总则》第102条规定，非法人组织是不具有法人资格，但是能够依法以自己的名义从事民事活动的组织。

非法人组织包括个人独资企业、合伙企业、不具有法人资格的专业服务机构等。

《民事诉讼法》第48条规定，公民、法人和其他组织可以作为民事诉讼的当事人。

《合伙企业法》第20条规定，合伙人的出资、以合伙企业名义取得的收益和依法取得的其他财产，均为合伙企业的财产。

《合伙企业法》第38条规定，合伙企业对其债务，应先以其全部财产进行清偿。

《合伙企业法》第39条规定，合伙企业不能清偿到期债务的，合伙人承担无限连带责任。

风险提示

合伙人对合伙企业债务承担无限责任，因此，合伙人不仅以自己已出资的财产对合伙企业债务承担责任，其没有出资的财产依然是合伙企业履行债务的担保。从法律层面上讲，合伙企业投资者承担的投资风险高于公司的投资者股东。合伙企业的债权人债权的实现不仅依赖于合伙企业的财产，而且最终依赖于合伙企业的全体合伙人的资产状况。

案例三：合伙人不能以未对执行合伙事务人授权为由不承担法律责任

甲与乙、丙、丁等人口头约定合伙开设珠宝行，并按合伙协议约定交纳了出资。约定甲负责对外联络购货渠道，重大交易应征得乙、丙、丁的同意，乙、丙、丁负责珠宝行内部管理。某年6月，甲以外出换货为由离开珠宝行，带走了一批珠宝。在甲离开珠宝行三个月后，戊以甲购买的珠宝没有支付货款为由将甲合伙四人诉至法院，要求四人连带偿还所欠货款220余万元。乙等三位合伙人表示此是甲个人与戊进行买卖活动，乙等三人不承担连带责任。

在诉讼过程中，乙、丙、丁以甲是以个人名义同戊签订货物销售合同，其三人不知晓甲有从戊店中购货的行为，且甲将从戊处所购买珠宝带走为由，主张甲购买珠宝的行为属于个人签订合同行为，由甲一人偿还所欠货款，乙等三人不承担连带责任。戊坚持甲虽是个人同其签订货物销售合同，但货物均是交到甲、乙、丙、丁四人合伙经营的珠宝行中销售，且乙、丙、丁三人对此未提出异议，应视为甲采购珠宝属于执行合伙事务，乙等三人应对货款承担连带责任。

经法院审理认为，乙、丙、丁三人虽然没有和戊进行直接的珠宝交易，但在分工授权中同意甲对外联络购货渠道并享有一定的交易权。虽然，甲没有将其与戊的交易告诉乙、丙、丁，但事实上甲从戊店中购入 290 余万元货物置于珠宝行内销售，且乙等三人知晓店内购置了大量货物，也没有过问或提出异议，应视为默认甲执行合伙事务的权利，故应认定甲与戊签订的货物销售合同，属于执行合伙事务行为。因此，判决甲与戊的交易有效，珠宝行应当对甲与戊交易的合同负责，承担履行交付货款的法律责任。

案情评析

根据《合伙企业法》相关规定，合伙人对执行合伙事务具有平等的权利，合伙人有对外代表合伙企业的权利。实践中，合伙企业为了加强合伙企业内部经营管理，会通过合伙人之间的约定对合伙人执行合伙事务及对外代表的权利给予一定的限制，但该限制不得对抗不知情的善意第三人。因此，如果合伙人违反了全体合伙人对其权利的限制，给合伙企业经营造成损失的，合伙企业的全体合伙人也应当对该损失承担连带赔偿责任。对造成合伙经营亏损有过错的合伙人，应当根据其过错程度相应地多承担责任。本案中，甲将从戊处购买的货物从店内卷走属于犯罪行为，应由司法机关进行处理，在合伙人内部应承担亏损的全部责任。但乙、丙、丁三位合伙人应当对拖欠戊的 220 万元货款承担连带责任。事后，可向甲进行追偿。

法律规定

《合伙企业法》第 26 条规定，合伙人对执行合伙事务享有同等的权利。

按照合伙协议的约定或者经全体合伙人决定，可以委托一个或者数个合伙人对外代表合伙企业，执行合伙事务。

作为合伙人的法人、其他组织执行合伙事务的，由其委派的代表执行。

《合伙企业法》第 37 条规定，合伙企业对合伙人执行合伙事务以及对外代表合伙企业权利的限制，不得对抗善意第三人。

风险提示

合伙企业对合伙人代表合伙企业的限制，只是合伙企业内部合伙人之间权利的分配，不能有效对抗不知情的善意第三人。如要确保合伙企业对合伙人对外代表权限制的有效落实，应当及时跟踪审查合伙人与善意第三人签署的合同。如发现隐患，在合理期限内及时通知对方，以降低企业运行风险。

五、合伙企业申请登记主要法律文本

合伙企业设立登记申请书

企业名称： _____

敬　告

1. 请您认真阅读本表内容和有关注解事项。在申办登记过程中如有疑问，请您登录"北京工商"网站（**www.BAIC.gov.cn**）—"网上办事"—"登记注册"模块查询相关内容，或直接到工商部门现场咨询。

2. 提交申请前，请您了解相关法律、法规，确知所享有的权利和应承担的义务。

3. 请您如实反映情况，确保申请材料的真实性。

4. 本申请书的电子版可通过上述网址获取。

5. 本申请书请使用正楷字体手填或打印填写。选择手工填写的，请您使用蓝黑或黑色墨水，保持字迹工整，避免涂改。选择打印填写的，请您填好后使用 **A4** 纸打印，按申请书完整页码顺序装订成册。

北京市工商行政管理局
BEIJING ADMINISTRATION FOR INDUSTRY AND COMMERCE

（2016 第三版）

郑 重 承 诺

经全体合伙人一致决定，向登记机关提出合伙企业（分支机构）的设立申请，并就如下内容郑重承诺：

1. 如实向登记机关提交有关材料，反映真实情况，并对申请材料实质内容的真实性负责。

2. 本申请书所列全部内容均为全体合伙人的共同决定和真实意思表示。

3. 经营范围涉及照后审批事项的，在领取营业执照后，将及时到相关审批部门办理审批手续，在取得审批前不从事相关经营活动。需要开展未经登记的后置审批事项经营的，将在完成经营范围变更登记后，及时办理相应审批手续，未取得审批前不从事相关经营活动。不从事本市产业政策禁止和限制类项目的经营活动。

4. 本企业一经设立将自觉参加年度报告，依法主动公示信息，对报送和公示信息的真实性、及时性负责。

5. 本企业一经设立将依法纳税，依法缴纳社会保险费，自觉履行法定统计义务，严格遵守有关法律法规的规定，诚实守信经营。

全体合伙人签字：

年　　月　　日

企业登记基本信息表

企业名称			
主要经营场所① （经营场所）	北京市　　　　　区（县）　　　　　　（门牌号）		
生产经营地②	省（区、市）　　　市　　　县　　　（门牌号）		
执行事务合伙人③ （负责人）		委派代表 （中文）	
企业类型④		币种⑤	
认缴出资额	万元	实缴出资额	万元
经营范围			
合伙期限	长期/_____年	申请副本数	_____份

核 算 方 式⑥	☐独立核算	☐非独立核算
合伙人名录	合伙人姓名或名称	承担责任方式⑦

注：① 填写主要经营场所（经营场所）时请列明详细地址，精确到门牌号或房间号，如"北京市××区××路（街）××号××室"。

② 生产经营地用于核实税源，请如实填写详细地址；如不填写，视为与主要经营场所一致。发生变化的，由企业向税务主管机关申请变更。

③ "执行事务合伙人（负责人）"栏填写依据合伙协议确定的执行事务合伙人。执行事务合伙人是法人或其他组织的，还应当填写其委派代表的中文姓名。如申请合伙企业分支机构设立的，应在此栏填写负责人的中文姓名。

④ "企业类型"根据合伙企业的实际情况，填写为"普通合伙企业"或"有限合伙企业"。

⑤ "币种"一栏仅外资合伙企业填写。

⑥ "核算方式"仅限分支机构填写。发生变化的，由企业向税务主管机关申请变更。

⑦ "承担责任方式"栏内有限合伙人应填写"有限责任"，普通合伙人应填写"无限责任"。

⑧ 合伙企业分支机构无需填写"委派代表"、"企业类型"、"认缴出资额"、"实缴出资额"、"合伙期限"以及"合伙人名录"。

⑨ 本页不够填的，可复印续填。

执行事务合伙人（委派代表）信息登记表①
负责人信息登记表②

姓 名 （中文）		性 别		民 族③	
政治面貌③		移动电话		国 籍	
身份证件 类 型		身份证件 号 码			
——————身份证件复印件粘贴处（请正反面粘贴）——————					

注：① 申请合伙企业设立的，如执行事务合伙人为自然人，本页填写执行事务合伙人的信息；如执行事务合伙人为法人或其他组织，本页填写该法人或组织所委派代表的信息。

② 申请合伙企业分支机构设立的，本页填写分支机构负责人信息。

③ 委派代表为外籍人员的，无需填写政治面貌、民族。

自然人合伙人身份证明粘贴页

请将自然人合伙人的身份证件复印件粘贴在本页，本页如不够粘贴可复印使用。

身份证件复印件粘贴处
（请正反面粘贴）

身份证件复印件粘贴处
（请正反面粘贴）

身份证件复印件粘贴处
（请正反面粘贴）

非自然人合伙人主体资格证明夹页
请将非自然人合伙人的主体资格证明①复印件夹在 A 面和 B 面之间
（复印件大小控制在 A4 页面之内）

A 面

注：① 非自然人合伙人主体资格证明有关要求参见《投资办照通用指南及风险提示》以及相应的设立登记一次性告知单。

非自然人合伙人主体资格证明夹页

B 面

主要经营场所（经营场所）证明

企业名称	
主要经营场所① （经营场所）	北京市　　　　　　区（县）　　　　　　　　　（门牌号）
产权人证明②	同意将上述地址提供给该企业使用。 产权人盖章（签字）： 年　　月　　日
需　　要 证　　明 情　　况③	上述经营场所产权人为_____， 房屋用途为_____。 特此证明。 证明单位公章： 证明单位负责人签字： 年　　月　　日

注：① 请在"主要经营场所（经营场所）"一栏写清详细地址，精确到门牌号或房间号，如"北京市××区××路（街）××号××室"。

② 产权人为单位的，应在"产权人证明"一栏内加盖公章；产权人为自然人的，由产权人亲笔签字。同时需提交由产权人盖章或签字的《房屋所有权证》复印件。

③ 若住所暂未取得《房屋所有权证》，可由有关部门在"需要证明情况"一栏盖章，视为对该房屋权属、用途合法性的确认。具体可出证的情况请参见《投资办照通用指南及风险提示》。

财务负责人信息①

姓　　名		移动电话	

（身份证件复印件粘贴处）

企业联系人信息②

姓　　名		移动电话	

（身份证件复印件粘贴处）

企业公共联系方式	固定电话	
	电子邮箱	

敬请留意：

①　财务负责人：一般由总会计师或财务总监担任，全面负责企业的财务管理、会计核算与监督工作。发生变化的，由企业向税务主管机关申请变更。

②　企业联系人：负责本企业与工商等部门的联系沟通，及时转达工商部门对企业传达的信息及相关的法律、法规、规章及政策性意见；向工商部门反映企业的需求或意见。联系人凭本人个人信息登录企业信用信息公示系统依法向社会公示本企业有关信息。联系人应了解登记相关法规和企业信息公示有关规定，熟悉操作企业信用信息公示系统。企业联系人一经确认应当保持相对稳定，发生变化的，可以在企业申办变更登记时向登记机关进行备案。

③以上各项为必填项，请据实填写。

核发营业执照情况

发照人员签字		发照日期	年　月　日
领执照情况	本人领取了执照正本一份，副本　　　份。 签字：　　　　　　　　　　　　年　　月　　日		
备　　注			

一次性告知记录

　　您提交的文件、证件还需要进一步修改或补充，请您按照第_____号一次性告知单中的提示部分准备相应文件，此外，还应提交下列文件：

被委托人：　　　　　受理人：　　　　　年　月　日

一次性告知记录

　　您提交的文件、证件还需要进一步修改或补充，请您按照第＿＿＿＿＿号一次性告知单中的提示部分准备相应文件，此外，还应提交下列文件：

　　被委托人：　　　　　　　　受理人：　　　　　　年　　月　　日

　　您提交的文件、证件还需要进一步修改或补充，请您按照第＿＿＿＿＿号一次性告知单中的提示部分准备相应文件，此外，还应提交下列文件：

　　被委托人：　　　　　　　　受理人：　　　　　　年　　月　　日

■第三单元　个人独资企业设立实务

■ 情境导入

　　大学毕业生找准专业与社会的结合点，用知识创业，用智慧聚财，逐渐成为创业大军中一支独具特色的队伍。技术含量较高、创业成本较低的第三产业成为大学生创业首选。北京某高校大学刚毕业的小杨在父母和亲友的支持下，准备留在北京在电子商务领域自主创业。在选择企业形式时，小杨有些犹豫，到底应当设立一家有限责任公司还是选择个人独资企业呢？经过咨询，小杨了解到，个人独资企业是由一个自然人投资，财产为投资者个人所有，由个人承担经营风险和享有全部经营收益的自然人企业，其主要优点是企业资产所有权、经营管理权、收益分配权高度集中于投资者个人手中，企业经营成功与否直接与投资者个人的经济利益相关，会激励投资人努力把企业经营好，同时个人独资企业设立无需验资、手续简便的特点对小杨也有着较大的吸引力，所以小杨决定设立一家个人独资企业。

一、设立要求[1]

（一）设立个人独资企业的条件

　　根据《个人独资企业法》第 8 条的规定，设立个人独资企业应具备以下条件：

　　1. 投资人为一个自然人。个人独资企业的投资人只能是一个自然人，而且该自然人还应当具有中华人民共和国国籍。

　　2. 有合法的企业名称。个人独资企业的名称应当与其责任形式及从事的营业范围相符合，而且只准使用一个名称，并不得在名称中使用"有限""有限责

---

[1]　北京市工商行政管理局网站：http：//www.hd315.gov.cn/.

任""公司"等字样。

3. 有投资人申报的出资。一定的资本是任何企业得以存在的物质基础,个人独资企业也不例外。但由于企业主(出资人)对独资企业的债务承担无限责任,因此《个人独资企业法》对出资的最低数额未作强制性规定。

4. 有固定的生产经营场所和必要的生产经营条件。经营场所是个人独资企业从事生产经营活动的所在地,独资企业一般只有一个经营场所,记载企业登记机关登记的营业地点。经营场所对于确定债务履行地、诉讼管辖地、法律文书送达地等均有重要的法律意义。从事经营的必要条件是指根据企业的业务性质、规模等因素而需具备设施、设备、人员等方面的条件。

5. 有必要的从业人员。个人独资企业须有与经营范围和经营规模相适应的从业人员。

(二)设立流程

1. 需准备的材料。

(1)投资人签署的《个人独资企业登记(备案)申请书》;

(2)投资人身份证明;

(3)投资人委托代理人的,应当提交投资人的委托书原件和代理人的身份证明或资格证明复印件(核对原件);

(4)企业住所证明;

(5)《名称预先核准通知书》(设立申请前已经办理名称预先核准的须提交);

(6)从事法律、行政法规规定须报经有关部门审批的业务的,应当提交有关部门的批准文件;

(7)国家工商行政管理总局规定提交的其他文件。

2. 办理流程。

(1)申请。由投资人或者其委托的代理人向个人独资企业所在地登记机关申请设立登记。

(2)受理、审查和决定。登记机关应当在收到全部文件之日起15日内,作出核准登记或者不予登记的决定。予以核准的发给营业执照;不予核准的,发给企业登记驳回通知书。

二、相关文本[1]

名称预先核准申请书

敬　告

1. 请您认真阅读本表内容和有关注解事项。在申办登记过程中如有疑问，请您登录"北京工商"网站（www.BAIC.gov.cn）—"网上办事"—"登记注册"模块查询相关内容，或直接到工商部门现场咨询。

2. 提交申请前，请您了解相关法律、法规，确知所享有的权利和应承担的义务。

3. 请您如实反映情况，确保申请材料的真实性。

4. 本申请书的电子版可通过上述网址获取。

5. 本申请书请使用正楷字体手填或打印填写。选择手工填写的，请您使用蓝黑或黑色墨水，保持字迹工整，避免涂改。选择打印填写的，请您填好后使用 A4 纸打印，按申请书完整页码顺序装订成册。

北京市工商行政管理局
BEIJING ADMINISTRATION FOR INDUSTRY AND COMMERCE
（2015 第二版）

　　本人＿＿＿＿＿＿＿＿＿＿＿＿＿＿，接受投资人（合伙人）委托，现向登记机关申请名称预先核准，并郑重承诺：如实向登记机关提交有关材料，反映真实情况，并对申请材料实质内容的真实性负责。

委托人（投资人或合伙人之一）①　　　　　申请人（被委托人）②
（签字或盖章）　　　　　　　　　　　　　　（签字）

---

[1]　北京市工商行政管理局网站：http://www.hd315.gov.cn/.

申请人身份证明复印件粘贴处

［身份证明包括：中华人民共和国公民身份证（正反面）、护照（限外籍人士）、长期居留证明（限外籍人士）、港澳永久性居民身份证或特别行政区护照、台湾地区永久性居民身份证或护照、台胞证、军官退休证等］

联系电话：_____ 邮政编码：_____

通信地址：_____

申请日期： 年 月 日

注：① 委托人可以是本申请书第 3 页"投资人（合伙人）名录"表中载明的任一投资人（合伙人）。委托人是自然人的，由本人亲笔签字；委托人为非自然人的，加盖其公章；委托人为外方非自然人的，由其法定代表人签字。

② 申请人（被委托人）是指受投资人委托到登记机关办理名称预先核准的自然人，也可以是投资人（合伙人）中的自然人，由后者亲自办理的，无需委托人签字。

名称预先核准申请表

申请名称				
备选字号	1		4	
	2		5	
	3		6	
主营业务①				
企业类型②	内资： 　公司制：□有限责任公司　□股份有限公司 　非公司制：□全民所有制企业 □集体所有制企业 □股份合作 　□合伙企业（□普通合伙 □有限合伙 □特殊普通合伙） 　□个人独资企业 □农民专业合作组织 □个体工商户			
	外资：□外资企业（全部由外国投资者投资）□合资经营企业 　□合作经营企业　□股份有限公司 　□合伙企业（□普通合伙　□有限合伙　□特殊普通合伙） 　□港澳台个体工商户			
	□分支机构			

字号许可方式（无此项可不填写）	□投资人字号/姓名许可 □商标授权许可 □非投资人字号许可	许可方名称（姓名） 及证照或证件号码	
注册资本（金）或资金数额或出资额（营运资金）	（小写）_____万元（如为外币请注明币种）__ _____		
备注说明			

注：①"主营业务"是指企业所从事的主要经营项目。例如：信息咨询、科技开发等。企业名称中的行业用语表述应当与其"主营业务"一致。主营业务包括两项及以上的，以第一项主营业务确定行业用语。

②填写"企业类型"栏目时，请在相应选项对应的"□"内打"√"。"√"选"分支机构"类型的，请对其所从属企业的类型也进行"√"选。例如：北京华达贸易有限公司分公司的"企业类型"请选择有限责任公司和分支机构两种类型。

③本申请表中所称企业均包括个体工商户。

④本页填写不下的可另复印填写。

投资人（合伙人）名录①

序号	投资人（合伙人）②名称或姓名	投资人（合伙人）证照或身份证件号码	投资人③（合伙人）类型	拟投资额（出资额）（万元）	国别④（地区）或省市（县）
1					
2					
3					
4					
5					
6					

注：① 请您认真阅读《投资办照通用指南及风险提示》中有关投资人资格的说明，避免后期更换投资人给您带来不便。

② 投资人（合伙人）名称或姓名应当与资格证明文件上的名称或身份证明文件的姓名一致，境外投资人（合伙人）名称或姓名应翻译成中文，填写准确无误。申请设立分支机构，请在"投资人（合伙人）名称或姓名"栏目中填写所隶属企业名称。

③ "投资人（合伙人）类型"栏，填自然人、企业法人、事业法人、社团法人或其他经济组织。

④ "国别（地区）或省市（县）"栏内，外资企业的投资人（合伙人）填写其所在国别（地区），内资企业投资人（合伙人）填写证照核发机关所在省、市（县）。

⑤ 本页填写不下的可另复印填写。

一次性告知记录

　　您提交的文件、证件还需要进一步修改或补充，请您按照第＿＿＿＿＿＿＿号一次性告知单中的提示部分准备相应文件，此外，还应提交下列文件：

被委托人：　　　　　　　受理人：　　　　年　月　日

个人独资企业设立登记申请书
（分支机构设立登记申请书）

企业名称：＿＿＿＿＿＿＿＿＿＿＿＿＿＿＿＿＿＿＿＿

敬　告

　　1. 请您认真阅读本表内容和有关注解事项。在申办登记过程中如有疑问，请您登录"北京工商"网站（www.BAIC.gov.cn）—"网上办事"—"登记注册"模块查询相关内容，或直接到工商部门现场咨询。

　　2. 提交申请前，请您了解相关法律、法规，确知所享有的权利和应承担的义务。

　　3. 请您如实反映情况，确保申请材料的真实性。

　　4. 本申请书的电子版可通过上述网址获取。

　　5. 本申请书请使用正楷字体手填或打印填写。选择手工填写的，请您使用蓝黑或黑色墨水，保持字迹工整，避免涂改。选择打印填写的，请您填好后使用 A4 纸打印，按申请书完整页码顺序装订成册。

北京市工商行政管理局
BEIJING ADMINISTRATION FOR INDUSTRY AND COMMERCE
（2016 第三版）

郑　重　承　诺

本人＿＿＿＿＿＿＿＿＿＿＿系＿＿＿＿＿＿＿＿＿＿＿＿＿＿＿＿＿（企业名称）的投资人，现向登记机关提出企业（分支机构）设立申请，并就如下内容郑重承诺：

1. 本企业如实向登记机关提交有关材料，反映真实情况，并对申请材料实质内容的真实性负责。

2. 本申请书中"登记基本信息表"及"投资人信息登记表（负责人任职信息表）"的全部内容均为本人的决定和真实意思表示。

3. 经营范围涉及照后审批事项的，在领取营业执照后，将及时到相关审批部门办理审批手续，在取得审批前不从事相关经营活动。需要开展未经登记的后置审批事项经营的，将在完成经营范围变更登记后，及时办理相应审批手续，未取得审批前不从事相关经营活动。不从事本市产业政策禁止和限制类项目的经营活动。

4. 本企业一经设立将自觉参加年度报告，依法主动公示信息，对报送和公示信息的真实性、及时性负责。

5. 本企业一经设立将依法纳税，依法缴纳社会保险费，自觉履行法定统计义务，严格遵守有关法律法规的规定，诚实守信经营。

投资人签字：

年　　月　　日

登记基本信息表

企 业 名 称			
住所（经营场所）①	北京市	区（县）	（门牌号）
生 产 经 营 地②	省（区、市）　　　市　　　县　　　（门牌号）		
投资人（或负责人）姓名	**出 资 额③**		万元
	出资方式④		
经 营 范 围			
所从属企业名称⑤			
所从属企业注册号/⑤ 统一社会信用代码			
核 算 方 式⑤	□独立核算		□非独立核算
申请副本数	_____份		

注：① 填写住所（经营场所）时请列明详细地址，精确到门牌号或房间号，如"北京市××区××路（街）××号××室"。

② 生产经营地用于核实税源，请如实填写详细地址；如不填写，视为与住所一致。发生变化的，由企业向税务主管机关申请变更。

③ "出资额"为在公司登记机关登记的投资人申报的出资数额。

④ "出资方式"应注明个人独资企业的投资人以个人财产或以其家庭共有财产作为出资。

⑤ "所从属企业名称"、"所从属企业注册号/统一社会信用代码"及"核算方式"栏，仅分支机构填写。"核算方式"发生变化的，由企业向税务主管机关申请变更。

个人独资企业投资人信息登记表①
（分支机构负责人任职信息表）

姓　名		政治面貌		移动电话	
居　所②					
身份证件 类　　型		身份证件 号　　码			

身份证件复印件粘贴处

（请正反面粘贴）

谨此确认：

　　本"个人独资企业分支机构负责人任职信息表"中所列负责人，由个人独资企业投资人委派。

　　注：① 个人独资企业设立时此页填写投资人的基本信息，个人独资企业分支机构设立时此页填写分支机构负责人的基本信息。

　　② "居所"一栏应填写投资人（负责人）身份证件载明的户籍地址。

住所（经营场所）证明

企业名称	
住　所① （经营场所）	北京市　　　　　　区（县）　　　　　　　　　（门牌号）
产权人证明②	同意将上述地址提供给该企业使用。 产权人盖章（签字）： 　　　　　　　　　　　　　　　　年　月　日
需　要 证　明 情　况③	上述住所产权人为＿＿＿＿＿＿＿＿＿＿＿＿＿＿＿＿＿， 房屋用途为＿＿＿＿＿＿＿＿＿＿＿＿。 特此证明。 证明单位公章： 证明单位负责人签字： 　　　　　　　　　　　　　　年　月　日

　　注：① 请在"住所（经营场所）"一栏写清详细地址，精确到门牌号或房间号，如"北京市××区××路（街）××号××室"。

　　② 产权人为单位的，应在"产权人证明"一栏内加盖公章；产权人为自然人的，由产权人亲笔签字。同时需提交由产权人盖章或签字的《房屋所有权证》复印件。

　　③ 若住所暂未取得《房屋所有权证》，可由有关部门在"需要证明情况"一栏盖章，视为对该房屋权属、用途合法性的确认。具体可出证的情况请参见《投资办照通用指南及风险提示》。

财务负责人信息①

姓　名		移动电话	
（身份证件复印件粘贴处）			

企业联系人信息②

姓　名		移动电话	
（身份证件复印件粘贴处）			
企业公共 联系方式	固定电话		
	电子邮箱		

敬请留意：

①财务负责人：一般由总会计师或财务总监担任，全面负责企业的财务管理、会计核算与监督工作。发生变化的，由企业向税务主管机关申请变更。

②企业联系人：负责本企业与工商等部门的联系沟通，及时转达工商部门对企业传达的信息及相关的法律、法规、规章及政策性意见；向工商部门反映企业的需求或意见。联系人凭本人个人信息登录企业信用信息公示系统依法向社会公示本企业有关信息。联系人应了解登记相关法规和企业信息公示有关规定，熟悉操作企业信用信息公示系统。企业联系人一经确认应当保持相对稳定。发生变化的，可以在企业申办变更登记时向登记机关进行备案。

③以上各项为必填项，请据实填写。

核发营业执照情况

发照人员签字		发照日期	年　月　日
领执照情况	本人领取了执照正本一份，副本　　　份。 签字：　　　　　　　　　　年　月　日		
备　　注			

一次性告知记录

　　您提交的文件、证件还需要进一步修改或补充，请您按照第＿＿＿＿＿＿＿＿号一次性告知单中的提示部分准备相应文件，此外，还应提交下列文件：

被委托人：　　　　　　　受理人：　　　　　　年　月　日

一次性告知记录

　　您提交的文件、证件还需要进一步修改或补充，请您按照第_____号一次性告知单中的提示部分准备相应文件，此外，还应提交下列文件：

被委托人：　　　　　　　　受理人：　　　　　　年　　月　　日

　　您提交的文件、证件还需要进一步修改或补充，请您按照第_____号一次性告知单中的提示部分准备相应文件，此外，还应提交下列文件：

被委托人：　　　　　　　　受理人：　　　　　　年　　月　　日

指 定（委 托）书

兹指定（委托）＿＿＿＿＿＿＿＿＿＿（代表或代理人姓名①②）向工商行政管理机关办理＿＿＿＿＿＿＿＿＿＿＿＿＿＿（单位名称）的登记注册（备案）手续。

委托期限自＿＿＿＿＿年＿＿＿＿＿月＿＿＿＿＿日至＿＿＿＿＿年＿＿＿＿＿月＿＿＿＿＿日。

委托事项：（请在以下选项□划"√"）

□报送登记文件 □领取营业执照和有关文书 □其他事项：＿＿＿＿＿＿＿＿

请确认代表或代理人更正下列内容的权限：（请在以下选项□内划"√"）

1. 修改文件材料中的文字错误：　　　　同意□　不同意□

2. 修改表格的填写错误：　　　　　　　同意□　不同意□

指定（委托）人签字或加盖公章③：＿＿＿＿＿＿＿＿＿＿＿＿＿＿＿＿＿

代表或代理人郑重承诺：本人了解办理工商登记的相关法律、政策及规定，确认本次申请中所提交申请材料真实，有关证件、签字、盖章属实，不存在协助申请人伪造或出具虚假文件、证件，提供非法或虚假住所（经营场所）等违法行为，否则将依法承担相应责任。

代表或代理人签字：＿＿＿＿＿＿＿＿＿＿

年　　月　　日

北京市工商行政管理局
BEIJING ADMINISTRATION FOR INDUSTRY AND COMMERCE

（2014年版）

代表或代理人身份证复印件（正、反面）粘贴处
　（外国企业常驻代表机构登记注册手续的代表或代理人应粘贴本人代表证或在有效期内的雇员证复印件）

注意事项：
　①代表或代理人是指受申请人指定（委托）到工商机关办理工商登记手续的自然人。
　②办理外国企业常驻代表机构登记注册手续的代表或代理人应当是机构代表或雇员。
　③**"指定（委托）人签字或加盖公章"**处，按以下要求填写：
　（1）办理**内资企业（股份有限公司除外）设立登记**的，由全体股东（投资人、合伙人）签字或盖章，其中自然人股东（自然人投资者、合伙人）由本人签字，法人股东（法人投资者）加盖本单位公章。
　（2）办理**股份有限公司设立登记**的，由董事会成员签字。
　（3）办理**外商投资企业设立**的，自然人投资者由本人签字，中方法人投资者加盖单位公章，外方法人投资者由其法定代表人签字。
　（4）办理**外国企业常驻代表机构设立**的，由首席代表签字。
　（5）办理**个体工商户开业**的，由经营者或主持经营者签字。
　（6）办理**农民专业合作社设立**的，由全体设立人签字或盖章。
　（7）办理各类**企业分支机构设立**的，加盖所从属企业公章。
　（8）办理**变更登记、注销登记或申请备案**的，可加盖本单位公章或由法定代表人（投资人、执行事务合伙人或委派代表、个体工商户经营者）亲笔签字。
　④委托登记注册代理机构办理登记注册的，不使用本委托书，应提交代理机构专用委托书。

补充信息表

申请人：您好！请如实填写本表内容。属于选择填写的，**请在对应的□处打"√"。**

企业（个体工商户）名称：_____

_____

名称预核准号或营业执照注册号或统一社会信用代码：_____

_____

一、企业是否属于以下类型：

□总部企业　　□研发中心　　□投资人为上年度世界500强企业　　□其他

二、投资人中是否含中央单位：

□否

□是（选择"是"请继续填写，投资人性质：　□中央企业

□中央国家机关或事业单位　　□驻京部队　　　□其他中央单位）

三、经营面积：

使用面积_____ m²，提供方式_____，使用期限__

_____年。

四、党员（含预备党员）人数：_____人

法定代表人（负责人、执行合伙事务人、投资人）是否党员：□是　　□否

[注："法定代表人"指代表企业法人行使职权的主要负责人，公司为依据章程确定的董事长（执行董事或经理）；全民、集体企业的厂长（经理）；集体所有制（股份合作）企业的董（理）事长（执行董事）；"负责人"指各类企业分支机构的负责人；"执行事务合伙人"指合伙企业的执行事务合伙人；"投资人"指个人独资企业的投资人]

是否建立党组织：□是　　□否（选择"是"请继续填写下列党建情况）

党组织建制：　　□党委　　　　□党总支　　　□党支部　　□其他

党组织组建方式：□单独组建　　□联合组建　　□挂靠　　　□其他

党组织是否本年度组建：□是　　　□否

法定代表人（负责人、执行合伙事务人、投资人、经营者）是否担任党组织书记：□是　　　□否

五、是否建立团组织：□是　　□否　　团员人数：_____人

是否建立工会组织：□是　　□否　　工会会员人数：_____人

六、从业人数：_____人：

其中，本市人数：_____人　外地人数：_____人

安置下岗失业人数：_____人　女性从业人数：_____人

七、投资人中是否有本年度应届高校毕业生：

□否　□是（选择"是"请继续填写：该毕业生是否为北京生源：□是
□否）

八、企业是否实施股权激励：

□否　　　　　　□是（选择"是"请继续填写：

股权激励方式：□科技成果入股　　□科技成果折股　　　□股权奖励
　□股权出售　　□股票期权　　股权激励金额：_____万元）

九、以下仅由个体工商户填写：

经营地所处地域：□城镇地区　　□农村地区

经营地与经营者户籍地关系：□同一区（县）　　　□本市其他区（县）
□其他省（区、市）　　□境外

十、以下仅由外国（地区）企业在中国境内从事生产经营活动企业填写：

境外住所：_____

境外注册资本：_____万美元（折合）

境外经营范围：_____

三、优惠政策[1]

（一）税收优惠

持人社部门核发《就业创业证》（注明"毕业年度内自主创业税收政策"）的高校毕业生在毕业年度内（指毕业所在自然年，即 1 月 1 日至 12 月 31 日）创办个体工商户、个人独资企业的，3 年内按每户每年 8000 元为限额依次扣减其当年实际应缴纳的营业税、城市维护建设税、教育费附加和个人所得税。对

---

[1]　教育部高校学生司、国家工商行政管理总局个体司：《大学生自主创业宣传手册》，2015 年 11 月。

高校毕业生创办的小型微利企业，按国家规定享受相关税收支持政策。

（二）创业担保贷款和贴息

对符合条件的大学生自主创业的，可在创业地按规定申请创业担保贷款，贷款额度为 10 万元。鼓励金融机构参照贷款基础利率，结合风险分担情况，合理确定贷款利率水平，对个人发放的创业担保贷款，在贷款基础利率基础上上浮 3 个百分点以内的，由财政给予贴息。

（三）免收有关行政事业性收费

毕业 2 年以内的普通高校学生从事个体经营（除国家限制的行业外）的，自其在工商部门首次注册登记之日起 3 年内，免收管理类、登记类和证照类等有关行政事业性收费。

（四）享受培训补贴

对大学生创办的小微企业新招用毕业年度高校毕业生，签订 1 年以上劳动合同并交纳社会保险费的，给予 1 年社会保险补贴。对大学生在毕业学年（即从毕业前一年 7 月 1 日起的 12 个月）内参加创业培训的，根据其获得创业培训合格证书或就业、创业情况，按规定给予培训补贴。

（五）免费创业服务

有创业意愿的大学生，可免费获得公共就业和人才服务机构提供的创业指导服务，包括政策咨询、信息服务、项目开发、风险评估、开业指导、融资服务、跟踪扶持等"一条龙"创业服务。

（六）取消高校毕业生落户限制

高校毕业生可在创业地办理落户手续（直辖市按有关规定执行）。

（七）创新人才培养

创业大学生可享受各地各高校实施的系列"卓越计划"、科教结合协同育人行动计划等，同时享受跨学科专业开设的交叉课程、创新创业教育实验班等，以及探索建立的跨院系、跨学科、跨专业交叉培养创新创业人才的新机制。

（八）开设创新创业教育课程

自主创业大学生可享受各高校挖掘和充实的各类专业课程和创新创业教育资源，以及面向全体学生开发开设的研究方法、学科前沿、创业基础、就业创业指导等方面的必修课和选修课；同时享受各地区、各高校推出的资源共享的慕课、视频公开课等在线开放课程，以及在线开放课程学习认证和学分认定制度。

（九）强化创新创业实践

自主创业大学生可共享学校面向全体学生开放的大学科技园、创业园、创业孵化基地、教育部工程研究中心、各类实验室、教学仪器设备等科技创新资源和实验教学平台。参加全国大学生创新创业大赛、全国高职院校技能大赛，和各类科技创新、创意设计、创业计划等专题竞赛，以及高校学生成立的创新创业协会、创业俱乐部等社团，提升创新创业实践能力。

（十）改革教学制度

自主创业大学生可享受各高校建立的自主创业大学生创新创业学分累计与转换制度；还可享受学生开展创新实验、发表论文、获得专利和自主创业等情况折算为学分，将学生参与课题研究、项目实验等活动认定为课堂学习的新探索。同时享受为有意愿、有潜质的学生制定的创新创业能力培养计划，以及创新创业档案和成绩单等系列客观记录并量化评价学生开展创新创业活动情况的教学实践活动。优先支持参与创业的学生转入相关专业学习。

（十一）完善学籍管理规定

有自主创业意愿的大学生，可享受高校实施的弹性学制，放宽学生修业年限，允许调整学业进程、保留学籍休学创新创业。

（十二）大学生创业指导服务

自主创业大学生可享受各地各高校对自主创业学生实行的持续帮扶、全程指导、一站式服务。以及地方、高校两级信息服务平台，为学生实时提供的国家政策、市场动向等信息，和创业项目对接、知识产权交易等服务。可享受各地在充分发挥各类创业孵化基地作用的基础上，因地制宜建设的大学生创业孵化基地，和相关培训、指导服务等扶持政策。

四、案例分析

案例内容：

小蔡是某高校的在职研究生，经济上独立于其家庭。2014 年 1 月在工商行政管理机关注册成立了一家主营服装设计的个人独资企业，注册资本为人民币1000 元。由于小蔡设计的服装款式新颖独特，企业经营得有声有色并实现了盈利。小蔡的研究生同学小林希望和小蔡一起经营该企业，并投资 2 万元人民币，双方签订了合作协议。随着企业经营规模的扩大，企业先后聘用了 10 名设计和销售人员，对此小蔡认为自己开办的是私人企业，并不需要为职工办理社会保险，因此没有给职工缴纳社会保险费，也没有与职工签订劳动合同。后来该独资企业经营不善导致负债 15 万元。小蔡决定于 2017 年 3 月自行解散企业，但因为企业财产不足清偿而被债权人、企业职工诉诸人民法院。

1. 该企业的设立是否合法？

2. 小蔡与小林共同经营的行为是否合法？

3. 该企业是否需要与聘用的员工签订劳动合同并缴纳社会保险费用？

4. 小蔡是否有权解散企业？

5. 企业解散后，小蔡和小林应当承担何种法律责任？

案例评析：

1. 根据我国《个人独资企业法》的规定，自然人可以单独投资设立个人独资企业，设立时法律仅要求投资人申报出资额和出资方式但并不要求须缴纳最低注册资本金。因此小蔡个人以 1000 元人民币经法定工商登记程序投资设立个人独资企业的做法，符合法律规定。

2. 个人独资企业须为一个自然人单独投资设立，小蔡与小林共同经营的行为已经改变了原独资企业的性质，不符合个人独资企业的法定条件，因此应当前往工商行政管理部门变更企业性质。

3. 个人独资企业招用职工的，应当依法与职工签订劳动合同并按照国家规定参加社会保险，为职工缴纳社会保险费。

4. 小蔡作为该企业的投资人，有权决定自行解散个人独资企业，其做法并不违法。

5. 小蔡经济上独立于其家庭，应以其个人财产对所负债务承担无限责任。由于小林后来加入投资经营，因此该个人独资企业事实上已转变为公民之间的合伙关系，由此，应当由合伙人小蔡、小林对所负债务承担无限连带责任。

五、相关问题

（一）个人独资企业能不能直接转成有限责任公司？

由于个人独资企业和有限责任公司主体性质和责任承担形式均存在着明显差异，分别受个人独资企业法和公司法的调整，因此个人独资企业不能直接转成有限责任公司，只能现将个人独资企业注销，再申请新设有限责任公司。

（二）个人独资企业名称有什么要求？

个人独资企业名称没有具体构成，只有相关的要求，要求如下：

1. 企业名称可以使用自然人投资人的姓名作字号，个人独资企业的名称要与其从事的营业相符合。

2.《个人独资企业登记管理办法》规定，个人独资企业不能在其名称中使用"有限""有限责任"的字样，也不能称为"公司"，从而使个人独资企业与公司和合伙企业或其他独资企业名称相区别。

（三）个人独资企业与个体工商户有什么区别？

1. 个人独资企业必须要有固定的生产经营场所和合法的企业名称，而个体工商户可以不起字号名称，也可以没有固定的生产经营场所而流动经营。

2. 个体工商户的投资者与经营者是同一人，都必须是投资设立个体工商户的自然人。而个人独资企业的投资者与经营者可以是不同的人，投资人可以委托或聘用他人管理个人独资企业事务。

3. 个人独资企业可以设立分支机构，也可以委派他人作为个人独资企业分支机构负责人。这一规定，说明了个人独资企业不但可以在登记管理机关辖区内设立分支机构，也可以在异地设立分支机构，由设立该分支机构的个人独资企业承担责任。而个体工商户根据规定不能设立分支机构。

4. 个人独资企业与个体工商户的法律地位不尽相同。在民事、行政、经济法律制度中个人独资企业是其他组织或其他经济组织的一种形式，能以企业自身的名义进行法律活动。而个体工商户是否能够作为其他组织或其他经济组织的一种形式，一直是国内民法学家的争论对象。在日常法律活动中，个体工商户的法律行为能力往往受到一定的限制，更多的时候，个体工商户是以公民个人名义进行法律活动的。

第四篇　政策问答篇

■第一单元　大学生实习实训期间的权益保护

这部分内容是关于大学生实习实训阶段的。实习是指经过一段时间的理论学习之后，把学到的理论知识拿到实际工作中去应用，以提高工作能力[1]。实践中实训也越来越受到重视，实训是大学生职业技能训练的简称，实训着重训练学生的实际操作能力。实习实训是大学生进入职业生涯的初期体验，往往是大学生开始职业生涯的第一步。实习实训做得好，让大学生对未来的职业生涯充满希望和信心，做得不好可能对大学生以后进入职业生涯产生负面影响，甚至导致大学生惧怕进入职业生涯。那么在实习实训期间大学生可能会遇到哪些问题呢？我们又应该如何去面对和解决呢？

一、大学生实习实训的种类有哪些？

大学生实习实训的方式方法多样，有校内实习实训，校外实习实训；平时实习实训和毕业前实习实训等。其中对大学生进入职业生涯最为重要的是毕业前实习，即顶岗实习实训，这种实习实训需要学生完全履行实习实训岗位的所有职责和岗位任务，能够独立工作，具有一定的挑战性，是大学生从校园走进真正工作岗位的前期磨合阶段。借助企业职业平台，向即将毕业的大学生提供一种非模拟性的机会，对学生所学的理论知识进行一次彻底检验，在实践中学习，在学习中实践。

依照教育部等五部门关于印发《职业学校学生实习管理规定》第2条，职业学校学生实习是指实施全日制学历教育的中等职业学校和高等职业学校学生按照专业培养目标要求和人才培养方案安排，由职业学校安排或者经职业学校批准自行到企（事）业等单位进行专业技能培养的实践性教育教学活动，包括认识实习、跟岗实习和顶岗实习等形式。认识实习是指学生由职业学校组织到实习单位参观、观摩和体验，形成对实习单位和相关岗位的初步认识的活动。跟岗实习是指不具有独立操作能力、不能完全适应实习岗位要求的学生，由职业学校组织到实习单位的相应岗位，在专业人员指导下部分参与实际辅助工作

---

[1]　吕叔湘主编：《现代汉语词典》，商务印书馆 2005 年版，第 1238 页。

的活动。顶岗实习是指初步具备实践岗位独立工作能力的学生，到相应实习岗位，相对独立参与实际工作的活动。

二、大学生实习实训期间的身份和法律地位是什么？

实习实训是把学到的理论知识拿到实践中去应用和检验，以锻炼工作能力。而在实习实训阶段，实习实训生的地位有些尴尬，因为实习实训生不是用人单位的正式员工，用人单位有理由不为实习实训生承担社保、工伤等待遇。从目前劳动领域法律法规的相关内容来看，无论实习实训生还是勤工俭学生，都存在身份上的模糊。我国《劳动法》中的劳动者，是指达到法定年龄、具有劳动能力、以从事某种社会劳动获取收入为主要生活来源的自然人。虽然国家层面有《劳动法》《劳动合同法》《工伤保险条例》等法律来规范劳动关系，但这些法律法规都是以保护劳动者的合法权益为宗旨的；近年来在北京等大城市相继出台专门针对实习实训生的地方性文件，但完善的实习实训生市场远未建立。国家应着手进行相关立法，规范用人单位、学校和实习实训生三方的权利义务。

在劳动法律法规尚未完善的情况下，实习实训生作为新时代的高等教育享有者应该充分利用我国有关法律法规，保护自己的权益。比较可行的办法是与用人单位签订较为合理的实习协议，约定实习实训期间的各类问题。

三、大学生实习实训期间的权益有哪些？

实习实训生作为社会的合法公民，享有我国法律法规规定的各项权益。《中华人民共和国宪法》第 42 条规定，"中华人民共和国公民有劳动的权利和义务。国家通过各种途径，创造劳动就业条件，加强劳动保护，改善劳动条件，并在发展生产的基础上，提高劳动报酬和福利待遇。劳动是一切有劳动能力的公民的光荣职责。国有企业和城乡集体经济组织的劳动者都应当以国家主人翁的态度对待自己的劳动。国家提倡社会主义劳动竞赛，奖励劳动模范和先进工作者。国家提倡公民从事义务劳动。国家对就业前的公民进行必要的劳动就业训练。"

大学生在实习实训期间享有公民的人身权、民主权；各项民事权益（包括合同权益、遭受侵权的赔偿请求权、知识产权权益等）；刑事司法保护；劳动人事权益；社会保障与保险权益等。

四、大学生实习实训期间经常会遇到哪些问题？

高校和用人单位都极其关注大学生的实习实训环节，大学生是否具有较强的实践操作能力成为衡量大学生综合素养的重要尺度，尤其是用人单位把大学生是否具有丰富的实习工作经验，作为优先录用的重要条件。为此，各高等学校积极为大学生实习拓展渠道，许多公司、企业等单位成为部分高校的定点实习场所和实训基地，实习活动日益彰显出其特殊的育人功效。

就大学生的实习方式而言，一方面，高校根据高等教育的目标要求，有计划、有组织、有目标地开展这项重要的教育教学实践活动；另一方面，为了积累经验，增加就业的砝码，学生个人也在自主联系实习单位。总之，不论是学校组织的统一实习还是学生自主实习，值得关注的是，大学生实习期间的权益保护问题应当受到高度重视，这关系到大学生群体利益，而且也是非常敏感的社会问题。但是，令人担忧的是：实习时期的天之骄子在权益保护和管理上却不乐观。他们一旦出现工伤、酬薪等权益方面的纠纷问题时，由于没有统一的规定和程序，加上不签实习权益保障协议，双方的权利义务不明确，大学生实习合法权益法律保障体系尚未健全等诸多方面的原因，致使学校、学生、实习单位都处于尴尬境遇。所以，积极探索与构建大学生实习期间合法权益保障体系势在必行。

实习实训期间经常遇到的问题有：专业对口单位难找，劳动力市场供求不平衡；找到实习实训单位后，实习实训期间还存在个人与单位之间的差距与矛盾。比如实习实训期间，大学生并未毕业，还需要面临着所学专业、所在学校的各种其他要求，需要处理好实习实训与学习、就业的关系；实习实训单位与学校规章制度的冲突等。

随着就业压力和社会竞争的不断加剧，大学生的权益受损问题将呈现上升趋势。其表现如下：如实习期变成"盘剥期"，无故辞退实习生或延长试用期现象长期存在；实习期间尚未享有相关基本待遇，最低生活保障问题难以解决；实习生与实习单位不签订实习保障协议书，发生工伤、医疗等事故，合法权益无法保障。

大学生实习实训期间合法权益受损的原因主要有：劳动力市场呈现供过于求的态势，卖方市场转向买方市场；企业管理者为获取利益，不择手段降低成本；大学生求职心理压力过大，求职心切，抢抓实习实训参与权；大学生实习实训期间权益保障的法律、法规体系尚不健全；部分大学生缺乏自我维权意识和自我保护能力。

五、大学生在实习实训期间如何进行权益保护？

针对上述问题，无论是学校层面、单位层面，还是个人层面，都需要面对，问题的解决也是一项系统工程。从学校层面来看，应该制订完备的实习实训制度，保护本校学生的合法权益；从实习实训单位来看，勇于承担企业的社会责任，以开放态度接纳实习实训生这些未来的劳动者。实习实训生个人更需要加大努力。

1. 高校层面应该为实习实训生提供应有的培训。健全创新创业教育课程体系。高校要加快创新创业教育优质课程信息化建设，推出一批资源共享的慕课、视频公开课等在线开放课程。建立在线开放课程学习认证和学分认定制度。组织学科带头人、行业企业优秀人才，联合编写具有科学性、先进性、适用性的创新创业教育重点教材。

改革教学方法和考核方法。高校要广泛开展启发式、讨论式、参与式教学，扩大小班化教学覆盖面，推动教师把国际前沿学术发展、最新研究成果和实践经验融入课堂教学，注重培养学生的批判性和创造性思维，激发创新创业灵感。运用"大数据"技术，掌握不同学生学习需求和规律，为学生自主学习提供更加丰富多样的教育资源。改革考试考核内容和方式，注重考查学生运用知识分析、解决问题的能力，探索非标准答案考试，破除"高分低能"积弊。

强化创新创业实践。高校要加强专业实验室、虚拟仿真实验室、创业实验室和训练中心建设，促进实验教学平台共享。各地区、各高校科技创新资源原则上向全体在校学生开放，开放情况纳入各类研究基地、重点实验室、科技园评估标准。鼓励各地区、各高校充分利用各种资源建设大学科技园、大学生创业园、创业孵化基地和小微企业创业基地，作为创业教育实践平台，建好一批大学生校外实践教育基地、创业示范基地、科技创业实习基地和职业院校实训基地。完善国家、地方、高校三级创新创业实训教学体系，深入实施大学生创新创业训练计划，扩大覆盖面，促进项目落地转化。举办全国大学生创新创业大赛，办好全国职业院校技能大赛，支持举办各类科技创新、创意设计、创业计划等专题竞赛。支持高校学生成立创新创业协会、创业俱乐部等社团，举办创新创业讲座论坛，开展创新创业实践。

建立实习实训生心理疏导服务中心，为学生告别学生时代进入社会，度过学生与社会之间的磨合期提供服务。开设实习实训就业培训班提升学生的就业竞争力。建立实习实训生合法权益服务中心，进行大学生实习实训权益的知识与法律法规培训，倡导学生运用法律手段保护自己的合法权益，努力提升实习实训生的权益保护意识。

2. 从制度上看，学校、用人单位以及实习实训生方面，积极努力，合三方之力，维护实习实训生的合法权益。加大政府监管力度，规定学校、学生与企业签订实习保障协议。

实习协议的名称可以改动，主要目的是在学生与实习单位之间建立一种契约关系，就双方在实习实训中的报酬、待遇、出勤、管理等方面可能出现的各种问题以及如何处理进行规范，使得实习实训期间的双方当事人权利义务制度化。

3. 建立健全相关法律法规，加强大学生相关法律法规教育，强化大学生实习权益法律保护意识。

总之，构建大学生实习实训权益保障系统工程，积极构建大学生权益保障系统工程是当前的重要任务，这需要社会、学校、学生、家庭等多方面共同努力，需要借助网络、媒体、报刊等多种辅助手段，需要发挥各级维权组织的积极作用，需要把大学生就业实习实训期间权益保障问题能否落实提高到影响我国和谐社会进程的高度上去认识。建议学校和社会积极构建相关的服务机制，开设服务部门，突出人性化服务理念，全面提高大学生权益保障部门服务的能力，形成一套比较完整的权益保障机制。各高等学校应该深入了解大学生实习权益维护的现状与实况，真正发挥权益服务的作用，建立并尊重学生权益的规章制度，对大学生实习期间的合法权益受损问题尽快予以解决。积极构建维权网络系统工程，积极为维护大学生合法权益搭建平台。

■第二单元　就业指导与就业援助

大学生在选择工作岗位时要结合本人的兴趣爱好特长，结合国家法律法规的内容，结合国家的各类优惠政策等综合选择个人的就业方向，并为早日找到满意的就业岗位及早做好各项准备工作，这就需要大学生充分了解自己的就业权益以及国家的法律法规政策的内容。大学生就业权益包括：平等择业权、获得劳动报酬权、获得职业培训权利、劳动安全权、结社权等。除此之外，作为社会的公民还享有公民的人身权、民主权；各项民事权益（包括合同权益、遭受侵权的赔偿请求权、知识产权权益等）；刑事司法保护；劳动人事权益；社会保障与保险权益等。

一、高校毕业生如何申请参加职业培训？

职业培训是帮助大学生进入职场的重要环节。在我国，负责职业培训的机构是各地的人力资源社会保障部门，并且根据我国的相应政策，大学生可以享受到职业培训的补贴。具体内容是：

法律依据：《财政部、人力资源社会保障部关于进一步加强就业专项资金管理有关问题的通知》（财社〔2011〕64号）等文件。

具体内容：职业培训由各地人力资源社会保障部门负责组织实施。高校毕业生可到当地人力资源社会保障部门咨询了解职业培训开展情况，选择适宜的培训项目参加。职业培训工作主要由政府认定的培训机构、技工院校或企业所属培训机构承担。

补贴政策：高校毕业生可以享受职业培训补贴政策，可以申请职业培训补贴和技能鉴定补贴。具体内容是：高校毕业生毕业年度内参加就业技能培训或创业培训，可按规定向当地人力资源社会保障部门申请职业培训补贴。毕业后按规定进行了失业登记的高校毕业生参加就业技能培训或创业培训，也可向当地人力资源社会保障部门申请职业培训补贴。

按照《财政部、人力资源社会保障部关于进一步加强就业专项资金管理有关问题的通知》（财社〔2011〕64号）等文件规定，申请材料经人力资源社会保障部门审核后，财政部门按规定将补贴资金直接拨付给申请者本人。职业培训补贴申请材料应附：培训人员《身份证》复印件、《就业创业证》复印件、职业资格证书（专项职业能力证书或培训合格证书）复印件、就业或创业证明材料、职业培训机构开具的行政事业性收费票据（或税务发票）等凭证材料。

高校毕业生参加就业技能培训或创业培训后，培训合格并通过职业技能鉴定取得初级以上职业资格证书（未颁布国家职业技能标准的职业应取得专项职业能力证书或创业培训合格证书），6个月内实现就业的，按职业培训补贴标准的100%给予补贴。6个月内没有实现就业的，取得初级以上职业资格证书的，按职业培训补贴标准的80%给予补贴；取得专项职业能力证书或创业培训合格证书的，按职业培训补贴标准的60%给予补贴。

高校毕业生可以获取职业资格证书：高校毕业生个人可向职业技能鉴定所（站）自主申请职业技能鉴定。职业技能鉴定要参加理论知识考试和操作技能（专业能力）考核。经鉴定合格者，由人力资源社会保障部门核发相应的职业资格证书。

高校毕业生可以享受职业技能鉴定补贴政策，可以申请技能鉴定补贴。按照《财政部、人力资源社会保障部关于进一步加强就业专项资金管理有关问题的通知》（财社〔2011〕64号）等文件规定，对高校毕业生在毕业年度内通过初次职业技能鉴定并取得职业资格证书或专项职业能力证书的，按规定给予一次性职业技能鉴定补贴。

通过初次职业技能鉴定并取得职业资格证书或专项职业能力证书的，可向职业技能鉴定所在地人力资源社会保障部门申请一次性职业技能鉴定补贴。职业技能鉴定补贴申请材料应附：申请人《身份证》复印件、《就业创业证》复印件、职业资格证书复印件、职业技能鉴定机构开具的行政事业性收费票据（或税务发票）等凭证材料，经人力资源社会保障部门审核后，财政部门按规定将补贴资金支付给申请者本人。

二、哪些机构可以为高校毕业生提供哪些就业指导、就业服务和就业援助？

目前，在我国可以为高校毕业生提供就业服务的机构有：

第一，公共就业和人才服务机构。由各级人力资源社会保障部门举办的公共就业和人才服务机构，为高校毕业生免费提供政策咨询、就业信息、职业指导、职业介绍、就业援助、就业与失业登记或求职登记等各项公共服务，按规定为失业登记高校毕业生免费提供人事档案管理等服务。此外，还定期开展面向高校毕业生的公共就业和人才服务专项活动，比如每年5月"民营企业招聘周"、每年9月"高校毕业生就业服务月"、每年11月"高校毕业生就业服务周"等，为高校毕业生和用人单位搭建供需对接平台。

第二，高校毕业生就业指导机构。目前，各省教育部门、各高校普遍建立了高校毕业生就业指导机构，为毕业生提供就业咨询、用人单位招聘及实习实训信息、求职技巧、职业生涯辅导、毕业生推荐、实习实践能力提升和就业手续办理等多项就业指导和服务。

第三，职业中介机构。主要包括从事人力资源服务的经营性机构，政府鼓励各类职业中介机构为高校毕业生提供就业服务，为失业登记高校毕业生提供服务并对符合条件的职业中介机构按规定给予职业介绍补贴。

三、高校毕业生获取就业信息的主要渠道有哪些？

高校毕业生获取就业信息的主要渠道有：

第一，浏览各类就业信息网站，包括中央有关部门主办的全国性就业信息网站、地方有关部门主办的就业信息网站、各高校就业信息网站、其他专业性就业网站等；

第二，参加各类招聘和双向选择活动，包括国家有关部门、各地、学校、用人单位等相关机构组织的各类现场或网络招聘活动；

第三，参与校企合作实习，包括社会实践、毕业实习等活动；

第四，查阅媒体广告，如报纸、刊物、电台、电视台、自媒体等；

第五，他人推荐，如导师、校友、亲友等；

第六，主动到单位求职自荐等。

四、在校期间高校毕业生可以通过哪些途径提升就业能力？

在学好专业知识技能的同时，根据学校要求或安排，毕业生可以通过选修或必修就业指导课程、参与学校组织的就业实习、技巧辅导、模拟招聘等活动，学习和了解相关职业的资料和信息，充分借助社会实践平台，全面提升就业能力。

高校毕业生还可通过学校实施的毕业证书与职业资格证书"双证书"制度、组织到企业顶岗实习、参加人力资源社会保障部门认定的定点机构开展的职业技能培训等，切实增强自身的岗位适应能力与就业竞争力，促进职业素养的养成。

■第三单元 重点领域就业、基层就业、自主创业、服兵役等相关政策

大学生就业岗位多种多样，除传统常见的政府部门公务员，国有企事业单位外，近年来我国针对大学生现状推出了很多新的就业岗位与优惠，由于政府部门公务员，国有企事业单位招聘大学生就业比较规范有序，本部分内容着眼于新的就业途径选择以及优惠措施方面，如国家近年推出的重要领域，国际组织任职，基层就业项目，自主创业等。

一、国家鼓励和引导高校毕业生去哪些重要领域就业创业？

我国目前鼓励和引导大学毕业生去新提出来的重要理念的领域就业，具体来说主要有："一带一路""长江经济带""京津冀协同发展"等国家重大战略提供了大量的岗位需求。高校毕业生要主动对接人才需求，积极到重点地区、重大工程、重大项目、重要领域去就业。要抓住实施"中国制造2025""互联网＋"行动计划等契机，到先进制造业、现代服务业和现代农业等领域就业创业。

"一带一路"："一带一路"是"丝绸之路经济带"和"21世纪海上丝绸之路"的简称，是国家级顶层战略。它将充分依靠中国与有关国家既有的双边和多边机制，借助既有的、行之有效的区域合作平台。"一带一路"旨在借用古代丝绸之路的历史符号，高举和平发展的旗帜，积极发展与沿线国家的经济合作伙伴关系，共同打造政治互信、经济融合、文化包容的利益共同体、命运共同体和责任共同体。"一带一路"的互联互通项目将推动沿线各国发展战略的对接与耦合，发掘区域内市场的潜力，促进投资和消费，创造需求和就业。2015年3月，国家发展改革委、外交部、商务部联合发布了《推动共建丝绸之路经济带和21世纪海上丝绸之路的愿景与行动》。"一带一路"经济区开放后，无论承包工程项目、直接投资，还是我国承接"一带一路"相关国家服务外包合同金额，同比增长迅速。

长江经济带[1]：长江经济带覆盖上海、江苏、浙江、安徽、江西、湖北、湖南、重庆、四川、云南、贵州 11 个省市，面积约 205 万平方公里，人口和生产总值均超过全国的 40%；近年来，长江经济带首尾两大战略金融核心区：江北嘴、陆家嘴已逐步发展成为中国最具影响力并和国际经济关联密切的金融中心。依托黄金水道推动长江经济带发展，打造中国经济新支撑带，是党中央、国务院审时度势，谋划中国经济新棋局作出的既利当前又惠长远的重大战略决策。主要任务是提升长江黄金水道功能，建设综合立体交通走廊，创新驱动促进产业转型升级，全面推进新型城镇化，培育全方位对外开放新优势，建设绿色生态廊道，创新区域协调发展体制机制。

长江经济带是中国新一轮改革开放转型实施新区域开放开发战略。

长江经济带的战略定位：一是具有全球影响力的内河经济带；二是东中西互动合作的协调发展带；三是沿海沿江沿边全面推进的对内对外开放带；四是生态文明建设的先行示范带。

京津冀协同发展[2]：京津冀协同发展的核心是京津冀三地作为一个整体协同发展，要以疏解非首都核心功能、解决北京"大城市病"为基本出发点，调整优化城市布局和空间结构，构建现代化交通网络系统，扩大环境容量生态空间，推进产业升级转移，推动公共服务共建共享，加快市场一体化进程，打造现代化新型首都圈，努力形成京津冀目标同向、措施一体、优势互补、互利共赢的协同发展新格局。

京津冀地区同属京畿重地，战略地位十分重要。当前区域总人口已超过 1 亿人，面临着生态环境持续恶化、城镇体系发展失衡、区域与城乡发展差距不断扩大等突出问题。实现京津冀协同发展、创新驱动，推进区域发展体制机制创新，是面向未来打造新型首都经济圈、实现国家发展战略的需要。京津冀空间协同发展、城镇化健康发展对于全国城镇群地区可持续发展具有重要示范意义。

京津冀协同发展与"一带一路"建设和长江经济带发展共同构成当前中国三大国家战略，拥有国家政策的大力支持，发展前景光明。

二、高校毕业生到国际组织实习任职可以获得哪些支持？

国际组织是具有国际性行为特征的组织，是两个或两个以上国家（或其他国际法主体）为实现共同的政治经济目的，依据其缔结的条约或其他正式法律文件建立的有一定规章制度的常设性机构。国际组织分为政府间组织和非政府

---

[1]　360 百科，https：//baike. so. com/doc/5614229 – 5826839. html，2017 年 7 月 15 日搜索。

[2]　360 百科，https：//baike. so. com/doc/7863568 – 8137663. html，2017 年 7 月 15 日搜索。

间组织，也可分为区域性国际组织和全球性国际组织。政府间的国际组织有联合国、欧洲联盟、世界贸易组织等，非政府间的国际组织有国际奥委会、国际红十字会等。

国际组织任职岗位：联合国的国际公务员主要分为三种：D 类、P 类和 G 类。D 代表的是 Director，即高级管理人员；P 代表 Professional，即专业人员；而 G 则是 General，即一般事务。D 类属于领导类职务，部分是在联合国内部一级一级晋升上来的，另外一部分则来自各国直接派遣，比如我国各部委派驻到联合国的工作人员。G 类属于基础性岗位，大多是行政、秘书等辅助性雇员，一般从机构所在国当地招聘。P 类是联合国的中坚力量，因此，对于想加入联合国的高校毕业生而言，最常规的方式，是参加联合国的 YPP 考试（即青年专业人员考试）。

YPP 考试：联合国青年专业人员（YPP）考试是 2012 年联合国对原国家竞争考试（NCRE）改革后的考试项目，是联合国招聘工作人员的主要方式之一，由人力资源社会保障部协助联合国在华举办。青年专业人员考试的对象为初级业务官员（P1/P2 级），由联合国秘书处每年根据各会员国占地域分配的理想员额幅度情况，邀请无代表性、代表性不足或即将变为代表性不足的会员国参加考试。会员国同意参加后，其国民可通过联合国网站报名参加本年考试。

联合国将对申请参加考试的人员进行初步网上筛选，确定最终参加考试人员名单。考试一般由笔试和面试两个阶段的测试组成。通过考试选拔的人员将进入联合国后备人员名单，当出现职位空缺时，由联合国从后备人员名单中选聘。

高校毕业生到国际组织实习任职有以下信息来源和鼓励性措施：

第一，"高校毕业生国际组织实习任职服务平台"（http：//gj.ncss.org.cn/）。为毕业生到国际组织实习任职和参加志愿活动等，提供信息、咨询、培训等服务。

第二，鼓励有条件的高校结合国际组织人才需求，开展培养推送高校毕业生到国际组织实习任职工作，将国际组织基本情况、招聘要求、职业发展路径等内容，纳入大学生就业指导教材和课程。

第三，国家留学基金管理委员会从全国优秀应届毕业生中选派实习生，前往联合国教科文组织、国际民航组织及国际电信联盟进行实习，为期 3 至 12 个月，并可提供奖学金资助。详见教育部留学基金委网站（http：//www.csc.edu.cn/）。

三、高校毕业生到国际组织实习任职，需要哪些能力？如何在校做好准备？

第一，语言水平。联合国有六种官方工作语言：英语、法语、西班牙语、阿拉伯语、俄语和汉语。其中英语和法语最为重要，两者兼具的求职者进入国际组织有着天然的优势。联合国的很多机构在招聘时都要求应聘者能够使用两种或两种以上语言进行交流。除了要做到听、说、读、写"四会"外，更为重要的是运用这些语言进行沟通交流，比如能够进行协商谈判，做口头报告，在公众面前演讲，撰写相关报告或文件等。而且联合国要求员工必须能够与不同的对象进行交流，并做到有效、清晰、简洁、准确可信、能阐释复杂的问题，同时要有吸引力，便于对方理解。在大学时期，要注重外语能力的培养，努力熟练掌握"听、说、读、写"的基本技能，也要多锻炼使用外语进行口头和书面交流的实际运用能力。有条件的话也可以参加托福、雅思等在国际上被广泛承认的语言水平考试，取得的成绩有助于申请国际组织的实习、志愿、正式工作项目。

第二，综合素质。国际组织对所聘公务员的要求，不单纯是技术性、专业性的，更重要的是在任何职场都需要的沟通能力、管理能力，尤其强调国际组织、跨文化工作所需要的某些能力，例如伙伴关系（partnership）、团队精神（team spirit）、协同配合（synergy）、互动（interaction）、相互尊重与理解（mutual respect and understanding）等。在工作中，要有意识地培养有效行为的能力，避免无效行为。世界卫生组织有一个全球能力模版（Global Competency Model），反映了对国际公务员各方面能力的总体要求，分为核心能力、管理能力、领导能力三大类，共 13 项内容，很具有参考价值。

四、什么是基层就业？

基层就业就是到城乡基层工作。国家近几年出台了一系列优惠政策鼓励高校毕业生积极参加社会主义新农村建设、城市社区建设和应征入伍。一般来讲，"基层"既包括广大农村，也包括城市街道社区；既涵盖县级以下党政机关、企事业单位，也包括社会团体、非公有制组织和中小企业；既包含单位就业，也包括自主创业、自谋职业。

五、国家鼓励毕业生到基层就业的主要优惠政策包括哪些？

法律依据：按照《中共中央办公厅　国务院办公厅印发〈关于进一步引导和鼓励高校毕业生到基层工作的意见〉的通知》（中办发〔2016〕79 号）、《国务院关于进一步做好新形势下就业创业工作的意见》（国发〔2015〕23 号）、《国务院办公厅关于做好 2014 年全国普通高等学校毕业生就业创业工作的通知》（国发〔2014〕22 号）、《国务院办公厅关于做好 2013 年全国普通高等学校毕业生就业工作的通知》（国办发〔2013〕35 号）和《国务院关于进一步做好普通高等学校毕业生就业工作的通知》（国发〔2011〕16 号）等文件规定。

主要内容：①完善工资待遇进一步向基层倾斜的办法，健全高校毕业生到基层工作的服务保障机制，鼓励毕业生到乡镇特别是困难乡镇机关事业单位工作。②对高校毕业生到中西部地区、艰苦边远地区和老工业基地县以下基层单位就业、履行一定服务期限的，按规定给予学费补偿和国家助学贷款代偿（本专科学生每人每年最高不超过8000元、研究生每人每年最高不超过12 000元）。③结合政府购买服务工作的推进，在基层特别是街道（乡镇）、社区（村）购买一批公共管理和社会服务岗位，优先用于吸纳高校毕业生就业。④落实完善见习补贴政策，对见习期满留用率达到50%以上的见习单位，适当提高见习补贴标准。⑤将求职补贴调整为求职创业补贴，对象范围扩展到已获得国家助学贷款的毕业年度高校毕业生。⑥艰苦边远地区基层机关招录高校毕业生可适当放宽学历、专业等条件，降低开考比例，可设置一定数量的职位面向具有本市、县户籍或在本市、县长期生活的高校毕业生。

各地区要结合城镇化进程和公共服务均等化要求，充分挖掘教育、劳动就业、社会保障、医疗卫生、住房保障、社会工作、文化体育及残疾人服务、农技推广等基层公共管理和服务领域的就业潜力，吸纳高校毕业生就业。要结合推进农业科技创新、健全农业社会化服务体系等，引导更多高校毕业生投身现代农业。

六、国家对在基层工作的高校毕业生职业发展有哪些鼓励政策措施？

法律依据：按照《中共中央办公厅 国务院办公厅印发〈关于进一步引导和鼓励高校毕业生到基层工作的意见〉的通知》（中办发〔2016〕79号）、《国务院关于进一步做好新形势下就业创业工作的意见》（国发〔2015〕23号）、《国务院办公厅关于做好2014年全国普通高等学校毕业生就业创业工作的通知》（国发〔2014〕22号）、《国务院办公厅关于做好2013年全国普通高等学校毕业生就业工作的通知》（国办发〔2013〕35号）和《国务院关于进一步做好普通高等学校毕业生就业工作的通知》（国发〔2011〕16号）等文件规定。

主要内容：①在干部人才选拔任用机制上，进一步强化基层工作经历的政策导向，向在基层工作的优秀高校毕业生倾斜。②自2012年起，省级以上机关录用公务员，除特殊职位外，按照有关规定一律从具有2年以上基层工作经历的人员中考录。③市地级以上机关应拿出一定数量职位面向具有基层工作经历的公务员进行公开遴选。④省、市级所属事业单位面向社会公开招聘时，应拿出一定数量岗位公开招聘有基层事业单位工作经历的人员。有条件的地区，可明确具体公开遴选或招聘的比例。⑤鼓励国有大中型企业建立健全人力资源管理激励机制，将在基层生产和管理一线表现优秀的高校毕业生纳入后备人才队伍，加大从基层一线选拔任用中层干部的力度。⑥对具有基层工作经历的高校毕业生，在研究生招录和事业单位选聘时实行优先。⑦高校毕业生在中西部地区和艰苦边远地区县以下基层单位从事专业技术工作，申报相应职称时，可不参加职称外语考试或放宽外语成绩要求。充分挖掘社会组织吸纳高校毕业生就业潜力，对到省会及省会以下城市的社会团体、基金会、民办非企业单位就业的高校毕业生，所在地的公共就业人才服务机构要协助办理落户手续，在专业技术职称评定方面享受与国有企事业单位同类人员同等待遇。⑧对到农村基层和城市社区从事社会管理和公共服务工作的高校毕业生，符合公益性岗位就业条件并在公益性岗位就业的，按照国家现行促进就业政策的规定，给予社会保险补贴和公益性岗位补贴。

七、为鼓励高校毕业生面向基层就业，实施学费补偿和助学贷款代偿政策的主要内容是什么？

法律依据：《国务院关于进一步做好新形势下就业创业工作的意见》（国发〔2015〕23 号）、《关于调整完善国家助学贷款相关政策措施的通知》（财教〔2014〕180 号）、《财政部、教育部关于印发〈高等学校毕业生学费和国家助学贷款代偿暂行办法〉的通知》（财教〔2009〕15 号）等文件。

主要内容：高校毕业生（全日制本专科、高职生、研究生、第二学士学位毕业生）到中西部地区、艰苦边远地区和老工业基地县以下基层单位就业、履行一定服务期限的，按规定给予学费补偿和国家助学贷款代偿。在校学习期间获得国家助学贷款（含高校国家助学贷款和生源地信用助学贷款，下同）的，补偿的学费优先用于偿还国家助学贷款本金及其全部偿还之前产生的利息。定向、委培以及在校期间已享受免除全部学费政策的学生除外。

目前，国家助学贷款资助标准已经调整为，全日制普通本专科学生（含第二学士学位、高职学生，下同）每人每年申请贷款额度不超过 8000 元；年度学费和住宿费标准总和低于 8000 元的，贷款额度可按照学费和住宿费标准总和确定。全日制研究生每人每年申请贷款额度不超过 12 000 元；年度学费和住宿费标准总和低于 12 000 元的，贷款额度可按照学费和住宿费标准总和确定。

国家助学贷款资助标准调整后，《财政部、教育部、总参谋部关于印发〈高等学校学生应征入伍服义务兵役国家资助办法〉的通知》（财教〔2013〕236号）、《财政部、教育部、民政部、总参谋部、总政治部关于实施退役士兵教育资助政策的意见》（财教〔2011〕538 号）和《财政部、教育部关于印发〈高等学校毕业生学费和国家助学贷款代偿暂行办法〉的通知》（财教〔2009〕15 号）中有关学费补偿、国家助学贷款代偿和学费资助的标准，相应调整为本专科学生每人每年最高不超过 8000 元、研究生每人每年最高不超过 12 000 元。学费补偿、国家助学贷款代偿和学费资助的其他事项，仍按原规定执行。

国家实施补偿学费和代偿助学贷款的就业地域范围包括：

国家对到中西部地区和艰苦边远地区基层单位就业、并履行一定服务期限的中央部门所属高校毕业生，按规定实施相应的学费补偿和助学贷款代偿。这里涉及的地域范围主要包括：①西部地区：西藏、内蒙古、广西、重庆、四川、贵州、云南、陕西、甘肃、青海、宁夏、新疆等12个省（自治区、直辖市）；②中部地区：河北、山西、吉林、黑龙江、安徽、江西、河南、湖北、湖南、海南等10个省；③艰苦边远地区：由国务院确定的经济水平、条件较差的一些州、县和少数民族地区。（详情可登录中国政府网查询：http：//www. gov. cn）④基层单位：一是中西部地区和艰苦边远地区县以下机关、企事业单位，包括乡（镇）政府机关、农村中小学、国有农（牧、林）场、农业技术推广站、畜牧兽医站、乡镇卫生院、计划生育服务站、乡镇文化站、乡镇劳动就业服务站等；二是工作现场地处以上地区县以下的气象、地震、地质、水电施工、煤炭、石油、航海、核工业等中央单位艰苦行业生产第一线。

八、什么是基层社会管理和公共服务岗位？

所谓基层社会管理和公共服务岗位，包括大学生村官、支教、支农、支医、乡村扶贫，以及城市社区的法律援助、就业援助、社会保障协理、文化科技服务、养老服务、残疾人居家服务、廉租房配套服务等岗位。

2009年4月，人力资源社会保障部下发《关于公布第一批基层社会管理和公共服务岗位目录的通知》（人社部函〔2009〕135号），向社会公布第一批基层社会管理和公共服务岗位目录，以指导各地做好鼓励和引导高校毕业生到基层就业的工作。这批发布的岗位目录共分为基层人力资源和社会保障管理、基层农业服务、基层医疗卫生服务、基层文化科技服务、基层法律服务、基层民政、托老托幼、助残服务、基层市政管理、基层公共环境与设施管理维护以及其他等9大类领域，包括在街道（乡镇）、社区（村）等基层单位从事公共就业服务、社会保障、劳动关系协调、劳动监察、农业、扶贫开发、医疗、卫生、保健、防疫、文化、科技、体育、普法宣传、民事调解、托老、养老、托幼、助残、公共设施设备管理养护等相关事务管理服务工作的50种岗位。

其他基层社会管理和公共服务岗位是指在街道社区、乡镇等基层开发或设立的相应的社会管理和公共服务岗位。部分由政府出资，或由相关组织和单位出资。所安排使用的人员按规定享受相关补贴。

九、什么是公益性岗位、公益性岗位社会保险补贴和公益性岗位补贴？

由政府开发、以满足社区及居民公共利益为目的的管理和服务岗位。对符合条件在公益性岗位安置就业的就业困难人员，按规定给予社会保险补贴和岗位补贴。符合公益性岗位安置条件的就业困难高校毕业生，可按规定享受公益性岗位就业援助政策。

　　按照《财政部、人力资源社会保障部关于进一步加强就业专项资金管理有关问题的通知》（财社〔2011〕64号）规定，对就业困难人员的社会保险补贴实行"先缴后补"的办法。在公益性岗位安排就业困难人员，并缴纳社会保险费的，按其为就业困难人员实际缴纳的基本养老保险费、基本医疗保险费和失业保险费给予补贴，不包括就业困难人员个人应缴纳的基本养老保险费、基本医疗保险费和失业保险费，以及企业（单位）和个人应缴纳的其他社会保险费。社会保险补贴期限，一般最长不超过3年。

　　对在公益性岗位安排就业困难人员就业的单位，按其实际安排就业困难人员人数给予岗位补贴。公益性岗位补贴期限，一般最长不超过3年。

　　在公益性岗位安排就业困难人员就业的单位，可按季向当地人力资源社会保障部门申请公益性岗位补贴。公益性岗位补贴申请材料应附：符合享受公益性岗位补贴条件的人员名单及《身份证》复印件、《就业创业证》复印件、发放工资明细账（单）、单位在银行开立的基本账户等凭证材料，经人力资源社会保障部门审核后，财政部门将补贴资金支付到单位在银行开立的基本账户。

十、到基层就业如何办理户口、档案、党团关系等手续？

　　对到中西部地区、艰苦边远地区和老工业基地县以下基层单位就业的高校毕业生，实行来去自由的政策，户口可留在原籍或根据本人意愿迁往就业地区；人事档案原则上统一转至就业单位所在地的县级政府人力资源社会保障部门，由公共就业和人才服务机构提供免费人事代理服务；党团组织关系转至就业单位，在工作期间积极要求入党的，由乡镇一级党组织按规定程序办理。

十一、中央有关部门实施了哪些基层就业项目？

　　近年来，中央各有关部门主要组织实施了5个引导高校毕业生到基层就业的专门项目，包括：团中央、教育部、财政部、人力资源社会保障部等四部门从2003年起组织实施的"大学生志愿服务西部计划"；中组部、人力资源社会保障部、教育部等八部门从2006年开始组织实施的"三支一扶"（支教、支农、支医和扶贫）计划；教育部、财政部、人力资源社会保障部、中央编办等四部门从2006年开始组织实施的"农村义务教育阶段学校教师特设岗位计划"；中组部、教育部、财政部、人力资源社会保障部等部门从2008年起组织实施的"选聘高校毕业生到村任职工作"；农业部、人社部、教育部等部门从2103年起组织实施的"农业技术推广服务特设岗位计划"。

　　1. 大学生志愿服务西部计划。大学生志愿服务西部计划由共青团中央牵头，教育部、财政部、人力资源社会保障部共同组织实施。从2003年开始，每年招募1.8万名普通高等学校应届毕业生，到西部贫困县的乡镇从事为期1至3年的教育、卫生、农技、扶贫以及青年中心建设和管理等方面的志愿服务工作。

2. "三支一扶"计划。"三支一扶"是支教、支医、支农、扶贫的简称。2006年，中组部、原人事部等八部门下发《关于组织开展高校毕业生到农村基层从事支教、支农、支医和扶贫工作的通知》（国人部发〔2006〕16号），以公开招募、自愿报名、组织选拔、统一派遣的方式，从2006年开始连续5年，每年招募2万名高校毕业生，主要安排到乡镇从事支教、支农、支医和扶贫工作。服务期限一般为2~3年。招募对象主要为全国普通高校应届毕业生。2011年4月，人力资源社会保障部下发《关于继续做好高校毕业生三支一扶计划实施工作的通知》（人社部发〔2011〕27号），决定继续组织开展高校毕业生"三支一扶"计划，从2011年起，每年选拔2万名，5年内选拔10万名高校毕业生到基层从事"三支一扶"服务。

3. 农村义务教育阶段学校教师特设岗位计划。2006年，教育部、财政部、原人事部、中央编办下发《关于实施农村义务教育阶段学校教师特设岗位计划的通知》（教师〔2006〕2号），联合启动实施"特岗计划"，公开招聘高校毕业生到"两基"攻坚县农村义务教育阶段学校任教。特岗教师聘期为3年。

农村教师特岗计划实施的地区范围包括：2006至2008年"特岗计划"的实施范围以国家西部地区"两基"攻坚县为主（含新疆生产建设兵团的部分团场），包括纳入国家西部开发计划的部分中部省份的少数民族自治州，适当兼顾西部地区一些有特殊困难的边境县、少数民族自治县和少小民族县。2009年，实施范围扩大到中西部地区国家扶贫开发工作重点县。2015至2016年中央特岗计划实施范围具体为：《中国农村扶贫开发纲要（2011—2020年）》确定的11个集中连片特殊困难地区和四省藏区县，中西部地区国家扶贫开发工作重点县，省级扶贫开发工作重点县，西部地区原"两基"攻坚县（含新疆生产建设兵团的部分团场），纳入国家西部开发计划的部分中部省份的少数民族自治州以及西部地区一些有特殊困难的边境县，少数民族自治县和少小民族县。特岗计划设岗县（市），必须是教师总体缺编、结构性矛盾突出的县（市）。

4. 选聘高校毕业生到村任职工作。2008年，中组部、教育部、财政部、人力资源和社会保障部出台了《关于印发〈关于选聘高校毕业生到村任职工作的意见（试行）〉的通知》（组通字〔2008〕18号），计划用5年时间选聘10万名高校毕业生到农村担任村党支部书记助理、村委会主任助理或团支部书记、副书记等职务。从2010年开始，扩大选聘规模，逐步实现"一村一名大学生村官"计划的目标。选聘的高校毕业生在村工作期限一般为2至3年。

选聘到村任职的对象为30岁以下应届和往届毕业的全日制普通高校专科以上学历的毕业生，重点是应届毕业和毕业1至2年的本科生、研究生，原则上为中共党员（含预备党员），非中共党员的优秀团干部、优秀学生干部也可以选聘。

基本条件是：①思想政治素质好，作风踏实，吃苦耐劳，组织纪律观念强。②学习成绩良好，具备一定的组织协调能力。③自愿到农村基层工作。④身体健康。此外，参加人力资源社会保障部、团中央等部门组织的到农村基层服务的"三支一扶""志愿服务西部计划"等活动期满的高校毕业生，本人自愿且具备选聘条件的，经组织推荐可作为选聘对象。

选聘工作一般通过个人报名、资格审查、组织考察、体检、公示、决定聘用、培训上岗等程序进行。

5. 农业技术推广服务特设岗位计划。农业技术推广服务特设岗位计划由农业部牵头，人力资源社会保障部、教育部和科技部共同组织实施。从 2013 年开始，每年招募一批普通高等学校应届毕业生，到乡镇或区域性农业技术推广机构从事为期 2 至 3 年的农业技术推广、动植物疫病防控、农产品质量安全服务等工作。

十二、参加中央部门组织实施的基层就业项目，服务期满后享受哪些优惠政策？

根据中组部、人力资源社会保障部、教育部、财政部、共青团中央《关于统筹实施引导高校毕业生到农村基层服务项目工作的通知》（人社部发〔2009〕42 号）等政策规定，参加中央部门组织实施的基层就业项目、服务期满的毕业生，享受以下优惠政策：①公务员招录优惠：每年拿出公务员考录计划的一定比例，专门用于定向招录服务期满且考核称职（合格）的服务基层项目人员。服务基层项目人员也可报考其他职位。②事业单位招聘优惠：鼓励在项目结束后留在当地就业，参加各基层就业项目相对应的自然减员空岗，全部聘用服务期满的高校毕业生。从 2009 年起，到乡镇事业单位服务的高校毕业生服务满 1 年后，在现岗位空缺情况下，经考核合格，即可与所在单位签订不少于 3 年的聘用合同。同时，各省（区、市）县及县以上相关的事业单位公开招聘工作人员，应拿出不低于 40% 的比例，聘用各专门项目服务期满考核合格的高校毕业生。③考学升学优惠：服务期满后 3 年内报考硕士研究生初试总分加 10 分；同等条件下优先录取；高职（高专）学生可免试入读成人本科。④国家补偿学费和代偿助学贷款政策：参加各基层就业项目的毕业生，符合规定条件的，可享受相应的学费补偿和助学贷款代偿政策。⑤服务期满自主创业的，可享受税收优惠、行政事业性收费减免、小额贷款担保和贴息等有关政策。⑥其他：各基层就业项目服务年限计算工龄。服务期满到企业就业的，按照规定转接社会保险关系。

十三、高校毕业生自主创业，可以享受哪些优惠政策？

法律依据：按照《国务院关于进一步做好新形势下就业创业工作的意见》（国发〔2015〕23号）、《国务院办公厅关于深化高等学校创新创业教育改革的实施意见》（国办发〔2015〕36号）等文件。

高校毕业生自主创业优惠政策主要包括：①税收优惠：持人社部门核发《就业创业证》（注明"毕业年度内自主创业税收政策"）的高校毕业生在毕业年度内（指毕业所在自然年，即1月1日至12月31日）创办个体工商户、个人独资企业的，3年内按每户每年8000元为限额依次扣减其当年实际应缴纳的营业税、城市维护建设税、教育费附加和个人所得税。对高校毕业生创办的小型微利企业，按国家规定享受相关税收支持政策。②创业担保贷款和贴息支持：对符合条件的高校毕业生自主创业的，可在创业地按规定申请创业担保贷款，贷款额度为10万元。鼓励金融机构参照贷款基础利率，结合风险分担情况，合理确定贷款利率水平，对个人发放的创业担保贷款，在贷款基础利率基础上上浮3个百分点以内的，由财政给予贴息。③免收有关行政事业性收费：毕业2年以内的普通高校毕业生从事个体经营（除国家限制的行业外）的，自其在工商部门首次注册登记之日起3年内，免收管理类、登记类和证照类等有关行政事业性收费。④享受培训补贴：对高校毕业生在毕业学年（即从毕业前一年7月1日起的12个月）内参加创业培训的，根据其获得创业培训合格证书或就业、创业情况，按规定给予培训补贴。⑤免费创业服务：有创业意愿的高校毕业生，可免费获得公共就业和人才服务机构提供的创业指导服务，包括政策咨询、信息服务、项目开发、风险评估、开业指导、融资服务、跟踪扶持等"一条龙"创业服务。各地在充分发挥各类创业孵化基地作用的基础上，因地制宜建设一批大学生创业孵化基地，并给予相关政策扶持。对基地内大学生创业企业要提供培训和指导服务，落实扶持政策，努力提高创业成功率，延长企业存活期。⑥取消高校毕业生落户限制，允许高校毕业生在创业地办理落户手续（直辖市按有关规定执行）。

大学生创业工商登记要求。深化商事制度改革，进一步落实注册资本登记制度改革，坚决推行工商营业执照、组织机构代码证、税务登记证"三证合一"，推进"三证合一"登记制度改革意见和统一社会信用代码方案，实现"一照一码"。放宽新注册企业场所登记条件限制，推动"一址多照"、集群注册等，降低大学生创业门槛。

社会各界为高校毕业生提升自主创业能力的措施。各高校要根据人才培养定位和创新创业教育目标要求，促进专业教育与创新创业教育有机融合，调整专业课程设置，挖掘和充实各类专业课程的创新创业教育资源，在传授专业知识过程中加强创新创业教育。面向全体学生开发开设创新创业必修课和选修课，纳入学分管理。各地人力资源社会保障部门已形成一些成熟的创业培训模式，如"GYB"（产生你的企业想法）、"SYB"（创办你的企业）、"IYB"（改善你的企业）；高校毕业生可选择参加创业培训和实训，并可按规定享受培训补贴，以提高创业能力。

大学生自主创业的学籍管理。根据《教育部关于做好2016届全国普通高等学校毕业生就业创业工作的通知》（教学〔2015〕12号）文件规定，对有自主创业意愿的大学生，实施弹性学制，放宽学生修业年限，允许调整学业进程、保留学籍休学创新创业。

十四、怎样申请创业担保贷款？在哪些银行可以申请创业担保贷款？

创业担保贷款按照自愿申请、社区推荐、人力资源社会保障部门审查、贷款担保机构审核并承诺担保、商业银行核贷的程序，办理贷款手续。

各国有商业银行、股份制商业银行、城市商业银行和城乡信用社都可以开办创业担保贷款业务，各地区根据实际情况确定具体经办银行。在指定的具体经办银行可以办理创业担保贷款。

十五、高校毕业生应征入伍服义务兵役享受哪些优惠政策？

征集服现役的大学生必须热爱中国共产党，热爱社会主义祖国，热爱人民军队，遵纪守法，品德优良，决心为抵抗侵略、保卫祖国、保卫人民的和平劳动而英勇奋斗。征兵政治审查的内容包括：应征公民的年龄、户籍、职业、政治面貌、宗教信仰、文化程度、现实表现以及家庭主要成员和主要社会关系成员的政治情况等。公民应征入伍要符合国防部颁布的《应征公民体格检查标准》和有关规定。

1. 高校毕业生预征对象参军入伍享受"四优先"政策。

（1）优先报名应征。报名由县级兵役机关直接办理。夏秋季征兵开始前，县级兵役机关通知其报名时间、地点、注意事项等。确定为预征对象的高校毕业生，持《应届毕业生预征对象登记表》，可以直接到学校所在地或户籍所在地县级兵役机关报名应征。

（2）优先体检政考。体检由县级兵役机关直接办理。夏秋季征兵体检前，县级兵役机关通知其体检时间、地点、注意事项等。确定为预征对象的高校毕业生，未能在规定时间内在学校参加体检的，本人持《应届毕业生预征对象登记表》，可在征兵体检时间内报名直接参加体检。

（3）优先审批定兵。审批定兵时，应当优先批准体检政审合格的高校毕业生入伍。高职（专科）以上文化程度的合格青年未被批准入伍前，不得批准高中文化程度的青年入伍。

（4）优先安排使用。在安排兵员去向时，根据高校毕业生的学历、专业和个人特长，优先安排到军兵种或专业技术要求高的部队服役；部队对征集入伍的高校毕业生，优先安排到适合的岗位，充分发挥其专长。

2. 大学生应征入伍服义务兵役可获得国家资助。高等学校学生应征入伍服义务兵役国家资助，是指国家对应征入伍服义务兵役的高校学生，在入伍时对其在校期间缴纳的学费实行一次性补偿或获得的国家助学贷款（国家助学贷款包括校园地国家助学贷款和生源地信用助学贷款，下同）实行代偿；应征入伍服义务兵役前正在高等学校就读的学生（含按国家招生规定录取的高等学校新生），服役期间按国家有关规定保留学籍或入学资格、退役后自愿复学或入学的，国家实行学费减免。

十六、大学生士兵退役后享受哪些就学优惠政策？

大学生士兵退役后享受以下就学优惠政策。

（1）高职（专科）学生入伍经历可作为毕业实习经历。

（2）退役大学生士兵入学或复学后免修军事技能训练，直接获得学分。

（3）设立"退役大学生士兵"专项硕士研究生招生计划。根据实际需求，每年安排一定数量专项计划，专门面向退役大学生士兵招生。在全国研究生招生总规模内单列下达，不得挪用。

（4）将高校在校生（含高校新生）服兵役情况纳入推免生遴选指标体系。鼓励开展推荐优秀应届本科毕业生免试攻读研究生工作的高校在制定本校推免生遴选办法时，结合本校具体情况，将在校期间服兵役情况纳入推免生遴选指标体系。在部队荣立二等功及以上的退役人员，符合研究生报名条件的可免试（指初试）攻读硕士研究生。

（5）将考研加分范围扩大至高校在校生（含高校新生）。退役人员在继续实行普通高校应届毕业生退役后按规定享受加分政策的基础上，允许普通高校在校生（含高校新生）应征入伍服义务兵役退役，在完成本科学业后3年内参加全国硕士研究生招生考试，初试总分加10分，同等条件下优先录取。

（6）退役大学生士兵专升本实行招生计划单列。高职（专科）学生应征入伍服义务兵役退役，在完成高职学业后参加普通本科专升本考试，实行计划单列，录取比例在现行30%的基础上适度扩大，具体比例由各省份根据本地实际和报名情况确定。

（7）高校新生录取通知书中附寄应征入伍优惠政策。高校向新生寄送《录取通知书》时，附寄应征入伍宣传单，宣传单主要内容包括优惠政策概要、报名流程指南、学籍注册要求等。

（8）放宽退役大学生士兵复学转专业限制。大学生士兵退役后复学，经学校同意并履行相关程序后，可转入本校其他专业学习。

（9）具有高职（高专）学历的，退役后免试入读成人本科，或经过一定考核入读普通本科；荣立三等功以上奖励的，在完成高职（专科）学业后，免试入读普通本科。

（10）应征入伍的高校毕业生退役后报考政法干警招录培养体制改革试点招生时，教育考试笔试成绩总分加 10 分。

■第四单元　大学生就业后后续问题的处理

一、流动人员人事档案如何保管？

按照《关于进一步加强流动人员人事档案管理服务工作的通知》（人社部发〔2014〕90号）、《流动人员人事档案管理暂行规定》规定，流动人员档案具体包括：非公有制企业和社会组织聘用人员的档案；辞职辞退、取消录（聘）用或被开除的机关事业单位工作人员档案；与企事业单位解除或终止劳动（聘用）关系人员的档案；未就业的高校毕业生及中专毕业生的档案；自费出国留学及其他因私出国（境）人员的档案；外国企业常驻代表机构的中方雇员的档案；自由职业或灵活就业人员的档案；其他实行社会管理人员的档案。

流动人员人事档案管理实行集中统一、归口管理的管理体制，主管部门为政府人力资源社会保障部门，接受同级党委组织部门的监督和指导。流动人员人事档案具体由县级以上（含县级）公共就业和人才服务机构以及经人力资源社会保障部门授权的单位管理，其他单位未经授权不得管理流动人员人事档案。严禁个人保管本人或他人的档案。跨地区流动人员的人事档案，可由其户籍所在地或现工作单位所在地的公共就业和人才服务机构管理。

高校毕业生到具有档案管理权限的机关、事业单位、国有企业就业的，由单位直接接收、管理档案。到无档案管理权限的单位（私营企业、外资企业等）就业的，可由各地公共就业和人才服务机构负责提供档案管理等人事代理服务。高校毕业生离校时没有就业的，档案可由学校统一发回原户籍所在地公共就业和人才服务机构保管。档案不允许个人保存。

2015年1月1日起，取消收取人事关系及档案保管费、查阅费、证明费、档案转递费等名目的费用。各级公共就业和人才服务机构应提供免费的流动人员人事档案基本公共服务。

二、什么是人事代理？高校毕业生怎样办理人事代理？

公共就业和人才服务机构可在规定业务范围内接受用人单位和个人委托，从事下列人事代理服务：①流动人员人事档案管理；②因私出国政审；③在规定的范围内申报或组织评审专业技术职务任职资格；④转正定级和工龄核定；

⑤大中专毕业生接收手续；⑥其他人事代理事项。

按照《人才市场管理规定》有关规定，人事代理方式可由单位集体委托代理，也可由个人委托代理；可多项委托代理，也可单项委托代理；可单位全员委托代理，也可部分人员委托代理。

单位办理委托人事代理，须向代理机构提交有效证件以及委托书，确定委托代理项目。经代理机构审定后，由代理机构与委托单位签订人事代理合同书，明确双方的权利和义务，确立人事代理关系。

三、高校毕业生如何与用人单位订立劳动合同？

《劳动合同法》第7条规定，用人单位自用工之日起即与劳动者建立劳动关系。第10条规定，建立劳动关系，应当订立书面劳动合同。已建立劳动关系，未同时订立书面劳动合同的，应当自用工之日起一个月内订立书面劳动合同。用人单位与劳动者在用工前订立劳动合同的，劳动关系自用工之日起建立。

《劳动合同法》第8条规定，用人单位（企业、个体经济组织、民办非企业单位等组织）招用劳动者时，应当如实告知劳动者工作内容、工作条件、工作地点、职业危害、安全生产状况、劳动报酬，以及劳动者要求了解的其他情况；用人单位有权了解劳动者与劳动合同直接相关的基本情况，劳动者应当如实说明。

《劳动合同法》第9条规定，用人单位招用劳动者，不得扣押劳动者的居民身份证和其他证件，不得要求劳动者提供担保或者以其他名义向劳动者收取财物。

四、什么是社会保险？我国建立了哪些社会保险制度？

社会保险是指国家通过立法，按照权利与义务相对应原则，多渠道筹集资金，对参保者在遭遇年老、疾病、工伤、失业、生育等风险情况下提供物质帮助（包括现金补贴和服务），使其享有基本生活保障、免除或减少经济损失的制度安排。

《社会保险法》第2条规定，我国建立基本养老保险、基本医疗保险、工伤保险、失业保险、生育保险等社会保险制度，保障公民在年老、疾病、工伤、失业、生育等情况下依法从国家和社会获得物质帮助的权利。其中，基本养老保险制度包括职工基本养老保险制度、新型农村社会保险制度和城镇居民社会养老保险制度；基本医疗保险制度包括职工基本医疗保险制度、新型农村合作医疗制度和城镇居民医疗保险制度。

五、参加社会保险的个人享有哪些权利？

用人单位履行以下社会保险义务。一是申请办理社会保险登记的义务；二是申报和缴纳社会保险费的义务；三是代扣代缴职工社会保险的义务；四是向职工告知缴纳社会保险费明细的义务。

用人单位享有以下社会保险权利。一是有权免费查询、核对其缴费记录；二是有权要求社会保险经办机构提供社会保险咨询等相关服务；三是可以参加社会保险监督委员会，对社会保险工作提出咨询意见和建议，实施社会监督；四是对侵害自身权益和不依法办理社会保险事务的行为，有权依法申请行政复议或者提起行政诉讼。此外，还有权对违反社会保险法律、法规的行为进行举报、投诉。

高校毕业生依法缴纳社会保险费后，享有以下权利：

（1）有权依法享受社会保险待遇；

（2）有权监督本单位为其缴费情况；

（3）有权免费向社会保险经办机构查询、核对其缴费和享受社会保险待遇权益记录；

（4）有权要求社会保险经办机构提供社会保险咨询等相关服务；

（5）对侵害自身权益和不依法办理社会保险事务的行为，有权依法申请行政复议或者提起行政诉讼。

此外，还有权对违反社会保险法律、法规的行为进行举报、投诉。

六、目前国家对用人单位及其职工和参保个人缴纳社会保险费的费率是如何规定的？

1. 用人单位及其职工缴纳社会保险费的费率。根据《国务院关于完善企业职工基本养老保险制度的决定》（国发〔2005〕38号）、《国务院关于建立城镇职工基本医疗保险制度的决定》（国发〔1998〕44号）、《失业保险条例》（国务院令第258号）规定，用人单位缴纳基本养老保险、基本医疗保险和失业保险的费率，分别是原则上为本单位工资总额的20%、6%左右和2%；用人单位缴纳工伤保险费按照《工伤保险条例》（国务院令第586号）规定实行行业差别费率和浮动费率，有关费率确定按照国家相应规定执行；用人单位缴纳生育保险费的费率按照《企业职工生育保险试行办法》（劳部发〔1994〕504号）规定执行，由统筹地区政府根据实际情况自行确定，但不得超过用人单位工资总额的1%。职工本人缴纳基本养老保险、基本医疗保险和失业保险的费率，分别为本人工资的8%、2%和1%。需要注意的是，2016年4月国务院常务会议在适当降低失业、工伤和生育三项社保费率基础上，决定阶段性降低企业社保缴费费率和住房公积金缴存比例。企业社保缴费政策性和技术性很强。

2. 参保个人缴纳社会保险费的费率。根据《国务院关于完善企业职工基本养老保险制度的决定》（国发〔2005〕38号）规定，无雇工的个体工商户和灵活就业人员参加职工基本养老保险的缴费费率为20%，其中8%计入个人账户；

无雇工的个体工商户和灵活就业人员参加职工基本医疗保险的缴费费率，按国家有关规定，统筹地区可以参照当地基本医疗保险建立统筹基金的缴费水平确定。

3. 城镇居民参加居民医疗保险和农村居民参加新型农村社会养老保险及新型农村合作医疗，主要采取定额方式缴纳社会保险费。

七、高校毕业生如何处理劳动人事纠纷？

发生劳动人事争议，可以通过协商解决。当事人不愿协商或协商不成的，可以向调解组织申请调解；不愿调解、调解不成或者达成调解协议后不履行的，可以向劳动人事争议仲裁委员会申请仲裁；对仲裁裁决不服的，除法律另有规定的外，可以向人民法院提起诉讼。

对用人单位违反劳动保障法律、法规和规章的情况，高校毕业生可向人力资源社会保障部门举报、投诉。劳动保障监察机构将依法受理，纠正和查处有关违法行为。

八、什么是服务外包和服务外包企业？

服务外包是指企业将其非核心的业务外包出去，利用外部最优秀的专业化团队来承接该业务，从而使其专注核心业务，达到降低成本、提高效率、增强企业核心竞争力和对环境应变能力的一种管理模式。服务外包企业是指其与服务外包发包商签订中长期服务合同，承接服务外包业务的企业。

目前服务外包产业主要涉及的领域及地区有：

服务外包分为信息技术外包服务（ITO）、技术性业务流程外包服务（BPO）和技术性知识流程外包（KPO）等。ITO 包括软件研发及外包、信息技术研发服务外包、信息系统运营维护外包等领域。BPO 包括企业业务流程设计服务、企业内容管理数据库服务、企业运营数据库服务、企业供应链管理数据库服务等领域。KPO 包括知识产权研究、医药和生物技术研发和测试、产品技术研发、工业设计、分析学和数据挖掘、动漫及网游设计研发、教育课件研发、工程设计等领域。我国目前有服务外包示范城市 21 个，分别是北京、天津、上海、重庆、大连、深圳、广州、武汉、哈尔滨、成都、南京、西安、济南、杭州、合肥、南昌、长沙、大庆、苏州、无锡、厦门。

服务外包企业吸纳高校毕业生可以获得以下财政支持：

按照《国务院办公厅关于鼓励服务外包产业加快发展的复函》（国办函〔2010〕69 号）、《人力资源社会保障部、商务部关于加快服务外包产业发展促进高校毕业生就业的若干意见》（人社部发〔2009〕123 号）等文件规定，对符合条件的服务外包企业，每新录用 1 名大学以上学历员工从事服务外包工作并签订 1 年期以上劳动合同的，给予企业不超过每人 4500 元的培训支持；对符合条件的培训机构培训的从事服务外包业务人才（大学以上学历），通过服务外包业务专业知识和技能培训考核，并与服务外包企业签订 1 年期以上劳动合同的，给予培训机构每人不超过 500 元的培训支持。

服务外包企业吸纳高校毕业生参加就业见习的，享受相关财政补助政策。服务外包企业吸纳就业困难高校毕业生就业，享受社会保险补贴等扶持政策。就业困难高校毕业生参加服务外包培训可按规定享受职业培训补贴和职业技能鉴定补贴。

■第五单元　离校未就业高校毕业生可以享受的扶持政策

一、离校后未就业高校毕业生如何参加就业见习？

人力资源社会保障部门通过媒体、公共就业和人才服务机构以及电视、网络、报纸等多种渠道，发布就业见习信息，公布见习单位名单、岗位数量、期限、人员要求等有关内容，或者组织开展见习单位和高校毕业生的双向选择活动，帮助离校未就业高校毕业生和见习单位对接。离校后未就业回到原籍的高校毕业生可与原籍所在地人力资源社会保障部门及当地团组织联系，主动申请参加就业见习。

高校毕业生就业见习期限一般为 3 至 12 个月。高校毕业生就业见习活动结束后，见习单位对高校毕业生进行考核鉴定，出具见习证明，作为用人单位招聘和选用见习高校毕业生的依据之一。在见习期间，由见习单位正式录（聘）用的，在该单位的见习期可以作为工龄计算。

二、离校未就业高校毕业生参加就业见习享受哪些政策和服务？

1. 获得基本生活补助（基本生活补助费用由见习单位和地方政府分担，各地要根据当地经济发展和物价水平，合理确定和及时调整基本生活补助标准）；

2. 免费办理人事代理；

3. 办理人身意外伤害保险；

4. 见习期满未被录用可继续享受就业指导与服务。

见习补贴与补助有：

对企业（单位）吸纳离校未就业高校毕业生参加就业见习的，由见习企业（单位）先行垫付见习人员见习期间基本生活补助，再按规定向当地人力资源社会保障部门申请就业见习补贴。就业见习补贴申请材料应附：实际参加就业见习的人员名单、就业见习协议书、见习人员《身份证》、《登记证》复印件和大学毕业证复印件、企业（单位）发放基本生活补助明细账（单）、企业（单位）在银行开立的基本账户等凭证材料，经人力资源社会保障部门审核后，财政部门将资金支付到企业（单位）在银行开立的基本账户。

见习单位支出的见习补贴相关费用，不计入社会保险缴费基数，但符合税收法律法规规定的，可以在计算企业所得税应纳税所得额时扣除。

三、离校未就业高校毕业生享受哪些服务和政策？

法律依据：《国务院办公厅关于做好 2013 年全国普通高等学校毕业生就业工作的通知》（国办发〔2013〕35 号）和《人力资源社会保障部关于实施离校未就业高校毕业生就业促进计划的通知》（人社部发〔2013〕41 号）等。

从 2013 年起实施的离校未就业高校毕业生可以获得的就业促进计划的服务和政策有：

1. 地方各级人社部门所属公共就业人才服务机构和基层公共就业服务平台要面向所有离校未就业高校毕业生（包括户籍不在本地的高校毕业生）开放，办理求职登记或失业登记手续，发放《就业创业证》，摸清就业服务需求。其中，直辖市为非本地户籍高校毕业生办理失业登记办法按现行规定执行；

2. 对实名登记的所有未就业高校毕业生提供更具针对性的职业指导；

3. 对有求职意愿的高校毕业生要及时提供就业信息；

4. 对有创业意愿的高校毕业生，各地要纳入当地创业服务体系，提供政策咨询、项目开发、创业培训、融资服务、跟踪扶持等"一条龙"创业服务，及时提供就业信息；

5. 要将零就业家庭、经济困难家庭、残疾等就业困难的未就业高校毕业生列为重点工作对象，提供"一对一"个性化就业帮扶，确保实现就业；

6. 对有就业见习意愿的高校毕业生，各地要及时纳入就业见习工作对象范围，确保能够随时参加；

7. 对有培训意愿的离校未就业高校毕业生，各地要结合其专业特点，组织参加职业培训和技能鉴定，按规定落实相关补贴政策；

8. 地方各级公共就业人才服务机构要为离校未就业高校毕业生免费提供档案托管、人事代理、社会保险办理和接续等一系列服务，简化服务流程，提高服务效率；有条件的地方可对到小微企业就业的离校未就业高校毕业生，提供免费的人事劳动保障代理服务；

9. 加大人力资源市场监管力度，严厉打击招聘过程中的欺诈行为，及时纠正性别歧视和其他各类就业歧视。加大劳动用工、缴纳社会保险费等方面的劳动保障监察力度，切实维护高校毕业生就业后的合法权益。

第五篇　政策法规篇

教育部等五部门关于《职业学校学生实习管理规定》

第一章 总则

第一条 为规范和加强职业学校学生实习工作，维护学生、学校和实习单位的合法权益，提高技术技能人才培养质量，增强学生社会责任感、创新精神和实践能力，更好服务产业转型升级需要，依据《中华人民共和国教育法》《中华人民共和国职业教育法》《中华人民共和国劳动法》《中华人民共和国安全生产法》《中华人民共和国未成年人保护法》《中华人民共和国职业病防治法》及相关法律法规、规章，制定本规定。

第二条 本规定所指职业学校学生实习，是指实施全日制学历教育的中等职业学校和高等职业学校学生（以下简称职业学校）按照专业培养目标要求和人才培养方案安排，由职业学校安排或者经职业学校批准自行到企（事）业等单位（以下简称实习单位）进行专业技能培养的实践性教育教学活动，包括认识实习、跟岗实习和顶岗实习等形式。

认识实习是指学生由职业学校组织到实习单位参观、观摩和体验，形成对实习单位和相关岗位的初步认识的活动。

跟岗实习是指不具有独立操作能力、不能完全适应实习岗位要求的学生，由职业学校组织到实习单位的相应岗位，在专业人员指导下部分参与实际辅助工作的活动。

顶岗实习是指初步具备实践岗位独立工作能力的学生，到相应实习岗位，相对独立参与实际工作的活动。

第三条 职业学校学生实习是实现职业教育培养目标，增强学生综合能力的基本环节，是教育教学的核心部分，应当科学组织、依法实施，遵循学生成长规律和职业能力形成规律，保护学生合法权益；应当坚持理论与实践相结合，强化校企协同育人，将职业精神养成教育贯穿学生实习全过程，促进职业技能与职业精神高度融合，服务学生全面发展，提高技术技能人才培养质量和就业创业能力。

第四条 地方各级人民政府相关部门应高度重视职业学校学生实习工作，切实承担责任，结合本地实际制定具体措施鼓励企（事）业等单位接收职业学校学生实习。

第二章 实习组织

第五条 教育行政部门负责统筹指导职业学校学生实习工作；职业学校主

管部门负责职业学校实习的监督管理。职业学校应将学生跟岗实习、顶岗实习情况报主管部门备案。

第六条 职业学校应当选择合法经营、管理规范、实习设备完备、符合安全生产法律法规要求的实习单位安排学生实习。在确定实习单位前，职业学校应进行实地考察评估并形成书面报告，考察内容应包括：单位资质、诚信状况、管理水平、实习岗位性质和内容、工作时间、工作环境、生活环境以及健康保障、安全防护等方面。

第七条 职业学校应当会同实习单位共同组织实施学生实习。

实习开始前，职业学校应当根据专业人才培养方案，与实习单位共同制订实习计划，明确实习目标、实习任务、必要的实习准备、考核标准等；并开展培训，使学生了解各实习阶段的学习目标、任务和考核标准。

职业学校和实习单位应当分别选派经验丰富、业务素质好、责任心强、安全防范意识高的实习指导教师和专门人员全程指导、共同管理学生实习。

实习岗位应符合专业培养目标要求，与学生所学专业对口或相近。

第八条 学生经本人申请，职业学校同意，可以自行选择顶岗实习单位。对自行选择顶岗实习单位的学生，实习单位应安排专门人员指导学生实习，学生所在职业学校要安排实习指导教师跟踪了解实习情况。

认识实习、跟岗实习由职业学校安排，学生不得自行选择。

第九条 实习单位应当合理确定顶岗实习学生占在岗人数的比例，顶岗实习学生的人数不超过实习单位在岗职工总数的10%，在具体岗位顶岗实习的学生人数不高于同类岗位在岗职工总人数的20%。

任何单位或部门不得干预职业学校正常安排和实施实习计划，不得强制职业学校安排学生到指定单位实习。

第十条 学生在实习单位的实习时间根据专业人才培养方案确定，顶岗实习一般为6个月。支持鼓励职业学校和实习单位合作探索工学交替、多学期、分段式等多种形式的实践性教学改革。

第三章 实习管理

第十一条 职业学校应当会同实习单位制定学生实习工作具体管理办法和安全管理规定、实习学生安全及突发事件应急预案等制度性文件。

职业学校应对实习工作和学生实习过程进行监管。鼓励有条件的职业学校充分运用现代信息技术，构建实习信息化管理平台，与实习单位共同加强实习过程管理。

第十二条 学生参加跟岗实习、顶岗实习前，职业学校、实习单位、学生三方应签订实习协议。协议文本由当事方各执一份。

未按规定签订实习协议的，不得安排学生实习。

认识实习按照一般校外活动有关规定进行管理。

第十三条　实习协议应明确各方的责任、权利和义务，协议约定的内容不得违反相关法律法规。

· 实习协议应包括但不限于以下内容：

（一）各方基本信息；

（二）实习的时间、地点、内容、要求与条件保障；

（三）实习期间的食宿和休假安排；

（四）实习期间劳动保护和劳动安全、卫生、职业病危害防护条件；

（五）责任保险与伤亡事故处理办法，对不属于保险赔付范围或者超出保险赔付额度部分的约定责任；

（六）实习考核方式；

（七）违约责任；

（八）其他事项。

顶岗实习的实习协议内容还应当包括实习报酬及支付方式。

第十四条　未满18周岁的学生参加跟岗实习、顶岗实习，应取得学生监护人签字的知情同意书。

学生自行选择实习单位的顶岗实习，学生应在实习前将实习协议提交所在职业学校，未满18周岁学生还需要提交监护人签字的知情同意书。

第十五条　职业学校和实习单位要依法保障实习学生的基本权利，并不得有下列情形：

（一）安排、接收一年级在校学生顶岗实习；

（二）安排未满16周岁的学生跟岗实习、顶岗实习；

（三）安排未成年学生从事《未成年工特殊保护规定》中禁忌从事的劳动；

（四）安排实习的女学生从事《女职工劳动保护特别规定》中禁忌从事的劳动；

（五）安排学生到酒吧、夜总会、歌厅、洗浴中心等营业性娱乐场所实习；

（六）通过中介机构或有偿代理组织、安排和管理学生实习工作。

第十六条　除相关专业和实习岗位有特殊要求，并报上级主管部门备案的实习安排外，学生跟岗和顶岗实习期间，实习单位应遵守国家关于工作时间和休息休假的规定，并不得有以下情形：

（一）安排学生从事高空、井下、放射性、有毒、易燃易爆，以及其他具有较高安全风险的实习；

（二）安排学生在法定节假日实习；

（三）安排学生加班和夜班。

第十七条　接收学生顶岗实习的实习单位，应参考本单位相同岗位的报酬标准和顶岗实习学生的工作量、工作强度、工作时间等因素，合理确定顶岗实习报酬，原则上不低于本单位相同岗位试用期工资标准的80%，并按照实习协议约定，以货币形式及时、足额支付给学生。

第十八条　实习单位因接收学生实习所实际发生的与取得收入有关的、合理的支出，按现行税收法律规定在计算应纳税所得额时扣除。

第十九条　职业学校和实习单位不得向学生收取实习押金、顶岗实习报酬提成、管理费或者其他形式的实习费用，不得扣押学生的居民身份证，不得要求学生提供担保或者以其他名义收取学生财物。

第二十条　实习学生应遵守职业学校的实习要求和实习单位的规章制度、实习纪律及实习协议，爱护实习单位设施设备，完成规定的实习任务，撰写实习日志，并在实习结束时提交实习报告。

第二十一条　职业学校要和实习单位相配合，建立学生实习信息通报制度，在学生实习全过程中，加强安全生产、职业道德、职业精神等方面的教育。

第二十二条　职业学校安排的实习指导教师和实习单位指定的专人应负责学生实习期间的业务指导和日常巡视工作，定期检查并向职业学校和实习单位报告学生实习情况，及时处理实习中出现的有关问题，并做好记录。

第二十三条　职业学校组织学生到外地实习，应当安排学生统一住宿；具备条件的实习单位应为实习学生提供统一住宿。职业学校和实习单位要建立实习学生住宿制度和请销假制度。学生申请在统一安排的宿舍以外住宿的，须经学生监护人签字同意，由职业学校备案后方可办理。

第二十四条　鼓励职业学校依法组织学生赴国（境）外实习。安排学生赴国（境）外实习的，应当根据需要通过国家驻外有关机构了解实习环境、实习单位和实习内容等情况，必要时可派人实地考察。要选派指导教师全程参与，做好实习期间的管理和相关服务工作。

第二十五条　鼓励各地职业学校主管部门建立学生实习综合服务平台，协调相关职能部门、行业企业、有关社会组织，为学生实习提供信息服务。

第二十六条　对违反本规定组织学生实习的职业学校，由职业学校主管部门责令改正。拒不改正的，对直接负责的主管人员和其他直接责任人依照有关规定给予处分。因工作失误造成重大事故的，应依法依规对相关责任人追究责任。

对违反本规定中相关条款和违反实习协议的实习单位，职业学校可根据情况调整实习安排，并根据实习协议要求实习单位承担相关责任。

第二十七条　对违反本规定安排、介绍或者接收未满 16 周岁学生跟岗实习、顶岗实习的，由人力资源社会保障行政部门依照《禁止使用童工规定》进行查处；构成犯罪的，依法追究刑事责任。

第四章　实习考核

第二十八条　职业学校要建立以育人为目标的实习考核评价制度，学生跟岗实习和顶岗实习，职业学校要会同实习单位根据学生实习岗位职责要求制订具体考核方式和标准，实施考核工作。

第二十九条　跟岗实习和顶岗实习的考核结果应当记入实习学生学业成绩，考核结果分优秀、良好、合格和不合格四个等次，考核合格以上等次的学生获得学分，并纳入学籍档案。实习考核不合格者，不予毕业。

第三十条　职业学校应当会同实习单位对违反规章制度、实习纪律以及实习协议的学生，进行批评教育。学生违规情节严重的，经双方研究后，由职业学校给予纪律处分；给实习单位造成财产损失的，应当依法予以赔偿。

第三十一条　职业学校应组织做好学生实习情况的立卷归档工作。实习材料包括：（1）实习协议；（2）实习计划；（3）学生实习报告；（4）学生实习考核结果；（5）实习日志；（6）实习检查记录等；（7）实习总结。

第五章　安全职责

第三十二条　职业学校和实习单位要确立安全第一的原则，严格执行国家及地方安全生产和职业卫生有关规定。职业学校主管部门应会同相关部门加强实习安全监督检查。

第三十三条　实习单位应当健全本单位生产安全责任制，执行相关安全生产标准，健全安全生产规章制度和操作规程，制定生产安全事故应急救援预案，配备必要的安全保障器材和劳动防护用品，加强对实习学生的安全生产教育培训和管理，保障学生实习期间的人身安全和健康。

第三十四条　实习单位应当会同职业学校对实习学生进行安全防护知识、岗位操作规程教育和培训并进行考核。未经教育培训和未通过考核的学生不得参加实习。

第三十五条　推动建立学生实习强制保险制度。职业学校和实习单位应根据国家有关规定，为实习学生投保实习责任保险。责任保险范围应覆盖实习活动的全过程，包括学生实习期间遭受意外事故及由于被保险人疏忽或过失导致的学生人身伤亡，被保险人依法应承担的责任，以及相关法律费用等。

学生实习责任保险的经费可从职业学校学费中列支；免除学费的可从免学费补助资金中列支，不得向学生另行收取或从学生实习报酬中抵扣。职业学校与实习单位达成协议由实习单位支付投保经费的，实习单位支付的学生实习责任保险费可从实习单位成本（费用）中列支。

第三十六条　学生在实习期间受到人身伤害，属于实习责任保险赔付范围的，由承保保险公司按保险合同赔付标准进行赔付。不属于保险赔付范围或者超出保险赔付额度的部分，由实习单位、职业学校及学生按照实习协议约定承担责任。职业学校和实习单位应当妥善做好救治和善后工作。

第六章　附则

第三十七条　各省、自治区、直辖市教育行政部门应会同人力资源社会保障等相关部门依据本规定，结合本地区实际制定实施细则或相应的管理制度。

第三十八条　非全日制职业教育、高中后中等职业教育学生实习参照本规定执行。

第三十九条　本规定自发布之日起施行，《中等职业学校学生实习管理办法》（教职成〔2007〕4 号）同时废止。

《中华人民共和国劳动合同法》

（2007 年 6 月 29 日第十届全国人民代表大会常务委员会第二十八次会议通过，2012 年 12 月 28 日第十一届全国人民代表大会常务委员会第三十次会议修订）

第一章　总则

第一条　为了完善劳动合同制度，明确劳动合同双方当事人的权利和义务，保护劳动者的合法权益，构建和发展和谐稳定的劳动关系，制定本法。

第二条　中华人民共和国境内的企业、个体经济组织、民办非企业单位等组织（以下称用人单位）与劳动者建立劳动关系，订立、履行、变更、解除或者终止劳动合同，适用本法。

国家机关、事业单位、社会团体和与其建立劳动关系的劳动者，订立、履行、变更、解除或者终止劳动合同，依照本法执行。

第三条　订立劳动合同，应当遵循合法、公平、平等自愿、协商一致、诚实信用的原则。

依法订立的劳动合同具有约束力，用人单位与劳动者应当履行劳动合同约定的义务。

第四条　用人单位应当依法建立和完善劳动规章制度，保障劳动者享有劳动权利、履行劳动义务。

用人单位在制定、修改或者决定有关劳动报酬、工作时间、休息休假、劳动安全卫生、保险福利、职工培训、劳动纪律以及劳动定额管理等直接涉及劳动者切身利益的规章制度或者重大事项时，应当经职工代表大会或者全体职工讨论，提出方案和意见，与工会或者职工代表平等协商确定。

在规章制度和重大事项决定实施过程中，工会或者职工认为不适当的，有权向用人单位提出，通过协商予以修改完善。

用人单位应当将直接涉及劳动者切身利益的规章制度和重大事项决定公示，或者告知劳动者。

第五条　县级以上人民政府劳动行政部门会同工会和企业方面代表，建立健全协调劳动关系三方机制，共同研究解决有关劳动关系的重大问题。

第六条　工会应当帮助、指导劳动者与用人单位依法订立和履行劳动合同，并与用人单位建立集体协商机制，维护劳动者的合法权益。

第二章　劳动合同的订立

第七条　用人单位自用工之日起即与劳动者建立劳动关系。用人单位应当建立职工名册备查。

第八条　用人单位招用劳动者时，应当如实告知劳动者工作内容、工作条件、工作地点、职业危害、安全生产状况、劳动报酬，以及劳动者要求了解的其他情况；用人单位有权了解劳动者与劳动合同直接相关的基本情况，劳动者应当如实说明。

第九条　用人单位招用劳动者，不得扣押劳动者的居民身份证和其他证件，不得要求劳动者提供担保或者以其他名义向劳动者收取财物。

第十条　建立劳动关系，应当订立书面劳动合同。

已建立劳动关系，未同时订立书面劳动合同的，应当自用工之日起一个月内订立书面劳动合同。

用人单位与劳动者在用工前订立劳动合同的，劳动关系自用工之日起建立。

第十一条　用人单位未在用工的同时订立书面劳动合同，与劳动者约定的劳动报酬不明确的，新招用的劳动者的劳动报酬按照集体合同规定的标准执行；没有集体合同或者集体合同未规定的，实行同工同酬。

第十二条　劳动合同分为固定期限劳动合同、无固定期限劳动合同和以完成一定工作任务为期限的劳动合同。

第十三条　固定期限劳动合同，是指用人单位与劳动者约定合同终止时间的劳动合同。

用人单位与劳动者协商一致，可以订立固定期限劳动合同。

第十四条　无固定期限劳动合同，是指用人单位与劳动者约定无确定终止时间的劳动合同。

用人单位与劳动者协商一致，可以订立无固定期限劳动合同。有下列情形之一，劳动者提出或者同意续订、订立劳动合同的，除劳动者提出订立固定期限劳动合同外，应当订立无固定期限劳动合同：

（一）劳动者在该用人单位连续工作满十年的；

（二）用人单位初次实行劳动合同制度或者国有企业改制重新订立劳动合同时，劳动者在该用人单位连续工作满十年且距法定退休年龄不足十年的；

（三）连续订立二次固定期限劳动合同，且劳动者没有本法第三十九条和第四十条第一项、第二项规定的情形，续订劳动合同的。

用人单位自用工之日起满一年不与劳动者订立书面劳动合同的，视为用人单位与劳动者已订立无固定期限劳动合同。

第十五条　以完成一定工作任务为期限的劳动合同，是指用人单位与劳动者约定以某项工作的完成为合同期限的劳动合同。

用人单位与劳动者协商一致，可以订立以完成一定工作任务为期限的劳动合同。

第十六条　劳动合同由用人单位与劳动者协商一致，并经用人单位与劳动者在劳动合同文本上签字或者盖章生效。

劳动合同文本由用人单位和劳动者各执一份。

第十七条　劳动合同应当具备以下条款：

（一）用人单位的名称、住所和法定代表人或者主要负责人；

（二）劳动者的姓名、住址和居民身份证或者其他有效身份证件号码；

（三）劳动合同期限；

（四）工作内容和工作地点；

（五）工作时间和休息休假；

（六）劳动报酬；

（七）社会保险；

（八）劳动保护、劳动条件和职业危害防护；

（九）法律、法规规定应当纳入劳动合同的其他事项。

劳动合同除前款规定的必备条款外，用人单位与劳动者可以约定试用期、培训、保守秘密、补充保险和福利待遇等其他事项。

第十八条　劳动合同对劳动报酬和劳动条件等标准约定不明确，引发争议的，用人单位与劳动者可以重新协商；协商不成的，适用集体合同规定；没有集体合同或者集体合同未规定劳动报酬的，实行同工同酬；没有集体合同或者集体合同未规定劳动条件等标准的，适用国家有关规定。

第十九条　劳动合同期限三个月以上不满一年的，试用期不得超过一个月；劳动合同期限一年以上不满三年的，试用期不得超过二个月；三年以上固定期限和无固定期限的劳动合同，试用期不得超过六个月。

同一用人单位与同一劳动者只能约定一次试用期。

以完成一定工作任务为期限的劳动合同或者劳动合同期限不满三个月的，不得约定试用期。

试用期包含在劳动合同期限内。劳动合同仅约定试用期的，试用期不成立，该期限为劳动合同期限。

第二十条　劳动者在试用期的工资不得低于本单位相同岗位最低档工资或者劳动合同约定工资的百分之八十，并不得低于用人单位所在地的最低工资标准。

第二十一条　在试用期中，除劳动者有本法第三十九条和第四十条第一项、第二项规定的情形外，用人单位不得解除劳动合同。用人单位在试用期解除劳动合同的，应当向劳动者说明理由。

第二十二条　用人单位为劳动者提供专项培训费用，对其进行专业技术培训的，可以与该劳动者订立协议，约定服务期。

劳动者违反服务期约定的，应当按照约定向用人单位支付违约金。违约金的数额不得超过用人单位提供的培训费用。用人单位要求劳动者支付的违约金不得超过服务期尚未履行部分所应分摊的培训费用。

用人单位与劳动者约定服务期的，不影响按照正常的工资调整机制提高劳动者在服务期期间的劳动报酬。

第二十三条　用人单位与劳动者可以在劳动合同中约定保守用人单位的商业秘密和与知识产权相关的保密事项。

对负有保密义务的劳动者，用人单位可以在劳动合同或者保密协议中与劳动者约定竞业限制条款，并约定在解除或者终止劳动合同后，在竞业限制期限内按月给予劳动者经济补偿。劳动者违反竞业限制约定的，应当按照约定向用人单位支付违约金。

第二十四条　竞业限制的人员限于用人单位的高级管理人员、高级技术人员和其他负有保密义务的人员。竞业限制的范围、地域、期限由用人单位与劳动者约定，竞业限制的约定不得违反法律、法规的规定。

在解除或者终止劳动合同后，前款规定的人员到与本单位生产或者经营同类产品、从事同类业务的有竞争关系的其他用人单位，或者自己开业生产或者经营同类产品、从事同类业务的竞业限制期限，不得超过二年。

第二十五条　除本法第二十二条和第二十三条规定的情形外，用人单位不得与劳动者约定由劳动者承担违约金。

第二十六条　下列劳动合同无效或者部分无效：

（一）以欺诈、胁迫的手段或者乘人之危，使对方在违背真实意思的情况下订立或者变更劳动合同的；

（二）用人单位免除自己的法定责任、排除劳动者权利的；

（三）违反法律、行政法规强制性规定的。

对劳动合同的无效或者部分无效有争议的，由劳动争议仲裁机构或者人民法院确认。

第二十七条　劳动合同部分无效，不影响其他部分效力的，其他部分仍然有效。

第二十八条　劳动合同被确认无效，劳动者已付出劳动的，用人单位应当向劳动者支付劳动报酬。劳动报酬的数额，参照本单位相同或者相近岗位劳动者的劳动报酬确定。

第三章 劳动合同的履行和变更

第二十九条 用人单位与劳动者应当按照劳动合同的约定，全面履行各自的义务。

第三十条 用人单位应当按照劳动合同约定和国家规定，向劳动者及时足额支付劳动报酬。

用人单位拖欠或者未足额支付劳动报酬的，劳动者可以依法向当地人民法院申请支付令，人民法院应当依法发出支付令。

第三十一条 用人单位应当严格执行劳动定额标准，不得强迫或者变相强迫劳动者加班。用人单位安排加班的，应当按照国家有关规定向劳动者支付加班费。

第三十二条 劳动者拒绝用人单位管理人员违章指挥、强令冒险作业的，不视为违反劳动合同。

劳动者对危害生命安全和身体健康的劳动条件，有权对用人单位提出批评、检举和控告。

第三十三条 用人单位变更名称、法定代表人、主要负责人或者投资人等事项，不影响劳动合同的履行。

第三十四条 用人单位发生合并或者分立等情况，原劳动合同继续有效，劳动合同由承继其权利和义务的用人单位继续履行。

第三十五条 用人单位与劳动者协商一致，可以变更劳动合同约定的内容。变更劳动合同，应当采用书面形式。

变更后的劳动合同文本由用人单位和劳动者各执一份。

第四章 劳动合同的解除和终止

第三十六条 用人单位与劳动者协商一致，可以解除劳动合同。

第三十七条 劳动者提前三十日以书面形式通知用人单位，可以解除劳动合同。劳动者在试用期内提前三日通知用人单位，可以解除劳动合同。

第三十八条 用人单位有下列情形之一的，劳动者可以解除劳动合同：

（一）未按照劳动合同约定提供劳动保护或者劳动条件的；

（二）未及时足额支付劳动报酬的；

（三）未依法为劳动者缴纳社会保险费的；

（四）用人单位的规章制度违反法律、法规的规定，损害劳动者权益的；

（五）因本法第二十六条第一款规定的情形致使劳动合同无效的；

（六）法律、行政法规规定劳动者可以解除劳动合同的其他情形。

用人单位以暴力、威胁或者非法限制人身自由的手段强迫劳动者劳动的，或者用人单位违章指挥、强令冒险作业危及劳动者人身安全的，劳动者可以立即解除劳动合同，不需事先告知用人单位。

第三十九条　劳动者有下列情形之一的，用人单位可以解除劳动合同：

（一）在试用期间被证明不符合录用条件的；

（二）严重违反用人单位的规章制度的；

（三）严重失职，营私舞弊，给用人单位造成重大损害的；

（四）劳动者同时与其他用人单位建立劳动关系，对完成本单位的工作任务造成严重影响，或者经用人单位提出，拒不改正的；

（五）因本法第二十六条第一款第一项规定的情形致使劳动合同无效的；

（六）被依法追究刑事责任的。

第四十条　有下列情形之一的，用人单位提前三十日以书面形式通知劳动者本人或者额外支付劳动者一个月工资后，可以解除劳动合同：

（一）劳动者患病或者非因工负伤，在规定的医疗期满后不能从事原工作，也不能从事由用人单位另行安排的工作的；

（二）劳动者不能胜任工作，经过培训或者调整工作岗位，仍不能胜任工作的；

（三）劳动合同订立时所依据的客观情况发生重大变化，致使劳动合同无法履行，经用人单位与劳动者协商，未能就变更劳动合同内容达成协议的。

第四十一条　有下列情形之一，需要裁减人员二十人以上或者裁减不足二十人但占企业职工总数百分之十以上的，用人单位提前三十日向工会或者全体职工说明情况，听取工会或者职工的意见后，裁减人员方案经向劳动行政部门报告，可以裁减人员：

（一）依照企业破产法规定进行重整的；

（二）生产经营发生严重困难的；

（三）企业转产、重大技术革新或者经营方式调整，经变更劳动合同后，仍需裁减人员的；

（四）其他因劳动合同订立时所依据的客观经济情况发生重大变化，致使劳动合同无法履行的。

裁减人员时，应当优先留用下列人员：

（一）与本单位订立较长期限的固定期限劳动合同的；

（二）与本单位订立无固定期限劳动合同的；

（三）家庭无其他就业人员，有需要扶养的老人或者未成年人的。

用人单位依照本条第一款规定裁减人员，在六个月内重新招用人员的，应当通知被裁减的人员，并在同等条件下优先招用被裁减的人员。

第四十二条　劳动者有下列情形之一的，用人单位不得依照本法第四十条、第四十一条的规定解除劳动合同：

（一）从事接触职业病危害作业的劳动者未进行离岗前职业健康检查，或者疑似职业病病人在诊断或者医学观察期间的；

（二）在本单位患职业病或者因工负伤并被确认丧失或者部分丧失劳动能力的；

（三）患病或者非因工负伤，在规定的医疗期内的；

（四）女职工在孕期、产期、哺乳期的；

（五）在本单位连续工作满十五年，且距法定退休年龄不足五年的；

（六）法律、行政法规规定的其他情形。

第四十三条　用人单位单方解除劳动合同，应当事先将理由通知工会。用人单位违反法律、行政法规规定或者劳动合同约定的，工会有权要求用人单位纠正。用人单位应当研究工会的意见，并将处理结果书面通知工会。

第四十四条　有下列情形之一的，劳动合同终止：

（一）劳动合同期满的；

（二）劳动者开始依法享受基本养老保险待遇的；

（三）劳动者死亡，或者被人民法院宣告死亡或者宣告失踪的；

（四）用人单位被依法宣告破产的；

（五）用人单位被吊销营业执照、责令关闭、撤销或者用人单位决定提前解散的；

（六）法律、行政法规规定的其他情形。

第四十五条　劳动合同期满，有本法第四十二条规定情形之一的，劳动合同应当续延至相应的情形消失时终止。但是，本法第四十二条第二项规定丧失或者部分丧失劳动能力劳动者的劳动合同的终止，按照国家有关工伤保险的规定执行。

第四十六条　有下列情形之一的，用人单位应当向劳动者支付经济补偿：

（一）劳动者依照本法第三十八条规定解除劳动合同的；

（二）用人单位依照本法第三十六条规定向劳动者提出解除劳动合同并与劳动者协商一致解除劳动合同的；

（三）用人单位依照本法第四十条规定解除劳动合同的；

（四）用人单位依照本法第四十一条第一款规定解除劳动合同的；

（五）除用人单位维持或者提高劳动合同约定条件续订劳动合同，劳动者不同意续订的情形外，依照本法第四十四条第一项规定终止固定期限劳动合同的；

（六）依照本法第四十四条第四项、第五项规定终止劳动合同的；

（七）法律、行政法规规定的其他情形。

第四十七条　经济补偿按劳动者在本单位工作的年限，每满一年支付一个月工资的标准向劳动者支付。六个月以上不满一年的，按一年计算；不满六个月的，向劳动者支付半个月工资的经济补偿。

劳动者月工资高于用人单位所在直辖市、设区的市级人民政府公布的本地区上年度职工月平均工资三倍的，向其支付经济补偿的标准按职工月平均工资三倍的数额支付，向其支付经济补偿的年限最高不超过十二年。

本条所称月工资是指劳动者在劳动合同解除或者终止前十二个月的平均工资。

第四十八条　用人单位违反本法规定解除或者终止劳动合同，劳动者要求继续履行劳动合同的，用人单位应当继续履行；劳动者不要求继续履行劳动合同或者劳动合同已经不能继续履行的，用人单位应当依照本法第八十七条规定支付赔偿金。

第四十九条　国家采取措施，建立健全劳动者社会保险关系跨地区转移接续制度。

第五十条　用人单位应当在解除或者终止劳动合同时出具解除或者终止劳动合同的证明，并在十五日内为劳动者办理档案和社会保险关系转移手续。

劳动者应当按照双方约定，办理工作交接。用人单位依照本法有关规定应当向劳动者支付经济补偿的，在办结工作交接时支付。

用人单位对已经解除或者终止的劳动合同的文本，至少保存二年备查。

第五章　特别规定

第一节　集体合同

第五十一条　企业职工一方与用人单位通过平等协商，可以就劳动报酬、工作时间、休息休假、劳动安全卫生、保险福利等事项订立集体合同。集体合同草案应当提交职工代表大会或者全体职工讨论通过。

集体合同由工会代表企业职工一方与用人单位订立；尚未建立工会的用人单位，由上级工会指导劳动者推举的代表与用人单位订立。

第五十二条　企业职工一方与用人单位可以订立劳动安全卫生、女职工权益保护、工资调整机制等专项集体合同。

第五十三条　在县级以下区域内，建筑业、采矿业、餐饮服务业等行业可以由工会与企业方面代表订立行业性集体合同，或者订立区域性集体合同。

第五十四条　集体合同订立后，应当报送劳动行政部门；劳动行政部门自收到集体合同文本之日起十五日内未提出异议的，集体合同即行生效。

依法订立的集体合同对用人单位和劳动者具有约束力。行业性、区域性集体合同对当地本行业、本区域的用人单位和劳动者具有约束力。

第五十五条　集体合同中劳动报酬和劳动条件等标准不得低于当地人民政府规定的最低标准；用人单位与劳动者订立的劳动合同中劳动报酬和劳动条件等标准不得低于集体合同规定的标准。

第五十六条　用人单位违反集体合同，侵犯职工劳动权益的，工会可以依法要求用人单位承担责任；因履行集体合同发生争议，经协商解决不成的，工会可以依法申请仲裁、提起诉讼。

第二节　劳务派遣

第五十七条　经营劳务派遣业务应当具备下列条件：

（一）注册资本不得少于人民币二百万元；

（二）有与开展业务相适应的固定的经营场所和设施；

（三）有符合法律、行政法规规定的劳务派遣管理制度；

（四）法律、行政法规规定的其他条件。

经营劳务派遣业务，应当向劳动行政部门依法申请行政许可；经许可的，依法办理相应的公司登记。未经许可，任何单位和个人不得经营劳务派遣业务。

第五十八条　劳务派遣单位是本法所称用人单位，应当履行用人单位对劳动者的义务。劳务派遣单位与被派遣劳动者订立的劳动合同，除应当载明本法第十七条规定的事项外，还应当载明被派遣劳动者的用工单位以及派遣期限、工作岗位等情况。

劳务派遣单位应当与被派遣劳动者订立二年以上的固定期限劳动合同，按月支付劳动报酬；被派遣劳动者在无工作期间，劳务派遣单位应当按照所在地人民政府规定的最低工资标准，向其按月支付报酬。

第五十九条　劳务派遣单位派遣劳动者应当与接受以劳务派遣形式用工的单位（以下称用工单位）订立劳务派遣协议。劳务派遣协议应当约定派遣岗位和人员数量、派遣期限、劳动报酬和社会保险费的数额与支付方式以及违反协议的责任。

用工单位应当根据工作岗位的实际需要与劳务派遣单位确定派遣期限，不得将连续用工期限分割订立数个短期劳务派遣协议。

第六十条　劳务派遣单位应当将劳务派遣协议的内容告知被派遣劳动者。

劳务派遣单位不得克扣用工单位按照劳务派遣协议支付给被派遣劳动者的劳动报酬。

劳务派遣单位和用工单位不得向被派遣劳动者收取费用。

第六十一条　劳务派遣单位跨地区派遣劳动者的，被派遣劳动者享有的劳动报酬和劳动条件，按照用工单位所在地的标准执行。

第六十二条　用工单位应当履行下列义务：

（一）执行国家劳动标准，提供相应的劳动条件和劳动保护；

（二）告知被派遣劳动者的工作要求和劳动报酬；

（三）支付加班费、绩效奖金，提供与工作岗位相关的福利待遇；

（四）对在岗被派遣劳动者进行工作岗位所必需的培训；

（五）连续用工的，实行正常的工资调整机制。

用工单位不得将被派遣劳动者再派遣到其他用人单位。

第六十三条　被派遣劳动者享有与用工单位的劳动者同工同酬的权利。用工单位应当按照同工同酬原则，对被派遣劳动者与本单位同类岗位的劳动者实行相同的劳动报酬分配办法。用工单位无同类岗位劳动者的，参照用工单位所在地相同或者相近岗位劳动者的劳动报酬确定。

劳务派遣单位与被派遣劳动者订立的劳动合同和与用工单位订立的劳务派遣协议，载明或者约定的向被派遣劳动者支付的劳动报酬应当符合前款规定。

第六十四条　被派遣劳动者有权在劳务派遣单位或者用工单位依法参加或者组织工会，维护自身的合法权益。

第六十五条　被派遣劳动者可以依照本法第三十六条、第三十八条的规定与劳务派遣单位解除劳动合同。

被派遣劳动者有本法第三十九条和第四十条第一项、第二项规定情形的，用工单位可以将劳动者退回劳务派遣单位，劳务派遣单位依照本法有关规定，可以与劳动者解除劳动合同。

第六十六条　劳动合同用工是我国的企业基本用工形式。劳务派遣用工是补充形式，只能在临时性、辅助性或者替代性的工作岗位上实施。

前款规定的临时性工作岗位是指存续时间不超过六个月的岗位；辅助性工作岗位是指为主营业务岗位提供服务的非主营业务岗位；替代性工作岗位是指用工单位的劳动者因脱产学习、休假等原因无法工作的一定期间内，可以由其他劳动者替代工作的岗位。

用工单位应当严格控制劳务派遣用工数量，不得超过其用工总量的一定比例，具体比例由国务院劳动行政部门规定。

第六十七条　用人单位不得设立劳务派遣单位向本单位或者所属单位派遣劳动者。

第三节　非全日制用工

第六十八条　非全日制用工，是指以小时计酬为主，劳动者在同一用人单位一般平均每日工作时间不超过四小时，每周工作时间累计不超过二十四小时的用工形式。

第六十九条　非全日制用工双方当事人可以订立口头协议。

从事非全日制用工的劳动者可以与一个或者一个以上用人单位订立劳动合同；但是，后订立的劳动合同不得影响先订立的劳动合同的履行。

第七十条　非全日制用工双方当事人不得约定试用期。

第七十一条　非全日制用工双方当事人任何一方都可以随时通知对方终止用工。终止用工，用人单位不向劳动者支付经济补偿。

第七十二条　非全日制用工小时计酬标准不得低于用人单位所在地人民政府规定的最低小时工资标准。

非全日制用工劳动报酬结算支付周期最长不得超过十五日。

第六章　监督检查

第七十三条　国务院劳动行政部门负责全国劳动合同制度实施的监督管理。

县级以上地方人民政府劳动行政部门负责本行政区域内劳动合同制度实施的监督管理。

县级以上各级人民政府劳动行政部门在劳动合同制度实施的监督管理工作中，应当听取工会、企业方面代表以及有关行业主管部门的意见。

第七十四条　县级以上地方人民政府劳动行政部门依法对下列实施劳动合同制度的情况进行监督检查：

（一）用人单位制定直接涉及劳动者切身利益的规章制度及其执行的情况；

（二）用人单位与劳动者订立和解除劳动合同的情况；

（三）劳务派遣单位和用工单位遵守劳务派遣有关规定的情况；

（四）用人单位遵守国家关于劳动者工作时间和休息休假规定的情况；

（五）用人单位支付劳动合同约定的劳动报酬和执行最低工资标准的情况；

（六）用人单位参加各项社会保险和缴纳社会保险费的情况；

（七）法律、法规规定的其他劳动监察事项。

第七十五条　县级以上地方人民政府劳动行政部门实施监督检查时，有权查阅与劳动合同、集体合同有关的材料，有权对劳动场所进行实地检查，用人单位和劳动者都应当如实提供有关情况和材料。

劳动行政部门的工作人员进行监督检查，应当出示证件，依法行使职权，文明执法。

第七十六条　县级以上人民政府建设、卫生、安全生产监督管理等有关主管部门在各自职责范围内，对用人单位执行劳动合同制度的情况进行监督管理。

第七十七条　劳动者合法权益受到侵害的，有权要求有关部门依法处理，或者依法申请仲裁、提起诉讼。

第七十八条　工会依法维护劳动者的合法权益，对用人单位履行劳动合同、集体合同的情况进行监督。用人单位违反劳动法律、法规和劳动合同、集体合同的，工会有权提出意见或者要求纠正；劳动者申请仲裁、提起诉讼的，工会依法给予支持和帮助。

第七十九条　任何组织或者个人对违反本法的行为都有权举报，县级以上人民政府劳动行政部门应当及时核实、处理，并对举报有功人员给予奖励。

第七章　法律责任

第八十条　用人单位直接涉及劳动者切身利益的规章制度违反法律、法规规定的，由劳动行政部门责令改正，给予警告；给劳动者造成损害的，应当承担赔偿责任。

第八十一条　用人单位提供的劳动合同文本未载明本法规定的劳动合同必备条款或者用人单位未将劳动合同文本交付劳动者的，由劳动行政部门责令改正；给劳动者造成损害的，应当承担赔偿责任。

第八十二条　用人单位自用工之日起超过一个月不满一年未与劳动者订立书面劳动合同的，应当向劳动者每月支付二倍的工资。

用人单位违反本法规定不与劳动者订立无固定期限劳动合同的，自应当订立无固定期限劳动合同之日起向劳动者每月支付二倍的工资。

第八十三条　用人单位违反本法规定与劳动者约定试用期的，由劳动行政部门责令改正；违法约定的试用期已经履行的，由用人单位以劳动者试用期满月工资为标准，按已经履行的超过法定试用期的期间向劳动者支付赔偿金。

第八十四条　用人单位违反本法规定，扣押劳动者居民身份证等证件的，由劳动行政部门责令限期退还劳动者本人，并依照有关法律规定给予处罚。

用人单位违反本法规定，以担保或者其他名义向劳动者收取财物的，由劳动行政部门责令限期退还劳动者本人，并以每人五百元以上二千元以下的标准处以罚款；给劳动者造成损害的，应当承担赔偿责任。

劳动者依法解除或者终止劳动合同，用人单位扣押劳动者档案或者其他物品的，依照前款规定处罚。

第八十五条　用人单位有下列情形之一的，由劳动行政部门责令限期支付劳动报酬、加班费或者经济补偿；劳动报酬低于当地最低工资标准的，应当支付其差额部分；逾期不支付的，责令用人单位按应付金额百分之五十以上百分之一百以下的标准向劳动者加付赔偿金：

（一）未按照劳动合同的约定或者国家规定及时足额支付劳动者劳动报酬的；

（二）低于当地最低工资标准支付劳动者工资的；

（三）安排加班不支付加班费的；

（四）解除或者终止劳动合同，未依照本法规定向劳动者支付经济补偿的。

第八十六条　劳动合同依照本法第二十六条规定被确认无效，给对方造成损害的，有过错的一方应当承担赔偿责任。

第八十七条　用人单位违反本法规定解除或者终止劳动合同的，应当依照本法第四十七条规定的经济补偿标准的二倍向劳动者支付赔偿金。

第八十八条　用人单位有下列情形之一的，依法给予行政处罚；构成犯罪的，依法追究刑事责任；给劳动者造成损害的，应当承担赔偿责任：

（一）以暴力、威胁或者非法限制人身自由的手段强迫劳动的；

（二）违章指挥或者强令冒险作业危及劳动者人身安全的；

（三）侮辱、体罚、殴打、非法搜查或者拘禁劳动者的；

（四）劳动条件恶劣、环境污染严重，给劳动者身心健康造成严重损害的。

第八十九条　用人单位违反本法规定未向劳动者出具解除或者终止劳动合同的书面证明，由劳动行政部门责令改正；给劳动者造成损害的，应当承担赔偿责任。

第九十条　劳动者违反本法规定解除劳动合同，或者违反劳动合同中约定的保密义务或者竞业限制，给用人单位造成损失的，应当承担赔偿责任。

第九十一条　用人单位招用与其他用人单位尚未解除或者终止劳动合同的劳动者，给其他用人单位造成损失的，应当承担连带赔偿责任。

第九十二条　违反本法规定，未经许可，擅自经营劳务派遣业务的，由劳动行政部门责令停止违法行为，没收违法所得，并处违法所得一倍以上五倍以下的罚款；没有违法所得的，可以处五万元以下的罚款。

劳务派遣单位、用工单位违反本法有关劳务派遣规定的，由劳动行政部门责令限期改正；逾期不改正的，以每人五千元以上一万元以下的标准处以罚款，对劳务派遣单位，吊销其劳务派遣业务经营许可证。用工单位给被派遣劳动者造成损害的，劳务派遣单位与用工单位承担连带赔偿责任。

第九十三条　对不具备合法经营资格的用人单位的违法犯罪行为，依法追究法律责任；劳动者已经付出劳动的，该单位或者其出资人应当依照本法有关规定向劳动者支付劳动报酬、经济补偿、赔偿金；给劳动者造成损害的，应当承担赔偿责任。

第九十四条　个人承包经营违反本法规定招用劳动者，给劳动者造成损害的，发包的组织与个人承包经营者承担连带赔偿责任。

第九十五条　劳动行政部门和其他有关主管部门及其工作人员玩忽职守、不履行法定职责，或者违法行使职权，给劳动者或者用人单位造成损害的，应当承担赔偿责任；对直接负责的主管人员和其他直接责任人员，依法给予行政处分；构成犯罪的，依法追究刑事责任。

第八章　附则

第九十六条　事业单位与实行聘用制的工作人员订立、履行、变更、解除或者终止劳动合同，法律、行政法规或者国务院另有规定的，依照其规定；未作规定的，依照本法有关规定执行。

第九十七条　本法施行前已依法订立且在本法施行之日存续的劳动合同，继续履行；本法第十四条第二款第三项规定连续订立固定期限劳动合同的次数，自本法施行后续订固定期限劳动合同时开始计算。

本法施行前已建立劳动关系，尚未订立书面劳动合同的，应当自本法施行之日起一个月内订立。

本法施行之日存续的劳动合同在本法施行后解除或者终止，依照本法第四十六条规定应当支付经济补偿的，经济补偿年限自本法施行之日起计算；本法施行前按照当时有关规定，用人单位应当向劳动者支付经济补偿的，按照当时有关规定执行。

第九十八条　本法自 2008 年 1 月 1 日起施行。

《中华人民共和国劳动法》

(1994 年 7 月 5 日第八届全国人民代表大会常务委员会第八次会议通过 1994 年 7 月 5 日中华人民共和国主席令第二十八号公布 根据 2009 年 8 月 27 日第十一届全国人民代表大会常务委员会第十次会议《关于修改部分法律的决定》修正)

第一章　总则

第一条　为了保护劳动者的合法权益，调整劳动关系，建立和维护适应社会主义市场经济的劳动制度，促进经济发展和社会进步，根据宪法，制定本法。

第二条　在中华人民共和国境内的企业、个体经济组织（以下统称用人单位）和与之形成劳动关系的劳动者，适用本法。

国家机关、事业组织、社会团体和与之建立劳动合同关系的劳动者，依照本法执行。

第三条　劳动者享有平等就业和选择职业的权利、取得劳动报酬的权利、休息休假的权利、获得劳动安全卫生保护的权利、接受职业技能培训的权利、享受社会保险和福利的权利、提请劳动争议处理的权利以及法律规定的其他劳动权利。

劳动者应当完成劳动任务，提高职业技能，执行劳动安全卫生规程，遵守劳动纪律和职业道德。

第四条　用人单位应当依法建立和完善规章制度，保障劳动者享有劳动权利和履行劳动义务。

第五条　国家采取各种措施，促进劳动就业，发展职业教育，制定劳动标准，调节社会收入，完善社会保险，协调劳动关系，逐步提高劳动者的生活水平。

第六条　国家提倡劳动者参加社会义务劳动，开展劳动竞赛和合理化建议活动，鼓励和保护劳动者进行科学研究、技术革新和发明创造，表彰和奖励劳动模范和先进工作者。

第七条　劳动者有权依法参加和组织工会。

工会代表和维护劳动者的合法权益，依法独立自主地开展活动。

第八条　劳动者依照法律规定，通过职工大会、职工代表大会或者其他形式，参与民主管理或者就保护劳动者合法权益与用人单位进行平等协商。

第九条　国务院劳动行政部门主管全国劳动工作。

县级以上地方人民政府劳动行政部门主管本行政区域内的劳动工作。

第二章　促进就业

第十条　国家通过促进经济和社会发展，创造就业条件，扩大就业机会。

国家鼓励企业、事业组织、社会团体在法律、行政法规规定的范围内兴办产业或者拓展经营，增加就业。

国家支持劳动者自愿组织起来就业和从事个体经营实现就业。

第十一条　地方各级人民政府应当采取措施，发展多种类型的职业介绍机构，提供就业服务。

第十二条　劳动者就业，不因民族、种族、性别、宗教信仰不同而受歧视。

第十三条　妇女享有与男子平等的就业权利。在录用职工时，除国家规定的不适合妇女的工种或者岗位外，不得以性别为由拒绝录用妇女或者提高对妇女的录用标准。

第十四条　残疾人、少数民族人员、退出现役的军人的就业，法律、法规有特别规定的，从其规定。

第十五条　禁止用人单位招用未满十六周岁的未成年人。

文艺、体育和特种工艺单位招用未满十六周岁的未成年人，必须依照国家有关规定，履行审批手续，并保障其接受义务教育的权利。

第三章　劳动合同和集体合同

第十六条　劳动合同是劳动者与用人单位确立劳动关系、明确双方权利和义务的协议。

建立劳动关系应当订立劳动合同。

第十七条　订立和变更劳动合同，应当遵循平等自愿、协商一致的原则，不得违反法律、行政法规的规定。

劳动合同依法订立即具有法律约束力，当事人必须履行劳动合同规定的义务。

第十八条　下列劳动合同无效：

（一）违反法律、行政法规的劳动合同；

（二）采取欺诈、威胁等手段订立的劳动合同。

无效的劳动合同，从订立的时候起，就没有法律约束力。确认劳动合同部分无效的，如果不影响其余部分的效力，其余部分仍然有效。

劳动合同的无效，由劳动争议仲裁委员会或者人民法院确认。

第十九条　劳动合同应当以书面形式订立，并具备以下条款：

（一）劳动合同期限；

（二）工作内容；

（三）劳动保护和劳动条件；

（四）劳动报酬；

（五）劳动纪律；

（六）劳动合同终止的条件；

（七）违反劳动合同的责任。

劳动合同除前款规定的必备条款外，当事人可以协商约定其他内容。

第二十条　劳动合同的期限分为有固定期限、无固定期限和以完成一定的工作为期限。

劳动者在同一用人单位连续工作满十年以上，当事人双方同意续延劳动合同的，如果劳动者提出订立无固定期限的劳动合同，应当订立无固定期限的劳动合同。

第二十一条　劳动合同可以约定试用期。试用期最长不得超过六个月。

第二十二条　劳动合同当事人可以在劳动合同中约定保守用人单位商业秘密的有关事项。

第二十三条　劳动合同期满或者当事人约定的劳动合同终止条件出现，劳动合同即行终止。

第二十四条　经劳动合同当事人协商一致，劳动合同可以解除。

第二十五条　劳动者有下列情形之一的，用人单位可以解除劳动合同：

（一）在试用期间被证明不符合录用条件的；

（二）严重违反劳动纪律或者用人单位规章制度的；

（三）严重失职，营私舞弊，对用人单位利益造成重大损害的；

（四）被依法追究刑事责任的。

第二十六条　有下列情形之一的，用人单位可以解除劳动合同，但是应当提前三十日以书面形式通知劳动者本人：

（一）劳动者患病或者非因工负伤，医疗期满后，不能从事原工作也不能从事由用人单位另行安排的工作的；

（二）劳动者不能胜任工作，经过培训或者调整工作岗位，仍不能胜任工作的；

（三）劳动合同订立时所依据的客观情况发生重大变化，致使原劳动合同无法履行，经当事人协商不能就变更劳动合同达成协议的。

第二十七条　用人单位濒临破产进行法定整顿期间或者生产经营状况发生严重困难，确需裁减人员的，应当提前三十日向工会或者全体职工说明情况，听取工会或者职工的意见，经向劳动行政部门报告后，可以裁减人员。

用人单位依据本条规定裁减人员，在六个月内录用人员的，应当优先录用被裁减的人员。

第二十八条　用人单位依据本法第二十四条、第二十六条、第二十七条的规定解除劳动合同的，应当依照国家有关规定给予经济补偿。

第二十九条　劳动者有下列情形之一的，用人单位不得依据本法第二十六条、第二十七条的规定解除劳动合同：

（一）患职业病或者因工负伤并被确认丧失或者部分丧失劳动能力的；

（二）患病或者负伤，在规定的医疗期内的；

（三）女职工在孕期、产期、哺乳期内的；

（四）法律、行政法规规定的其他情形。

第三十条　用人单位解除劳动合同，工会认为不适当的，有权提出意见。如果用人单位违反法律、法规或者劳动合同，工会有权要求重新处理；劳动者申请仲裁或者提起诉讼的，工会应当依法给予支持和帮助。

第三十一条　劳动者解除劳动合同，应当提前三十日以书面形式通知用人单位。

第三十二条　有下列情形之一的，劳动者可以随时通知用人单位解除劳动合同：

（一）在试用期内的；

（二）用人单位以暴力、威胁或者非法限制人身自由的手段强迫劳动的；

（三）用人单位未按照劳动合同约定支付劳动报酬或者提供劳动条件的。

第三十三条　企业职工一方与企业可以就劳动报酬、工作时间、休息休假、劳动安全卫生、保险福利等事项，签订集体合同。集体合同草案应当提交职工代表大会或者全体职工讨论通过。

集体合同由工会代表职工与企业签订；没有建立工会的企业，由职工推举的代表与企业签订。

第三十四条　集体合同签订后应当报送劳动行政部门；劳动行政部门自收到集体合同文本之日起十五日内未提出异议的，集体合同即行生效。

第三十五条　依法签订的集体合同对企业和企业全体职工具有约束力。职工个人与企业订立的劳动合同中劳动条件和劳动报酬等标准不得低于集体合同的规定。

第四章　工作时间和休息休假

第三十六条　国家实行劳动者每日工作时间不超过八小时、平均每周工作时间不超过四十四小时的工时制度。

第三十七条　对实行计件工作的劳动者，用人单位应当根据本法第三十六条规定的工时制度合理确定其劳动定额和计件报酬标准。

第三十八条　用人单位应当保证劳动者每周至少休息一日。

第三十九条　企业因生产特点不能实行本法第三十六条、第三十八条规定的，经劳动行政部门批准，可以实行其他工作和休息办法。

第四十条　用人单位在下列节日期间应当依法安排劳动者休假：

（一）元旦；

（二）春节；

（三）国际劳动节；

（四）国庆节；

（五）法律、法规规定的其他休假节日。

第四十一条　用人单位由于生产经营需要，经与工会和劳动者协商后可以延长工作时间，一般每日不得超过一小时；因特殊原因需要延长工作时间的，在保障劳动者身体健康的条件下延长工作时间每日不得超过三小时，但是每月不得超过三十六小时。

第四十二条　有下列情形之一的，延长工作时间不受本法第四十一条规定的限制：

（一）发生自然灾害、事故或者因其他原因，威胁劳动者生命健康和财产安全，需要紧急处理的；

（二）生产设备、交通运输线路、公共设施发生故障，影响生产和公众利益，必须及时抢修的；

（三）法律、行政法规规定的其他情形。

第四十三条　用人单位不得违反本法规定延长劳动者的工作时间。

第四十四条　有下列情形之一的，用人单位应当按照下列标准支付高于劳动者正常工作时间工资的工资报酬：

（一）安排劳动者延长工作时间的，支付不低于工资的百分之一百五十的工资报酬；

（二）休息日安排劳动者工作又不能安排补休的，支付不低于工资的百分之二百的工资报酬；

（三）法定休假日安排劳动者工作的，支付不低于工资的百分之三百的工资报酬。

第四十五条　国家实行带薪年休假制度。

劳动者连续工作一年以上的，享受带薪年休假。具体办法由国务院规定。

第五章　工资

第四十六条　工资分配应当遵循按劳分配原则，实行同工同酬。

工资水平在经济发展的基础上逐步提高。国家对工资总量实行宏观调控。

第四十七条　用人单位根据本单位的生产经营特点和经济效益，依法自主确定本单位的工资分配方式和工资水平。

第四十八条　国家实行最低工资保障制度。最低工资的具体标准由省、自治区、直辖市人民政府规定，报国务院备案。

用人单位支付劳动者的工资不得低于当地最低工资标准。

第四十九条　确定和调整最低工资标准应当综合参考下列因素：

（一）劳动者本人及平均赡养人口的最低生活费用；

（二）社会平均工资水平；

（三）劳动生产率；

（四）就业状况；

（五）地区之间经济发展水平的差异。

第五十条　工资应当以货币形式按月支付给劳动者本人。不得克扣或者无故拖欠劳动者的工资。

第五十一条　劳动者在法定休假日和婚丧假期间以及依法参加社会活动期间，用人单位应当依法支付工资。

第六章　劳动安全卫生

第五十二条　用人单位必须建立、健全劳动安全卫生制度，严格执行国家劳动安全卫生规程和标准，对劳动者进行劳动安全卫生教育，防止劳动过程中的事故，减少职业危害。

第五十三条　劳动安全卫生设施必须符合国家规定的标准。

新建、改建、扩建工程的劳动安全卫生设施必须与主体工程同时设计、同时施工、同时投入生产和使用。

第五十四条　用人单位必须为劳动者提供符合国家规定的劳动安全卫生条件和必要的劳动防护用品，对从事有职业危害作业的劳动者应当定期进行健康检查。

第五十五条　从事特种作业的劳动者必须经过专门培训并取得特种作业资格。

第五十六条　劳动者在劳动过程中必须严格遵守安全操作规程。

劳动者对用人单位管理人员违章指挥、强令冒险作业，有权拒绝执行；对危害生命安全和身体健康的行为，有权提出批评、检举和控告。

第五十七条　国家建立伤亡事故和职业病统计报告和处理制度。县级以上各级人民政府劳动行政部门、有关部门和用人单位应当依法对劳动者在劳动过程中发生的伤亡事故和劳动者的职业病状况，进行统计、报告和处理。

第七章 女职工和未成年工特殊保护

第五十八条 国家对女职工和未成年工实行特殊劳动保护。

未成年工是指年满十六周岁未满十八周岁的劳动者。

第五十九条 禁止安排女职工从事矿山井下、国家规定的第四级体力劳动强度的劳动和其他禁忌从事的劳动。

第六十条 不得安排女职工在经期从事高处、低温、冷水作业和国家规定的第三级体力劳动强度的劳动。

第六十一条 不得安排女职工在怀孕期间从事国家规定的第三级体力劳动强度的劳动和孕期禁忌从事的劳动。对怀孕七个月以上的女职工,不得安排其延长工作时间和夜班劳动。

第六十二条 女职工生育享受不少于九十天的产假。

第六十三条 不得安排女职工在哺乳未满一周岁的婴儿期间从事国家规定的第三级体力劳动强度的劳动和哺乳期禁忌从事的其他劳动,不得安排其延长工作时间和夜班劳动。

第六十四条 不得安排未成年工从事矿山井下、有毒有害、国家规定的第四级体力劳动强度的劳动和其他禁忌从事的劳动。

第六十五条 用人单位应当对未成年工定期进行健康检查。

第八章 职业培训

第六十六条 国家通过各种途径,采取各种措施,发展职业培训事业,开发劳动者的职业技能,提高劳动者素质,增强劳动者的就业能力和工作能力。

第六十七条 各级人民政府应当把发展职业培训纳入社会经济发展的规划,鼓励和支持有条件的企业、事业组织、社会团体和个人进行各种形式的职业培训。

第六十八条 用人单位应当建立职业培训制度,按照国家规定提取和使用职业培训经费,根据本单位实际,有计划地对劳动者进行职业培训。

从事技术工种的劳动者,上岗前必须经过培训。

第六十九条 国家确定职业分类,对规定的职业制定职业技能标准,实行职业资格证书制度,由经过政府批准的考核鉴定机构负责对劳动者实施职业技能考核鉴定。

第九章 社会保险和福利

第七十条 国家发展社会保险事业,建立社会保险制度,设立社会保险基金,使劳动者在年老、患病、工伤、失业、生育等情况下获得帮助和补偿。

第七十一条 社会保险水平应当与社会经济发展水平和社会承受能力相适应。

第七十二条　社会保险基金按照保险类型确定资金来源，逐步实行社会统筹。用人单位和劳动者必须依法参加社会保险，缴纳社会保险费。

第七十三条　劳动者在下列情形下，依法享受社会保险待遇：

（一）退休；

（二）患病、负伤；

（三）因工伤残或者患职业病；

（四）失业；

（五）生育。

劳动者死亡后，其遗属依法享受遗属津贴。

劳动者享受社会保险待遇的条件和标准由法律、法规规定。

劳动者享受的社会保险金必须按时足额支付。

第七十四条　社会保险基金经办机构依照法律规定收支、管理和运营社会保险基金，并负有使社会保险基金保值增值的责任。

社会保险基金监督机构依照法律规定，对社会保险基金的收支、管理和运营实施监督。

社会保险基金经办机构和社会保险基金监督机构的设立和职能由法律规定。

任何组织和个人不得挪用社会保险基金。

第七十五条　国家鼓励用人单位根据本单位实际情况为劳动者建立补充保险。

国家提倡劳动者个人进行储蓄性保险。

第七十六条　国家发展社会福利事业，兴建公共福利设施，为劳动者休息、休养和疗养提供条件。

用人单位应当创造条件，改善集体福利，提高劳动者的福利待遇。

第十章　劳动争议

第七十七条　用人单位与劳动者发生劳动争议，当事人可以依法申请调解、仲裁、提起诉讼，也可以协商解决。

调解原则适用于仲裁和诉讼程序。

第七十八条　解决劳动争议，应当根据合法、公正、及时处理的原则，依法维护劳动争议当事人的合法权益。

第七十九条　劳动争议发生后，当事人可以向本单位劳动争议调解委员会申请调解；调解不成，当事人一方要求仲裁的，可以向劳动争议仲裁委员会申请仲裁。当事人一方也可以直接向劳动争议仲裁委员会申请仲裁。对仲裁裁决不服的，可以向人民法院提起诉讼。

第八十条　在用人单位内，可以设立劳动争议调解委员会。劳动争议调解委员会由职工代表、用人单位代表和工会代表组成。劳动争议调解委员会主任由工会代表担任。

劳动争议经调解达成协议的，当事人应当履行。

第八十一条　劳动争议仲裁委员会由劳动行政部门代表、同级工会代表、用人单位方面的代表组成。劳动争议仲裁委员会主任由劳动行政部门代表担任。

第八十二条　提出仲裁要求的一方应当自劳动争议发生之日起六十日内向劳动争议仲裁委员会提出书面申请。仲裁裁决一般应在收到仲裁申请的六十日内作出。对仲裁裁决无异议的，当事人必须履行。

第八十三条　劳动争议当事人对仲裁裁决不服的，可以自收到仲裁裁决书之日起十五日内向人民法院提起诉讼。一方当事人在法定期限内不起诉又不履行仲裁裁决的，另一方当事人可以申请人民法院强制执行。

第八十四条　因签订集体合同发生争议，当事人协商解决不成的，当地人民政府劳动行政部门可以组织有关各方协调处理。

因履行集体合同发生争议，当事人协商解决不成的，可以向劳动争议仲裁委员会申请仲裁；对仲裁裁决不服的，可以自收到仲裁裁决书之日起十五日内向人民法院提起诉讼。

第十一章　监督检查

第八十五条　县级以上各级人民政府劳动行政部门依法对用人单位遵守劳动法律、法规的情况进行监督检查，对违反劳动法律、法规的行为有权制止，并责令改正。

第八十六条　县级以上各级人民政府劳动行政部门监督检查人员执行公务，有权进入用人单位了解执行劳动法律、法规的情况，查阅必要的资料，并对劳动场所进行检查。

县级以上各级人民政府劳动行政部门监督检查人员执行公务，必须出示证件，秉公执法并遵守有关规定。

第八十七条　县级以上各级人民政府有关部门在各自职责范围内，对用人单位遵守劳动法律、法规的情况进行监督。

第八十八条　各级工会依法维护劳动者的合法权益，对用人单位遵守劳动法律、法规的情况进行监督。

任何组织和个人对于违反劳动法律、法规的行为有权检举和控告。

第十二章　法律责任

第八十九条　用人单位制定的劳动规章制度违反法律、法规规定的，由劳动行政部门给予警告，责令改正；对劳动者造成损害的，应当承担赔偿责任。

第九十条　用人单位违反本法规定，延长劳动者工作时间的，由劳动行政部门给予警告，责令改正，并可以处以罚款。

第九十一条　用人单位有下列侵害劳动者合法权益情形之一的，由劳动行政部门责令支付劳动者的工资报酬、经济补偿，并可以责令支付赔偿金：

（一）克扣或者无故拖欠劳动者工资的；

（二）拒不支付劳动者延长工作时间工资报酬的；

（三）低于当地最低工资标准支付劳动者工资的；

（四）解除劳动合同后，未依照本法规定给予劳动者经济补偿的。

第九十二条　用人单位的劳动安全设施和劳动卫生条件不符合国家规定或者未向劳动者提供必要的劳动防护用品和劳动保护设施的，由劳动行政部门或者有关部门责令改正，可以处以罚款；情节严重的，提请县级以上人民政府决定责令停产整顿；对事故隐患不采取措施，致使发生重大事故，造成劳动者生命和财产损失的，对责任人员依照刑法有关规定追究刑事责任。

第九十三条　用人单位强令劳动者违章冒险作业，发生重大伤亡事故，造成严重后果的，对责任人员依法追究刑事责任。

第九十四条　用人单位非法招用未满十六周岁的未成年人的，由劳动行政部门责令改正，处以罚款；情节严重的，由工商行政管理部门吊销营业执照。

第九十五条　用人单位违反本法对女职工和未成年工的保护规定，侵害其合法权益的，由劳动行政部门责令改正，处以罚款；对女职工或者未成年工造成损害的，应当承担赔偿责任。

第九十六条　用人单位有下列行为之一，由公安机关对责任人员处以十五日以下拘留、罚款或者警告；构成犯罪的，对责任人员依法追究刑事责任：

（一）以暴力、威胁或者非法限制人身自由的手段强迫劳动的；

（二）侮辱、体罚、殴打、非法搜查和拘禁劳动者的。

第九十七条　由于用人单位的原因订立的无效合同，对劳动者造成损害的，应当承担赔偿责任。

第九十八条　用人单位违反本法规定的条件解除劳动合同或者故意拖延不订立劳动合同的，由劳动行政部门责令改正；对劳动者造成损害的，应当承担赔偿责任。

第九十九条　用人单位招用尚未解除劳动合同的劳动者，对原用人单位造成经济损失的，该用人单位应当依法承担连带赔偿责任。

第一百条　用人单位无故不缴纳社会保险费的，由劳动行政部门责令其限期缴纳，逾期不缴的，可以加收滞纳金。

第一百○一条　用人单位无理阻挠劳动行政部门、有关部门及其工作人员行使监督检查权，打击报复举报人员的，由劳动行政部门或者有关部门处以罚款；构成犯罪的，对责任人员依法追究刑事责任。

第一百〇二条　劳动者违反本法规定的条件解除劳动合同或者违反劳动合同中约定的保密事项，对用人单位造成经济损失的，应当依法承担赔偿责任。

第一百〇三条　劳动行政部门或者有关部门的工作人员滥用职权、玩忽职守、徇私舞弊，构成犯罪的，依法追究刑事责任；不构成犯罪的，给予行政处分。

第一百〇四条　国家工作人员和社会保险基金经办机构的工作人员挪用社会保险基金，构成犯罪的，依法追究刑事责任。

第一百〇五条　违反本法规定侵害劳动者合法权益，其他法律、行政法规已规定处罚的，依照该法律、行政法规的规定处罚。

第十三章　附则

第一百〇六条　省、自治区、直辖市人民政府根据本法和本地区的实际情况，规定劳动合同制度的实施步骤，报国务院备案。

第一百〇七条　本法自 1995 年 1 月 1 日起施行。